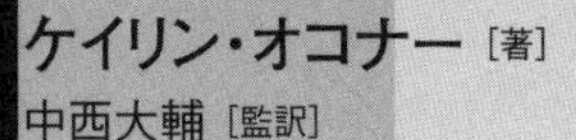

不平等の進化的起源

性差と差別の進化ゲーム

The Origins of Unfairness
Social Categories and Cultural Evolution

大月書店

原注は各章の末にまとめて記載した。文中に〔 〕で挿入したものは訳者による補足および注釈である。

序章

あなたが10人のグループにいると想像してみよう。あなたは、その場でグループの誰かとランダムに組み合わされる。三つ数えるあいだに、話したりやりとりしたりすることなしに、あなたはその相手とタンゴを踊らなければいけない。二人とも前にステップすれば、ぶつかってしまう。二人とも後ろにステップすれば馬鹿みたいに見える。どちらか一方が前にステップし、もう一人が後ろにステップすると、うまくダンスができる。これは「協調問題」の一例だ——ここでは行為者は、両人とも共通の関心をもっているにもかかわらず、自分たちの行為を協調させるのに苦労しているのである。二人とも、どちらが前に出て、どちらが下がるかといったことにこだわりがあるわけではなく、ただお互いが相手に応じた行動をすることをめざしているのだ。言い換えれば、あなたたちが本当に気にかけているのは「協調」なのだ。

さて、次は少し違う状況を想像してみてほしい。今度は、あなたは5人の男性と5人の女性のグループにいて、それぞれが異性のパートナーとペアを組む状況だ。そして今度も、三つ数えたらペアごとにタンゴを踊る。これは、最初の問題と似たような協調問題の別の例だが、グループが二つの異なるタイプ〔型〕に分割されているという違いがある。

これらの協調問題ですぐにわかることは、一方の問題は比較的簡単に解けるということだ。二つめの状況では、ちょっとした情報を伝えるだけで（たとえば、誰かが「女性は後ろに！」と叫ぶなど）、グループ全体が効果的に協調することができる。グループを簡単にタイプ別に分けることができ、特定のタイプが特定の行動をとることを事前に合意できれば、後で大がかりな計画を立てる必要がなくなるのだ。

同様に、男女の代わりに、二つの異なる人種、外見で区別できる宗教、赤毛か黒髪か、背が高いか低いか、高齢者か若者か、ゴスかオタクか、といったグループを用いたシナリオも考えうる。これらの状況でも、行為者が行動を調整する際に、目に見える特性を利用できるため、協調問題はより容易に解決できる。

また少し違うシナリオを考えてみよう。あなたは今、10人の腹ぺこな人たちと、5枚のピッツァのある部屋にいる。そこでは、全員がランダムな相手とペアを組み、1枚のピッツァを分けあう。ピッツァの分け方はいろいろある。〔1枚を6分割するとして〕あなたがひと切れ、パートナーが5切れ食べても、お互い3切れずつ食べてもよい。あるいは、一人が丸ごと1枚のピッツァを食べてしまってもよい。この状況は通常、「交渉問題」と呼ばれているが、ここでも一種の社会的協調が求められていることに注意が必要である。誰もピッツァを諦めたくないが、だからといって言い争ったりもしたくないのだ。

つまらない口論を避けるひとつの方法は、全員が従える分け方を前もって決めておくことである。おそらく、もっとも自然なのは50‐50の分割であろう。これが魅力的に思えるのは、もちろん公平だからである。誰もが同じ量のピッツァを食べることができる。しかし、この分け方が魅力的な理由はほかにもある。仮に、グループ全体が80‐20の比率で分けることに同意したとしよう。ランダムなペアが形成されたあと、誰が20％で誰が80％を取るかといった、さらなる議論が必要になる。50‐50の分け方とは異なり、80‐20の分け方は非対称だからである。実際、50‐50の分け方はグループにとって唯一の対称な分け方〔全員ができればピッツァを丸ごと食べたいと仮定する限り〕であり、それゆえ、前もってランチ問題を解決する唯一の方法なのである。

さて、いま一度、同じ設定だが、今度は女性5名と男性5名のペアがデートをする状況を想像してほしい。このケースでも、50-50の分け方に合意することでグループは問題を解決できるが、女性が80％で男性が20％を取るという合意をすることでも解決可能である。ジェンダーによってひとつのグループを複数に分けることは、均一なグループにおいては不可能だった1回での不公平な分け方の調整が可能になることを意味している。

＊＊＊

人はつねに現実の協調問題に直面している。たとえば分業について考えてみよう。組織的な方法で分業を行うことは、グループをうまく動かすためにきわめて重要である。掃除は全員がするが、料理は誰もしない家庭や、全員が兵士で誰も農業をしない社会は、いずれもうまくいかないだろう。冒頭に紹介したおかしなダンスの問題と同様に、現実の問題においても、グループがなんらかの目的を達成するために、メンバーは互いに補完的な社会的役割を果たす必要があるのだ。

資源の分配も、人の相互作用において至るところで行われる。労働に関しては、労働者たちは自分たちの共同作業において、誰が給料やボーナス、休暇といった利益を得るのか、誰がその源泉となる資源を稼ぎ出すかを決定しなければならない。家庭では、家族のメンバーは誰がどのくらいの仕事をするか（これはすなわち、自由時間という資源を分配するということでもある）、それによって得た経済的資源を誰が受け取るかを決定しなければならない。

本書の中心的な目的は、社会的カテゴリー――特にジェンダーだが、人種や宗教もそれにあたる――が、協調と資源分配の問題に対する社会的解決とどのように相互作用し、それに貢献するかを検討することである。

特に本書では、数学的な枠組み――ゲーム理論や進化ゲーム理論――を用いて、ジェンダーや人種といった、これらの問題を解決する上で一見無関係な要因を利用した規範や慣習の進化を検討する。これから見ていくように、これらの枠組みは、ジェンダーの生得性から、学界（アカデミア）における共同研究の習慣、〔賃労働や家事の分業をめぐる〕家庭内交渉、マイノリティの被る不利益、同類選好（homophily）に至るまで、さまざまなトピックを明らかにする。特にこれらの枠組みは、不公正が、文化的変化の単純な過程から、いかにして創発しうるかを示すのに役立つ。ジェンダーや人種のカテゴリーを有するグループでは、さまざまな状況における協調や資源分配の慣習を学習する過程により、あるグループがより豊かに、別のグループがより貧しくなる傾向をもつ。クラークとブレイク（Clark and Blake, 1994）は以下のように述べている。「……制度化された社会的不平等と政治的特権の起源を説明するには、政治的生活の中心にあるパラドックスを解決しなければならない――なぜ人々は、非強制的な状況下でさえ、自らの従属と搾取に協力するのか」（17）。本書の枠組みによるこのパラドックスへの答えは、誰もが文化進化のあらゆる段階で、自分たちにとって最善の行動を学んだとしても、グループは依然として、ある種の人々が別の人々を利用して優位に立つ状況に行き着く傾向があるというものである。この過程では、誰も非合理的な行動をしていないし、どの時点でも、誰もが自分の社会環境を最大限に活用している。いったん文化進化のレンズを通して見ると、パラドックスはどこにも見当たらない――不公平は、基本的な文化進化の過程で予想されうる結果なのである。

スミスとチェ（Smith and Choi, 2007）によれば、「社会思想史において、不平等の台頭に関する説明は、階層分化がすべての人にもたらす利益を強調するものと……社会のあるセグメントによる搾取や強制を強調するものの二つのカテゴリーに分類される傾向がある」（118）。〔これに対応して〕本書は二つの部分に分かれている。第Ⅰ

部は前者の不平等をモデル化したものであり、第Ⅱ部は後者の不平等をモデル化したものであると大まかに理解することができる。言い換えると以下のようになる。第Ⅰ部では、社会的カテゴリーが不公平につながるにもかかわらず、なぜ有用な社会的機能を果たすことができるのかを示す。続いて第Ⅱ部では、なぜ社会的カテゴリーが、社会に有益な機能を有しない不公平を招くプロセスを促進する場合もあるのかを示す。

本書の前半では、ある種の協調問題において、社会的カテゴリーが対称性を破る役割を果たしうるという点に焦点を当てている。まず、現実の協調問題を記述できる単純なモデルとして「協調ゲーム（coordination game）」を紹介する。これらのゲームを用いて、ジェンダーのようなカテゴリーを行動調整に利用するグループが、そうでないグループよりも多くの場合、より効率的でより成功できることを示す。しかしその結果、相互に利益をもたらしはするが、不平等な役割の分化が頻繁に生じてしまうのである。本書で主張するように、これらの社会的パターンの成功は、グループがまさにこの目的のために、社会的学習や文化進化を通して社会的カテゴリーを採用することを予想すべきであることを意味している。ジェンダーの場合、グループは既存の生物学的な性差を利用して役割や慣習をつくりだす。

本書の後半では、より有害な社会集団間の不公平の創発を分析することに焦点を移す。そこでは、資源分配の状況を描くことを目的とした「交渉ゲーム（bargaining game）」を紹介する。いったんカテゴリーが採用されると、交渉の規範をつくりだす文化的なダイナミクスが根本的に変化する。不公平だが、さほど効率的ではない新しい規範が生じる。そして、一度規範ができると、それは自己永続的なものとなる。言い換えれば、タイプの発達は、深刻な不公平が社会集団間で自然発生的に出現し、それが持続する環境をつくりだすのである。特に本書では、ある社会集団が交渉や資源配分の面で有利になりやすい条件について分析する。

本書の前半と後半を貫くテーマのひとつは、私たちが通常、心理学的に複雑だと考えている不公平に関連する現象を頑健に生みだすために必要な条件は、驚くほど少ないということである。〔ジェンダーのような〕社会的カテゴリーが創発するために必要な条件はごくわずかである。差別や不公平、分配的不正義と映る結果に向かう前提条件も、非常に少ない。これらのモデルでは、いったん不公平が出現すると、その不公平はすぐに恒久的に持続するようになる。

もちろん、現実の世界では、ジェンダーと不公平は心理学的に複雑である――内集団選好、ステレオタイプ、バイアス〔偏見などを含む歪んだ見方〕といったものが明らかにそれらの一部を構成している。しかし、不公平の出現にこれらの要因をかならずしも必要としない事実を示すことは、多くの理由から重要である。これから考えるモデルでは、こうした心理的バイアスを排除したとしても、それだけでは不公平の問題は解決しないことを示す。これらのモデルは、不公平はつねに進化し続けるプロセスの一部であると考える必要があることを示している。不公平は、一度是正すればそれで解決するようなものではない。

このような方向性に沿い、本書の最後では、進化ゲーム理論の概念を利用した社会変革の問題を扱う。本書で主張するように、文化進化の枠組みは、不公平な資源分配をもたらす規範の変化について、時として驚くべき洞察を提供しうる。道徳教育が既存の不公平な規範に対してはほとんど効果がないように見える場合でも、文化進化はこれらの規範の安定性を失わせ、変化を可能にすることで、戦略的状況を変更することがありうる。逆に、観察可能な行動が変化していなくても、すでにある公正な規範が不安定になるような形で侵害されることもある。一般化すると、すでに述べた通り、本書で究極的に示しているのは、社会正義に関心をもつ人々は、不公平を推し進める動的な力に対してつねに警戒し続けなければならないということである。

本書はまた、不公平の原因を追究し、ありうる解決策を明らかにする上で、ゲーム理論や進化ゲーム理論を用いた原理的なツールがいかに有用であるかを明らかにする。そして特に、ジェンダー、人種、カースト、階級などの社会的カテゴリーと、これらのカテゴリー間に生じる不公平に関連する問題のさらなる探究に利用できる一般的な枠組みを理論化する。ここで理論化されたツールが、不公平の起源に関心をよせる哲学や社会科学の他の人々にとって実りあるものであることを願っている。

0-1 各章の概要

本書の本文は、前述したように二つのパートに分かれている。第1章から第4章からなる第Ⅰ部では、協調、特に性別役割分業に焦点を当てている。第Ⅱ部の第5章から第7章では、より一般的に、社会集団間の不公平な資源分配に焦点を当てている。第8章と第9章では、それら両方からの洞察をまとめている。

第1章では、まず、社会的カテゴリーが協調において果たしうる役割――すなわち性別役割分業を説明するために使用されるケースを紹介する。次に、協調問題と協調ゲームを導入することで、本書全体で使用される進化的モデル化の枠組みの構築に着手する。本書で指摘するように、いったん協調問題のモデルを構築すると、問題ごとにグループは異なる種類の課題に直面することが容易に理解できる。ある種の問題は、グループ全体が単一の普遍的な行動をとるような慣習を確立したときに解決できる。しかしこれは、行為者たちがそれぞれ異なる行動をとらなければ解決できない問題では機能しない。第2章以降で、後者の問題について社会的カテゴリーがどのようにして協調を促進しうるかを示すので、その準備として、ここではとりあえず、こうした問題の区別をしておく。

第2章では、タイプ条件づけ（type conditioning）という概念、つまり〔ゲーム自体とは〕無関係な社会的タイプ（多くの文献では「タグ」と記述される）に基づいて相手を差別的に扱う現象について紹介する。この種の行動は、現実世界ではどのように引き起こされるのだろうか？　モデルではどのように機能するのだろうか？　本書で示すように、いったん協調ゲームでタイプ条件づけが可能になると、個体群〔行為者の集団〕は、グループの効率性あるいは個人の利得という意味での利益をもたらす状態に到達するが、それは不平等といえる状態を生じる可能性がある。性別役割分業を行えば、グループは効率的に役割を分担できるようになるが、それによって時には一方の側が有利になってしまう。第3章では、モデルの中にタイプ分けとタイプ条件づけが付与されることで、文化進化のプロセスがどのように根本的に変化するかを示して、この議論を展開する。特に、タイプ分けをともなう協調問題に直面したグループが、有益ではあるが不平等な結果に到達することを示す。

第4章では、ジェンダーのケースについて、これらの進化モデルの結論をより具体的に展開する。第一に、慣習が段階的に確立することをどう理解したらよいのか、そしてこれをジェンダー役割の生得性の理解にいかに関連させるべきかを示す。この章における第二の主要な議論は、完全に〔ジェンダーが〕未分化な社会から、ジェンダーに関連した行動、そしておそらく私たちがジェンダーそのものと呼びうるものが、協調問題の解決策の一部として内生的に創発しうるということである。

第Ⅱ部は第5章から始まるが、ここでは、交渉慣習の出現における権力の役割について分析する。本書の第Ⅰ部で現れたような小さな権力の非対称性が、力をもつグループにとっての優位性に変換されることを示す。

さらに、こうした優位性は、ある交渉での勝利がある社会的グループの権力に影響し、将来の交渉での勝利の可能性を高めるような状況において持続していく。言い換えれば、そうした優位性によって権力の非対称性はどんどん強くなっていくのである。第6章では、（権力よりも）学習環境における非対称性と、それが不公平の創発に果たす役割に焦点を当てる。特に、マイノリティがマジョリティと異なる学習環境に置かれる結果として、少数派であるという立場がいかに不利益につながるかを示す。さらに、本章の最後には、交差性（インターセクショナリティ）をもつグループにおける権力と学習の非対称性の意味を考察する。全体を通して、社会集団間に有害な不公平を生み出すために必要な条件は、非常に少ないことを強調する。

第7章ではこの分析を拡張して、以下のような問いを立てる。すなわち、社会集団において、いったん不公平な交渉慣習が成立すると何が起こるのか？　特に、差別は、被抑圧者が抑圧者を避けるように促すのだろうか？　この問いに答えるために、ここでは個人間の相互作用構造を明示的に表すネットワークモデルに注目する。その結果、差別はセグメント化（segmentation）をもたらすことが明らかになる。外集団のメンバーから差別を受ける者は、代わりに集団内のメンバーを相互作用の相手として選択する傾向がある。しかし、あるグループが資源および権力に関して優位であるとき、劣位のグループはそれらの資源を入手するために、時として差別を容認する傾向が予測されることも説明する。

第8章では、経済学者や社会学者が関心をもつ特定のケース——すなわち、家庭内分業と家庭内交渉の創発を、より詳細にモデル化する。このモデルは、どのようにして家庭内に不公平が生じるのか、また、なぜある種の協調のパターンが生じる可能性が高いのかを論じている。そして、本書の第Ⅰ部と第Ⅱ部の内容に基づき、双方で取り上げられたさまざまな種類の不公平がいかに相互に関連しているのかを論じる。こうした検討は、交渉に関する不公平な社会的パターンの変革に焦点を当てる第9章へとつながっていく。特に、規範の変化を促進したり、妨げたりする条件についての議論の基礎として、本書で展開された文化進化の枠組みを用いていく。ここで指摘するように、社会力動的なパターンは、われわれがそのような変化について間違った方向性で理解していることを意味するかもしれない。不公平を、解決すべき社会的な病理として考えるのではなく、継続的なプロセスとして、それを解消するための継続的な努力を必要とするものとして扱うことが、より実りあるアプローチであると思われる。

0－2　文化進化の説明とモデル

第Ⅰ部を始める前に、本書で用いられている方法について説明しておく。

本書は、ジェンダーと不公平をめぐって生じる社会的ダイナミズムのパターンのいくつかについて、深い数学的規則性を理解しようとするものである。ほとんどの場合、この研究は高度に抽象化され、モデル化されたものである。ほとんどすべてのケースで、議論の対象となるモデルはその解釈とともに提示される――モデルの構成要素を現実の状況の要素と対応させ、必要な場合には、この対応が妥当なものであることを論じる。また可能な場合には、実証研究を用いて、議論されているモデルが現実の現象についての適切な説明を提供しているか否かを評価する。本書は多くの関連する現象を扱っているため、これらの議論は必然的に、慎重さのレベルが異なってくる。提示されるモデルの中には、関連する現象にかなり強く結びついているものもある。

また、現象を示唆してはいるが、細部についてはそれほど強く関連していないものもある。つまり、モデルの説明的な役割はケースによって異なるということである。

いくつかのケースでは、ここで議論されているモデルは「いかに可能か（how-possibly）」の情報を提供していると考えることができる。進化モデルの中で、なんらかの行動が基本的な条件のもとで進化しうるならば、その条件は、現実世界でのその行動の進化を促進するのに十分であると考えられる。また別のケースでは、モデルがより深い説明力をもち、行動のいくつかのパターンが、どのようにして潜在的に出現しうるかについての洞察を与えてくれる場合もある。ここでの違いは、モデルではなく、それらが果たす認識論的な役割にある。「いかにありうるか（how-potentially）」のケースでは、モデルは、あるプロセスが実際に発生した過程の潜在的可能性に対する信頼性を高めることを目的としている。[1] 特に、本書の中の「いかにありうるか」モデル化の例の多くは、ワイズバーグ（Weisberg, 2007; 2012）が「最小限の理想化」と表現した、現象の原因となる変数の候補を明らかにする上で、無関係な要因を捨象するようなやり方を含んでいる。[2] また、あるパターンが現実世界でどのように実際に生成されたかにかかわらず、論じられるモデルがある種の社会的パターン――特に不公平なもの――の発生の最小条件を概説することによって、重要な認識論的役割を果たすケースもあることを論じたい（O'Connor, 2017b）。この種の「いかに最小限の要因で（how-minimally）」のモデル化は、介入について考える際に特に有用である。たとえば、無意識のバイアスを修正するトレーニングを通じて実際のグループに介入するとしよう。もしも、バイアスを含まない最小限の条件であっても不公平な結果が生じうる場合には、この介入による問題の完全な解決を期待すべきではないということになる。

重要なのは、ひとつのモデルが複数の認識論的役割を果たすこともあるということである。たとえば本書ではジェンダー役割が創発するモデルを示しているが、それによって、これらのパターンが現実世界でどのように出現したかを潜在的に明らかにすることができると考えている。同時にこれらのモデルは、そのようなジェンダー役割が、いかなる最小の前提条件から出現しうるかを示している。ダウンズ（Downes, 2011）は、モデルが果たしうる説明的な役割の幅の広さを強調したが、このような創発する説明的な図式は、それと同じ考えに基づいているのである。[3]

文化進化に関しては、採用しうるモデル化の選択肢が数多く存在する。これらのモデル化による枠組みの有効性（あるいは、そもそも文化進化をモデル化すること自体の有効性）についての議論は、時として白熱することがある。[4] その問題の一部は、文化進化が変化に富んでいて、時に不統一な現象であるということである。大きな脳と多様な文化的慣習をもつ人間が、すべてのケースで同種の文化的変化をたどると考えるべき理由はない。実際には、文化進化を再現するためのさまざまなモデル化が可能であり、その適切性はケースごとに異なる（興味のある読者のために、メソウディ Mesoudi et al., 2006 は文化進化に関して影響力のある統一的な説明を提供しているし、ヘンリック Henrich, 2015 は文化進化と「遺伝子と文化の共進化［gene-culture co-evolution］」の多様なプロセスについての広範な解説を行っていることを紹介しておきたい）。

もちろん、どの理論家も、表現したい現象を明らかにするために枠組みを選択しなければならない。本書が焦点を当てる行動の種類には、性別役割分業、人種的偏見、労働における規範の創発などが含まれる。これらの行動は多くのプロセスの結果である。それらは、（少なくともある程度は）合理的な（あるいはそれほど合理的ではない）意思決定、過去の出来事からの個人的学習、成功者あるいは著名な社会的モデルからの社会的学習、親から子孫への文化伝達、そして個人間の伝達によって形づくられる。言い換えれば、これらの行動を形成する実際のプロセス群は非常に複雑であり、それらは本質的に、完璧にモデル化しきれるものではない。ここでは、これらのプロセス群を個別に切り分けようとするのではなく、個々のプロセスの多くで起こることの一部——特に適応的な変化——を捉えた、単純な変化のプロセスに焦点を当ててみたい。それは〔現実の〕完全な表現ではないにせよ、うまくすれば一定の理解を提供できる。この方法は、複雑さや正確さよりも、因果関係の透明性、単純さ、扱いやすい説明を重視するという選択を反映している。モデル化を手法とする哲学者は、モデルはつねに欲するものを取捨選択しなければならないと主張してきたが（Weisberg, 2012）、本研究もそれと同じである。

こう訊ねる読者もいるかもしれない。なぜ、そもそもモデルを使うのか？　なぜこれらの問題を探究する上で、実証データに専念しないのか？　スチュワード（Steward, 2010）は、人種的不平等の出現をモデル化した論文の中で、この種のケースでモデルを使用することの正当性を説得的に論じている。ジェンダー規範や不公平な規範は、人間の動的な相互作用の文脈の中で創発する。ある一時点で集められた実証データは、これらの相互作用を捉えることができない。広範な社会的慣習や規範の創発に関する動的データを収集しようとしても、こうしたデータは時間の経過とともに失われてしまうことが多い。また、そこには多くの社会的行為者間の無数の相互作用が含まれていることが多い。つまり、人間社会における慣習や規範の創発の動態を、実証的な手段で完全に理解しようとすることは現実的ではない。モデルはそのギャップを埋めることができる。（ここで研究されているトピックのように）社会的介入が必要とされる場面に具体的に応用する場合には、さらにモデルは有益である。社会的介入には時間と労力の面でコストがかかる。また、それが関係者の生活に影響を与える場合にはリスクもある。モデルは、最小限のリスクと比較的少ないコストで、社会的領域における反事実的な関連性〔もしこうしたらうまくいくだろう、といった実際には起こっていない事実に関する推論〕を研究する方法を提示する。そして、理論的な予測に基づいた実証研究をさらに進めるために活用しうるのである。[5]

〔原注〕

（1）これらのモデルは、将来われわれが実証研究を行う上で特に重要である可能性がある（Rosenstock *et al.*, 2017）。

（2）このようなラインに沿って、ポトチュニク（Potochnik, 2007）は、実際に進化を推進する力学的相互作用の詳細を抽象化しながらも、利得に訴える進化モデルがなぜいまでも有用なのかを説明している。これらのモデルは、進化の原因の中心としてわれわれが記述することができるものを捉えている。

（3）ネルセシアン（Nersessian, 1999）、オコナーとウェザーオール（O'Connor and Weatherall, 2016）も参照のこと。

（4）文化的魅力論者（cultural attraction theorists）は、文化進化の四角い釘を、生物学的進化の丸い穴にはめ込もうとする集団生物学タイプのモデルを用いる理論家を非難している。これに対して文化的魅力理論は、循環論であるという批判を受けている。進化ゲーム理論家は他の理論家を、因果関係の透明性を欠いたモデルを構築していると非難しているが、彼ら自身は他の理論家から、現象を単純化しすぎていると批判されている。

（5）本書のモデルのためにこの役割を引き出してくれたリアム・K・ブライトに感謝する。

第Ⅰ部　社会的協調による不平等の進化

第1章　ジェンダー、協調問題、協調ゲーム

西アフリカのアシャンティ族の女性たちは、調理や食べ物の保存に日常的に使われる陶器を作る。一方、男性たちは木工作業を行う。ハッザ族では、男性たちは動物を狩るのに対し、女性たちは食用植物の採集に専念する。1960年代のアメリカにおいては、女性たちは主に朝食の準備を担当し、男性たちは芝の手入れを担当していた。これらのパターンは、人において性別役割分業と呼ばれるものの一部である。これまで観察されているすべての社会において、男性と女性は、少なくともある程度の分業を行っているようだ。このことは社会科学者に、なぜこのようなパターンが見られるのかという問いをもたらす。人の集団において、かならずこのような〔男女で分ける〕やり方で調整を行う必要があったというわけでもない。仕事は個人の好みや得意とするものによって分業することも可能である。もしくは、仕事を分業せず、何であれ必要な作業を各自が少しずつ行うといったやり方も可能だろう。そこで次のような疑問につながる。男性と女性は、異なる作業を自然と選ぶことになるような、生まれつきの選好を持っているのだろうか？　このような分業によってもたらされる文化的な機能というものはあるのだろうか？

本書の第Ⅰ部では、さまざまな社会的カテゴリーの中でも、たとえばジェンダーが、どのようにしてある種の協調状況において対称性を破る機能を持ち、内部にカテゴリーを持つ集団が、持たない集団よりもなぜうま

く協調できるのかを説明していく。後述するように、この機能性のために文化進化は社会的カテゴリーを利用し、それにかかわる私たちの慣習の多くを形づくってきた。これについて述べるにあたって、性別役割分業を鍵となるケースとして取り上げていこう。それは、ある意味では、これが社会科学の分野でとてもよく研究されているからで、またある意味ではこれが、分業される仕事とは直接関係のない個人差が、それにもかかわらず社会的協調のコアとなりうることを示すパラダイムの例であるからだ。重要なことに、過去の研究者たちは、性別役割分業がジェンダー間の不平等の出発点であると主張してきた（Okin, 1989; Ridgeway, 2011）。そして、私が展開する文化進化の理論的枠組みは、学習や文化伝達にかかわる自然的なプロセスが、どのようにして集団をこの種の不公平な規範や慣習へと導くのかを知る助けとなるだろう。第4章でも論じるように、文化進化の枠組みを用いることで、性別役割分業にかかわるいくつかの厄介な特徴についても光が当てられることとなる。

なにも性別役割分業だけが、この枠組みが適用される唯一の興味深いケースであると述べているわけではない。カーストや階級も社会的カテゴリーとして、協調問題の解決につながることが考えられる。しかしこれらのケースはその詳細において大きく異なるため、この枠組みがどのように、またどの部分に対して適用されるのかを詳しく説明することは、本書の範囲を超えてしまうだろう。本書の第Ⅱ部では、より広範なケースにストレートに適用できるモデルについて検討する。

序章の中で、ダンスのステップを協調させようとする話と、ピッツァの分け方を決めようとする話という、協調に関する二つの簡単なシナリオを紹介した。広義での協調が、本書の中心となるものである。特に協調問題は、社会的カテゴリーが慣習や規範の進化に深くかかわってしまうような、一連の戦略的で社会的なシナリオを設定する。本章では、ジェンダーと性別役割分業に関する簡単な議論から始め、ここで展開された理論的枠組みにもっとも関連するような特徴について取り出してみよう。次に、協調問題とは一般的にどのようなものであるのかを議論した上で、それを表すために使われる協調ゲームのモデルを紹介する。それから、分業がなぜ標準的な意味での協調問題であるのかについて、経済学の過去の研究を引いて説明する（その中で慣習や規範の概念と、これらを表すためのゲーム理論モデルの使用についても議論する）。後で触れるが、かならずしもすべての協調ゲームが同じではない。社会のメンバー全員に同じ慣習や規範を求めることで解決できるゲームもあれば、互いに異なる補完的行動をとることを求めるゲームもあり、これはまた特別な問題を提起する。この種のゲームで行動を協調させるためには、それに取り組む行為者たちのあいだの対称性を破るような、追加の情報が必要となる――誰が前にステップし、誰が後ろにステップするのか？という情報である。分業とは、結局のところ、まさにそのような問題である。行為者は、いくつかの補完的な行為のうち、誰がどの行為をするのかを決めなくてはならない。これは、ジェンダーのような社会的カテゴリーが、この種のケースにおいて、どのようにして対称性を破る手段をもたらすのかを探る、次の二つの章への足がかりともなる。

1-1　ジェンダーと性別役割分業

1-1-1　ジェンダーとは何か？

この問いに答えるのは容易ではないだろう。ジェンダーとは単純な概念ではなく、統一された概念でもない。

さまざまな学問分野にわたって、ジェンダーの異なる定義が異なる理由で採用されている。[1] 本書はジェンダー論に関するものではなく、社会的カテゴリーを扱った進化ゲーム理論に関するものなので、戦略的な社会行動ともっとも関係の深いジェンダーの側面を理解したいと考えている。つまり、ここでは、たとえばジェンダーがどのように個人的な経験を形成するかといったことよりも、そのような戦略的行動においてジェンダーが果たす役割に焦点を当てていきたい。

社会学者のキャンディス・ウエストとドン・ジマーマンは、影響力の大きい彼らの論文「Doing Gender」の中で、次のように指摘している。「西洋社会において、ジェンダーに関するものとして受け入れられている文化的な見方としては、女性と男性を自然で明確に定義されたカテゴリーと見なし……これらの社会における成熟した大人のメンバーは、この二つの違いを根本的で永続的なものとして見ている」(West and Zimmerman, 1987, 128)。この主張は、私たちが男性と女性を本質的に異なるものと考え、明確ではっきり異なるカテゴリーに属していると考える傾向があるとするものだ。このカテゴリーはとても自然なものに思えるため、比較的最近まで、これについて検証されることはほとんどなかった。マネーは、生物学的な性別に関連しながらも、それとまったく同じわけでもないものを示すのに「ジェンダー役割」という用語を使った最初の学者である(Money et al., 1955)。その後、理論家たちは生物学的な性別とジェンダーの区別を支持し、大まかには、前者は先天的な生物学的差異に沿ったもので、後者は構築された社会的カテゴリーであるとした(実際には、たとえば文化的な差異が身体的発達を左右する側面もあるため、こんな単純な話ではないが〔Butler, 2011a〕、そこまで考慮するのは今回の探究の範囲を超えている。[2] 文化が私たちの「性別」という概念に与える影響の分析についてはハスランガー Haslanger, 2015b も参照)。

私たちの目的にとって有用なジェンダーの概念とは、次のようなものだろう。生得的で生物学的な性差に基づいて、私たちは性別カテゴリー、つまり人の集団を性別に基づくタイプにすんなりと二分するカテゴリーを決定できる（West and Zimmerman, 1987; Ridgeway and Smith-Lovin, 1999）。これらのカテゴリーは生物学的な性差に基づいているが、それとは区別される。なぜなら、たとえば〔身体上男女に区別できない〕インターセックスの人たちも〔社会的には〕どちらか一方のカテゴリーに割り当てられるし、トランスジェンダーの人たちは〔自らの意志で〕この性別カテゴリーを変更することもあるからだ[3]（Money and Ehrhardt, 1972）。この性別カテゴリーを用いて、社会はジェンダーという概念を構築するような社会的行動のパターンを形成している。このようなパターンは、さまざまな行動場面において、人の行動に対する規範的な期待によって統御されている。

それでは、この規範的に統御された行動パターンとは何だろうか？　ジェンダーに基づく行動パターンのすべてを捉えたものではないが、これから展開する進化モデルを理解する上では特に有益であるので、ここで私が焦点を当てたいジェンダー関連の階層的な行動パターンがある。第一に、さまざまな文化において、ジェンダーは労働を分業する際のルールとして用いられるが、この分業はしばしば慣習的なものである。次の節でこれについてもう少し詳しく説明する。第二に、性別カテゴリーとジェンダー・アイデンティティは通常、外見と行動の両方を通して、精巧なシグナルとなる。第2章で、社会的カテゴリーとモデル内でのその例示についてのより一般的な議論のために、この種のシグナリングについてさらに説明する。第三に、ジェンダーに基づく行動は、学習と罰を介して人の集団の中で再生産されていく。第3章で、ジェンダーの進化モデルとの関連性に即してこの論点を再度扱う。

1-1-2 性別役割分業

すでに述べた通り、あらゆる文化において、ジェンダーに基づく労働の分業が行われている。[4] これは、たとえば伝統的な狩猟採集社会から農業社会、工業化社会、ポスト工業化社会に至るまで、人間社会が文化的にも歴史的にもかなり異なる組織形態をとってきたにもかかわらず、当てはまるものである（Basow, 1992）。これらのそれぞれのカテゴリーのあいだには、政治組織、社会構造、婚姻規則などに関連する無数の構造上の違いが存在する。

労働を分業する方法には、誰がどの仕事をするかに関連するものと、最終的にこなさなくてはいけない仕事量に関連するものの二つがある（Blood and Wolfe, 1960）。ここでは「分業」という場合、相互補完的なものを扱う。全体の労働量の分配の問題は「資源の分配」と「家庭内交渉」に該当し、本書の後半、特に第8章で詳しく論じる。

あらゆる社会でジェンダーに基づく労働の分業が行われているが、その形態は随分異なる（Murdock and Provost, 1973; Dahlberg, 1981; Costin, 2001; Marlowe, 2010）。マードックとプロヴォストは、彼らの古典的な論文の中で、食糧の収集、生産と準備、原料の抽出と処理、品物の製造などを含む１８５の社会における50の「技術に関する」活動を見ている（Murdock and Provost, 1973）。彼らはこれらの活動を、男性のみによって行われるもの、主に男性によるもの、両方の性別で同等に行われるもの、主に女性によるもの、女性のみによるもの、という基準に従ってコード化した。そして、大型の獲物の狩猟、金属や木の加工、鉱業、（やや不思議だが）楽器製作、などのいくつかの活動は、文化を超えてほとんど男性だけが行っていることを発見した。[5] その他の糸つむぎ、洗濯、調理（特に野菜の調理）、酪農などの活動については女性が行う傾向がみられた。広い範囲の活動が、程度の差こそあれ、ある社会では一方のジェンダーで行われ、他の社会ではもう一方のジェンダーで行われていた。その中には、縄をなう、農作物を植える、荷物を運ぶ、小動物の世話をする、家を建てる、などといった活動が含まれている。ある社会において両方のジェンダーによって担われている活動も、より詳細に分析すると、これらの活動の多くはジェンダーに基づいて分割された、より細分化された活動から構成されていることが、その後指摘されている。[6] その後の研究でも、同様の結果が報告されている。たとえばコスティンは、交換や販売のための工芸品の製造に注目し、誰が何を作るのかという点では文化によって大きなばらつきがあるものの、ジェンダーに基づく実質的な分業があることを発見している（Costin, 2001）。ここでわかった重要なことは、幅広い活動について、各集団はそれをジェンダーに基づいて分業するのだが、どちらのジェンダーがどの活動を行うのかは、集団によって異なるということである。

現代社会においても、伝統的社会と同様に、家事労働はジェンダーに基づいて分業される（Blood and Wolfe, 1960; Thrall, 1978; Pinch and Storey, 1992; Bott and Spillius, 2014）。ブラッドとウォルフ（Blood and Wolfe, 1960）の古典的な研究では、8種類の家事のうち誰がどの仕事を行うのかについて、家族を対象とした調査を行っている。そして、通常夫が行う仕事（修繕、芝生の手入れ、雪かき）、通常妻が行う仕事（朝食の調理、居間の掃除、皿洗い）、「家庭によって」男女のどちらかが行う仕事（請求書の支払い、食料品の購入）といった家事労働の明確な分業を明らかにした。スロール（Thrall, 1978）は、大人だけでなく子どもも含めた家事の分業を観察し、彼らが対象とした仕事のうち、大まかにでもどちらかのジェンダーに分けられないものは、わずか20%しかないことを発見した。

このような分業を、人の生まれつきの性差から説明しようとする試みもあるが（これについては第4章で議論する）、分業のパターンに大きな文化差が見られるという事実は、そうした説明への反証となるだろう。ゲーム理論によるより有望な説明は、協調の戦略的側面から説明するものである（Becker, 1981）。私がこれから展開する枠組みも、この二つめの説明に沿ったものだが、社会的カテゴリーと協調の役割をより大きな構図で捉え、これらの現象を理解するために文化進化の重要性を強調したものである。まずは、ジェンダーのような社会的カテゴリーによって結果を改善しうるような戦略的状況、すなわち協調問題を掘り下げることから始めよう。

1-2 協調問題

協調問題の基本的な特徴とは何だろうか？　その特徴は大きく二つに分解することができる。第一に、通常、協調問題の行為者たちは、協調したいことについてのある程度の共通の関心をもっている。たとえば序章で説明したタンゴ問題では、行為者たちは同じ結果（一人が前に踏み出し、もう一人が後ろに下がる）を望んでいる。第二に、協調問題は、この行為者たちの共通の関心にもかかわらず、それを満たすために行動を協調させるのが容易ではないがゆえにこそ問題となる。これは協調を成立させる方法が複数あるためで、うまく協調するとは、そのうちのどれかになるということだ。シェリング（Schelling, 1960）はこの種の問題にゲーム理論家たちの注意を向けた。協調に関して、同等もしくはほとんど同程度に好ましい選択肢から選択しなければならない場合、行為者はいったいどのようにして選択するのだろうか？

私たちは協調問題を二種類に分けることができる。ひとつめを**相関的協調問題**（correlative coordination problem）と呼ぼう。この種の問題では、社会における行為者たちは、同じ選択をしたり行為を同調させたりすることによって、その行動を協調させる必要がある。古典的な例として、道路のどちら側を通行するかという選択がある。どの社会においても、メンバー全員が道路のどちらかの側を通行することを望んでいるが、それがどちら側であるかはあまり問題ではない。別の例を挙げると、ほとんどの社会において標準的な勤務時間帯というものがあり、この基準によってあらゆる種類のさらなる協調が可能になる（レストランが開いている時間帯、電車の本数が多くなる時間帯、会議が予定される時間帯、保育施設が利用可能な時間帯など）。アメリカではその時間帯は8時～17時で、スペインでは9時～14時と16時～20時だ。それが特定の時間帯に定められているということよりも、同じ時間帯に決められているということが重要なのだ。別の例としては、言語に関するものがある。それぞれの社会において、そのメンバーたちはどの単語が何を意味するのかについて合意しておきたいわけだが、単語そのものが何であるかは重要ではない（とはいえ常識の範囲内でだが）。

社会的な選択と関係する必要のない、より個人間の選択としての性格の強い相関的協調問題もある。たとえば、ある家族がみんなで何をするかを決めるといったものだ。映画に行ってもいいし、ビーチでもお祭りでもよく、どれにするかについては個々の希望があるかもしれないが、一番の望みはみんなで同じことをするということだ。同じ類いの問題は、デートを計画するカップル、一緒に時間を過ごそうと考えている友人たち、定期的な会議をいつどこでするのかを決めなくてはいけない仕事の同僚たちのあいだでも起こりうる。

これに対して、もう一種類の協調問題は**補完的協調問題**（complementary coordination problem）と呼ぼう。ここでも行為者たちは行動を協調させる必要があるが、そのためには全員が同じ行動をするのではなく、異なる戦略を用いる必要、つまり互いに補完しあう必要がある。本書の最初に紹介したタンゴ問題は補完的協調問題の良い例である。そこでは二人が同時に前や後ろにステップするのではなく、補完的な役割を担いながら、ステップを前後に踏み出すことで協調する。このような補完的な特徴をもった協調問題はたくさん存在する。エレベーターや、駅で停まった地下鉄の乗り降りを考えてみてほしい。中の人と外の人は、一方が移動するあいだ他方は待つといった、異なる行動をとることで協調する必要がある。もしくは、マクドナルドで注文したい人が二人いるとしよう。どちらが先に行くのか？　もし二人が同時に入口に着いたら、どちらが入ってどちらが待つ（もしくはドアを押さえて開けておく）のか？

分業は、まさにこの種の協調問題に分類されるものだ（この章の後半でさらに詳しく説明する）。現代の家庭内における分業を考えてみよう。家庭ではバスルームの掃除をする人、ゴミを捨てる人、食料品の買い物に行く人などが必要である。[7]しかし、家庭を維持するための仕事はたくさんあり、それを複数のメンバーで分担するのは理にかなっている。このようなケースでは多くの場合、同じことをしないことで、誰がどの仕事をするのかに関して協調したいとみんなが思っている（後で詳しく述べるが、この種の分業は、ある程度のスキルを必要とするような仕事で特に重要となる。スキルをまったく必要としない仕事であれば、みんながすべてを少しずつこなすことがもっと容易にできる）。同様に、ひとつの村には警察官、銀行員、食料品店などが必要であり、これらの仕事をそれぞれ一人（または少数）ずつでこなすのが理想的であろう。

他の種類の補完的協調問題としては、リーダーシップに関係するものがある。人の集団は、しばしば周囲の変化に応じて柔軟に協調する必要がある。協調的な集団行動は、一人または少数で意思決定を行うことによって促進される。たとえば、厳格な指揮命令系統のない軍隊はまったく役に立たないだろう。恋愛中のカップルや友人どうし、または小さな部族であっても、毎回合議によって決定するよりも、一人が意思決定をするほうが簡単なことが多い。これらすべての場合について、行為者たちは、全員が同じ役割を担うのではなく、リーダーとフォロワー〔従う者〕という異なる役割を担うことで、より効率的に協調できる。さて、しかし、これらの役割は特定の行動ではなく、行動のパターンを指定するものである（つまり、実際に道路の左側を通行するといったことではなく、そのための意思決定を行うということだ）[8][9]。

本書の第Ⅱ部において特に重要となるであろう、補完的協調問題のもうひとつのカテゴリーは、資源の分配にかかわるものだ。人が共同で資源をつくりだすときや、分配できるような資源を得るときはいつも、誰が何を得るのかを決定しなければならない。資源をうまく分配するには、自身の取り分に対する行為者たちの期待や要求が合致している必要があるため、このような問題は補完的協調問題の特徴をもっている。収穫したニンジンを二人ともが60％ずつ持ち帰ることはできないし、もし自分の会社が今年5万ドルの黒字を出したとしても、社員各自が3万ドルを得ることはできない。二人の行為者が家庭を形成した場合に、二人ともが自由な時間（これも貴重な資源だろう）をとりすぎると、その結果は未処理の請求書と汚れた食器の山になるだろう。従来、このような資源分配のケースは「協調」ではなく「交渉」に分類され、交渉ゲームで表されるのが一般的だった。このような補完的協調問題を具体的に表すモデルは、第5章で紹介する。

ルイス（Lewis, 1969）は、慣習についての彼の有名な本の中で、相関的協調問題と補完的協調問題の違いは「うわべだけ」であると述べている（10）。彼が指摘するように、協調ゲームの中での行動を再定義することで、同じ問題を相関的協調問題として捉えたり、補完的協調問題として捉えたりすることが可能となる。たとえばルイスは、オハイオ州オバーリンに住んでいたときに遭遇した実社会での協調問題について述べている。この町の電話は3分を過ぎるとすべて自動的に切れる仕組みになっていた。ここでの協調問題は、どちらの人が折り返し電話をかけるかを決めることだ。スムーズに通話を続けるためには、一方が電話をかけ、もう一方はかけずに待機しなくてはいけないため、これは一見、補完問題のように見える。しかしルイスが主張しているように、ここでとりうる行動は「コールバック」あるいは「待機」ではなく、「最初に電話をかけたほうがコールバックする」あるいは「最初にかけていないほうがコールバックする」だとも考えることができる。この再定義のもとでは、問題の解決のために全員が同じ行動をとることが必要となる。後で明らかになるが、このような再定義は、二人の行為者間で、どちらが何をするかを決めるにあたって追加的な情報が利用できるという、対称性を破る方法がある場合にのみ可能である（このケースではその非対称性は、かならず一方が電話をかける側で、もう一方が電話を受ける側であるという事実によってもたらされる）。このような理由から、ルイスはこの種の問題間の重要な違いを見落としている。再定義が可能なのは一部のケースのみであり、どのようにして補完問題を相関問題にするかは、それ自体が困難な問題であるのだ。

1-3 協調、慣習、規範

人の集団においては、協調問題は慣習によって解決される傾向がある。車の運転に関しては、アメリカでは右を走るのが慣習であり、インドでは左を走るのが慣習である。すでに述べた通り、スペインとアメリカでは慣習的な勤務時間帯が異なる。私が子どものころ、家では夕飯の後ボードゲームではなく散歩に行くのが慣習となっていた。わが家では、料理は夫がして洗濯は私がするのだが、これは逆になっていた可能性もある。

ルイス（Lewis, 1969）はゲーム理論を社会的慣習に適用した最初の哲学者の一人である。[10] 実際、彼は慣習それ自体が何であるかを定義するために、協調ゲームから議論を始めている。ルイスの説明によれば、慣習とは、くりかえしのある協調問題に直面した行為者の集団における、行動の規則性のことである。彼の定義はかなり詳細なものなのだが、大まかに言うと、このような規則性が慣習を構成するためには、集団のメンバーが大体これに従うこと、他のメンバーも同じパターンに従うだろうと期待すること、そして、問題がどう解決されるかに対しておおむね同様の選好性をもっていることが必要である（78）。さらにルイスは、共有知とされるものの要件について規定しているが、それはおおむね、かかわっているそれぞれの行為者が、そこで扱われている事柄が真実であることを知っており、自分以外の人もそれを知っていること、などといったものである。これらの条件が得られれば、どのような協調問題に直面しているにせよ、行為者たちは慣習的な解決策に従い続けると期待されるはずだ。それぞれの行為者は、自分の行動を変えることは不利益になると予想し、同じ選択をし続ける。そして、それが合わさった結果として、行為者たちは問題をうまく解決し続けることになる。[11]

この定義に従えば、高いレベルの合理性をもつ行為者の集団のみ――つまりヒトの集団のみ――が慣習を持てることになるだろう。しかし、ルイスの『Convention』（『慣習――哲学的考察』としてNTT出版から邦訳予定）以来、学習や生物学的進化の過程を経て、単純な行為者の集団からも、より複雑な行為者の集団からも、協調問題に対する解決策が内生的に出現する可能性があるといったことを考察する一連の研究が哲学分野で現れている。たとえばスカームズ（Skyrms, 2010）は、協調問題の一種であるシグナリングゲームの解決策として、進化モデルの中でシグナリングの慣習がどのようにして出現しうるかを研究している（ルイスはこのゲームを言語的慣習の説明に使用している）。これらの研究について驚くべきことは、これらのモデルが、かなり多様な種類の集団——バクテリア、ベルベットモンキー、ヒト、企業の採用行動など——を記述することに成功しているということだ。このように多様な集団の説明に成功していることは、次のような疑問を生む。この問題に対して、ヒトの集団でみられる解決策と、その他の集団でみられる解決策とのあいだに重要な違いがあるのだろうか？　言い換えると、ヒトの社会におけるルイス的慣習と、たとえば動物における警戒声とのあいだには、重要な違いがあるのだろうか？　植物における性役割についてはどうだろうか？[12]

本書では、低〜中程度の合理性を要件とする進化モデルを採用する。期待や共有知、あるいはルイスの考えるようなヒトレベルの合理性要件などが含まれていなくても、この中で生じる解決策を慣習的なものとして考えることが有用であるだろう。この意味での慣習とは、広い意味で協調問題と定義されるものを解決する、さまざまな集団における行動の規則性と考えられるべきである。これは丁寧な定義ではないが、本書の目的は慣習について分析することではない。あらゆる慣習が協調問題の解決策であるということを言っているわけではない点に注意してほしい。ここではひとまずシンプルに、一連の特定の慣習に焦点を当てていこう。[13]

ここで、のちほど有用となると思われる、いくつかの区別をしておきたい。第一の区別は協調問題の解決策のうち、行動の規則性からなるものと、規範的な力をもつようになったものとの区別である。ここでの定義としては、慣習が規範的な力をもつ必要はない。もしも、協調問題を解決する化学的シグナルをバクテリアが進化させたとするならば、それは慣習と言える。あるバクテリアがこのシグナルを送るのに失敗した場合でも、他のバクテリアがその「違反者」を排斥したり罰したりすることはないだろうし、違う結果になるべきだったといった期待もしないことは明らかだろう。一方、ヒトの集団では、協調問題に対する慣習的な解決策は、その集団のメンバー自身も、他の人が特定の行動をとるべきだと感じているという意味で、規範にもなっていることが多い(14)。

間違いなく、ヒトの慣習のほとんどは、ある種の規範的な力を獲得しており、過去の研究者たちは、これはいつねにそうであると主張してきた。たとえばギルバート（Gilbert, 1992）は、ある集団において特定の行動の仕方をするべきであるということを全員が受け入れることで慣習は成り立っているので、慣習とは規範であると主張している。ルイス（Lewis, 1969, 97）の定義では、慣習とは、自分の行動を変えることが自身の最善の利益に反するもので、慣習的行動には従うべきだと他の人たちも信じていると考えられるものであるから、それはすなわち規範であるとされる。さらに、これは自身の利得にかかわってくるので、従わないことに対して他の構成員は良くない反応をするだろう(15)。ウェーバーは慣習について、それを守らないと「非難という制裁」につながる「拘束力のある」習慣と定義しており（Weber, 2009, 127）、慣習にはその定義上、規範的な力がともなっていることを示唆している。

このように、ヒトにおいて慣習と規範が重なっていることは、規範的な力をもたない慣習ともつ慣習とが、連続したものであるという事実をわかりにくくしている。たとえば結婚式では正装をするというのは慣習である。それをしないのは非礼であり、明らかに社会的規範から逸脱しているが、極端な逸脱というわけでもない。しかし、道路の正しい側を通行しないことは重大な規範の逸脱で、大混乱を引き起こすだろう。さらには、ここでの定義を満たし、ルイスの要件さえも満たしても、規範的な力をほぼまったくもたないようなヒトの慣習も存在する(16)。ミリカン（Millikan, 2005）は慣習を、再生産される行動のパターンと定義し、その再生産の一部は前例の力に依存しているとしているが、慣習の多くは一般的に守られてはいない（したがって「すべき」を欠いている）ため、慣習と規範とは区別がなされるべきであるという点に同意している(17)。ここではビッキエリ（Bicchieri, 2005）の分析がもっとも有用だろう。彼女は慣習について、その相互行為の戦略的構造のために、行為者たちが他者もそれに従うだろうと予想できる場合には、自分もそれに従うことを望む行動規則と定義し、他方で社会規範については、自分がそれに従うことを他者が期待し、違反したら罰せられるだろうという場合に行為者たちがそれに従うことを望む行動として区別している。彼女が指摘するように、安定した慣習は、時とともにこの種の社会規範になる可能性があるが、かならずそうなるとも限らない。彼女は、慣習を破ることが「負の外部性」〔経済学用語。公害のように、ある主体の行動によって他の主体に損害が与えられること〕につながるような場合には、特にそうなる可能性が高いと指摘している[18]。

本書では慣習と規範とを区別するが、すでに述べた通り、これらは程度問題であると理解すべきだろう。本書は、行動の規則性の創発を理解するために進化モデルの枠組みを使用しているので、特に慣習のほうに焦点を当てていきたい。

第二の区別は、その根底にある協調問題のタイプと関係している。ルイスは、場合によっては他の慣習が成立していたかもしれないという意味で、慣習とは恣意的なものであると主張している（Lewis, 1969）。この恣意性は、慣習についてのあらゆる説明において重要な側面である。しかしギルバートは、ルイスの説明に対する広範な批判の中で（Gilbert, 1992）、「二つの適切な協調均衡のうち、ひとつは各プレイヤーにもう一方の均衡よりもはるかに優れた利得を与え、もうひとつは各プレイヤーにゼロよりはましな利得を与える」という、彼の定義での協調問題があることを指摘している（342）。言い換えれば、一方の協調の方法が、両方のプレイヤーから強く好まれるということである。このような問題の解決策は、それが慣習となることにおいて、厳密な意味で恣意的なものではないだろうと彼女は主張する。この批判がもたらす緊張関係は、慣習がどの程度恣意的であるかは（どの程度規範的であるかが程度問題であるのと同様に）程度問題であることを指摘することで解決できる。いくつかの問題については、同等に好ましい解決策となる可能性のある結果が複数存在する。道路の左側と右側がこれに該当する。他の類いの問題においては、複数の解決策が存在するものの、その好ましさの程度については違いがみられる。たとえば、社会的協調問題の解決策として勤務時間帯を挙げたが、これはどんな時間であってもうまくいくというわけではない。もしも勤務時間帯が午前0時から午前8時までだったら、人々は不幸で不健康になるだろう。[19] 他の問題においても、他より明らかに優れた解決策というのはあるかもしれない——ロッククライミングを習っている友人どうしのペアの場合、補完的な役割を担うのは潜在的にはどちらの人でもよいのだが、経験のあるほうがリードクライミングをするほうが、経験のないほうがそれをするよりも明らかに良い。協調問題は、同等に好ましい解決策が多く存在するものから、より魅力的な解決策がいくつか存在するものまで、スペクトラム〔連続線〕上に存在すると考えることができる（Simons and Zollman, 2018）。このスペクトラムにおいて、一方の端を慣習的な解決策、もう一方の端をあまり慣習的でない解決策（そして時に、より機能的な解決策）と呼ぶことにする。第4章でこのテーマに戻り、協調問題がこのスペクトラムのどこにあるのかを把握することを目的とした、シンプルで数理的な尺度を紹介しよう。慣習について、その恣意性の程度に多様性があるという理解は、性別役割分業のパターンの慣習性を解明するのに役立つだろう。では、ゲーム理論に目を向けて、協調問題のモデル構築を始めることにしよう。

1-4 協調ゲーム

ゲーム理論は、ヒト間の戦略的相互作用をモデル化するための枠組みとして開発された。ここでの「戦略的」とは、複数の行為者が自らの行動を選択し、そこでは他者がどう行動するかを各自が意識している、あらゆる相互作用を意味する。[20] 協調問題は明らかにこの定義に該当する――つまり、そこにかかわっているそれぞれの行為者が、互いのパートナーがどうするかに基づいて行動を選択したいと思っている。もし、あなたが前にステップするのであれば私は後ろにステップしたいし、逆もまたそうである。ゲーム理論は、戦略的な結果を予測したり説明したりするために、このような相互作用を単純化してモデル化し、人の選択に関する比較的最小限の仮定を使用して、行動を説明し理解しようと試みる。

協調問題のゲーム理論的モデルである**協調ゲーム**（coordination game）では、行為者たちは成功するために戦略を協調させなければならず、またそのための方法は複数存在している。前節においては、複数の行為者による協調問題に関してもいくつか述べた（たとえば軍隊では、柔軟な行動がとれるよう、構成員たちが適切な階級に序列化されているときに協調問題が解決される）。この節において、そして本書全体を通して、行為者が二人だけの問題に焦点を当てていこう。これは、これから述べる相互作用の中に、より複雑なモデルでは十分に表現できないものがあるからではなく、ここでの目標が、時にはより詳細な表現を犠牲にしてでも、わかりやすい説明を提供することであるからだ。さらに、小さなゲーム〔モデル〕は多くの場合、その単純さにもかかわらず、行動における相互作用に深い洞察を与えることがわかっている（Sigmund et al., 2001）。

		プレイヤー2	
		A	B
プレイヤー1	A	1,1	0,0
	B	0,0	1,1

図1-1　単純な相関的協調ゲームの利得表

1-4-1　相関的協調ゲーム

ゲームには**行為者**（actor）、**戦略**（strategy）、**利得**（payoff）の三つの要素がある。[21] ゲームにおける行為者とは、戦略的な相互作用にかかわる行為者のことである。戦略とは、それぞれの行為者がとりうる行為を定義するものである（たとえばタンゴでは、前にステップするか後ろにステップするか）。利得は、彼らが選択した一連の戦略に基づいて各行為者の得る結果を決定する。

図1-1は、もっとも単純なタイプの相関的協調ゲーム（プレイヤーが二人で、二つの協調の結果が同様に好ましい）の**利得表**（payoff table）と呼ばれるものだ。行為者はプレイヤー1とプレイヤー2で、それぞれA・Bの二つの戦略を持つ。たとえばAは「道路の右側を通行する」で、Bは「左側を通行する」といったものである。そして、このような理由から私は時にこれを「運転ゲーム」と呼ぶ。表中の行はプレイヤー1がとりうる戦略に対応し、列はプレイヤー2がとりうる戦略に対応している。表内の数値は、いずれかの戦略の組み合わせにおける二人のプレイヤーの利得を表しており、プレイヤー1の利得が最初に記載されている。つまり、両方のプレイヤーがAを選択した場合、それぞれが1の利得を得ることになる。二人ともBを選択した場合も同様である。それぞれAとBを選択した場合は何も得られない。彼らは行動を相関させることによってのみ成功する。

この図において、利得の数字は何に対応しているのだろうか？　ゲーム理論家によって与えられた答えは**効用**（utility）、すなわちプレイヤーが好ましいと思うものや良いと思うものを抽象的に表現したものである。ほとんどのゲーム理論的分析では、行為者たちは戦略に関する状況の理解から計算し、最高の利得が予想される戦略をとることによって自身の効用を最大化しようとすると想定する。もっとも良い戦略がどれかを簡単に言える場合もある。選ぶべき妥当な戦略が複数存在する場合もある。多くの場合、ゲームにおいて期待される行動は**ナッシュ均衡**（Nash equilibrium）と呼ばれるものに一致する（Nash, 1951）。これは、どの行為者もそこから逸脱しては利得を向上させることができない戦略の組み合わせである。ゆえに、この戦略の組み合わせは安定したものであり、現実世界で起こる可能性が高いと考えられる。[22]

　どのゲームにおいても、数値の絶対値は、ある意味、各プレイヤー間の数値の差ほど重要ではない（それでも多くの点で重要ではあるが）。ここで重要なのは、プレイヤー1が0より1を好み、プレイヤー2も同様であることである。この戦略的シナリオでは、協調と非協調の結果の数値が100と0でもいいし、2とマイナス50でもよい。このような変更が行われたとしても、この序列〔数値の大きいほうが好まれるということ〕によって、各プレイヤーは協調の結果を好み、別の結果を好まないという考えは捉えられるだろう。しかし、進化モデルにおいてこれらのゲームを使用すると、モデルの分析方法と同様、数値の重要性も変化する。数値は効用を表すのではなく、進化的な変化がどのように起こるかを決定するものとなり、利得の詳細は多くの場合、非常に重要なものとなる。これについては第3章で扱う。

　図1-1のゲームには二つのナッシュ均衡がある。[23] 実際、これは協調ゲームの一般的な性質である。つまり、行為者が到達する可能性のある妥当な結果が、少なくとも二つ存在するということだ。ここでのナッシュ均衡

(a)

	プレイヤー2	
	A	B
プレイヤー1 A	1, 1	0, 0
プレイヤー1 B	0, 0	2, 2

(b)

	プレイヤー2	
	A	B
プレイヤー1 A	2, 1	0, 0
プレイヤー1 B	0, 0	1, 2

図1-2　二つの単純な相関的協調ゲームの利得表。(a)は、両方の行為者から、A対AよりもB対Bの結果が好まれることを示している。(b)は、行為者が二つの結果に対して異なる選好をもつ場合を示している

とは、両方の行為者がAを選ぶか、両方の行為者がBを選ぶ戦略の組み合わせである。いずれの場合においても、どちらの行為者も戦略を変えて利得を上げることはできない（もし変えた場合、その行為者は1の代わりに0を得ることになる）。また、この場合いずれの均衡においても両プレイヤーは同じ利得（1）を得るので、どちらのプレイヤーも、一方のナッシュ均衡をもう一方より好むわけではないことに注意してほしい。これは、どのような方法であれ、協調することに双方が満足していることを意味する。

相関的協調ゲームは、かならずしもこのような特徴をもっているとは限らない。**図1-2**に示されるゲームを考えてみよう。この両方のゲームに二つの協調均衡があり、それは図1-1のゲームと同じである（A対A、B対B）。しかし、どちらの場合も二つの均衡のあいだには違いがある。（a）では、両方の行為者にとって、一方の協調結果のほうがもう一方よりも優れている。どちらのプレイヤーも、協調しないよりも協調することを好み、また、ともにA対AよりもB対Bを好む。このゲームは、たとえば勤務時間帯として、深夜12時から8時よりも8時から17時のほうが好まれるような例を表している。このような理由から、このゲームは前節で述べたスペ

クトラム上で考えると、純粋な慣習的特性と言うより、機能的な特性寄りになっていることに注意してほしい。(b)に示されたゲームでは、行為者たちの関心が完全に一致することはなくなっている。これまでの例では両者は同じ結果を選好していた。今回は、それぞれの行為者は協調することを選好しているが、プレイヤー1はAを、プレイヤー2はBを選択することを好んでいる。伝統的にこのゲームは(示唆的なことに)「男女の争い」と呼ばれてきた。男性と女性が一緒に出かけたいのだが、女性はオペラを、男性は野球を好んでいるというストーリーである。オズボーンとルービンシュタイン(Osborne and Rubinstein, 1994)は、二人の友人がオペラに行きたいのだが、一人はバッハが好きでもう一人はストラヴィンスキーを好む、といった性別に関係のない標準的なストーリーを用いている。ここでは、これを「バッハ−ストラヴィンスキー」ゲームと呼ぶことにしよう。このゲームは、利害の葛藤が生まれるような修正がなされているにもかかわらず、協調的特性を強くもっていることに注意してほしい。ここでは、運転ゲームのように、明らかに両者にとってより好ましい結果が存在するわけではない(少なくとも一般的な観点からは。もちろんプレイヤー1と2は、どちらの結果がより好ましいかについての各自の見解をもっている)。

バッハ−ストラヴィンスキーゲームは、協調的特性をもちながらも、行為者間の多少の利益相反があることを表して、**葛藤協調ゲーム**(conflictual coordination game)と呼ばれることがある。さまざまな戦略的ゲームは、利益相反もしくは共同利害のいずれかのゲームとして言及されることがあるが、実際には、ゲーム理論の中でもっとも興味深いゲームの多くはその両方である。ゼロサムゲームでは、一方のプレイヤーの利益が他方のプレイヤーの損失となり、完全な共同利害ゲームでは、一方のプレイヤーの利益は他方にも利益になる。バッハ−ストラヴィンスキーゲームはその中間にあるものの完璧な例である。シェリングはこの種のゲームについて、

		プレイヤー2	
		A	B
プレイヤー1	A	0,0	1,1
	B	1,1	0,0

図1-3　ダンスゲームの利得表

これは「パートナーシップと競合に関する相互依存と葛藤の混合」を表しているので「混合動機（mixed-motive）」ゲームであるとしている[24]（Schelling, 1960, 89）。

1-4-2　補完的協調ゲーム

この節では、本書を通じてもっとも注意が向けられ、また、以下で見ていくように性別役割分業をもっともよく表しているゲーム、補完的協調ゲームを紹介しよう[25]。**図1-3**は、もっとも単純な補完的協調ゲームの例を示している。この2名でのゲームは図1-1のものと同じだが、ここでは行為者は補完的な行動を選択した場合にのみ利得を得る。このゲームでの二つのナッシュ均衡は、A対BとB対Aである。これらの戦略の組み合わせでは、どちらか一方が行動を変えた場合、変えた者は1の代わりに0を得ることになる。このゲームにおいてAは「前にステップする」を表し、Bは「後ろにステップする」を表すと考えることができるので、簡単にするために、本書ではこのゲームを「ダンスゲーム」と呼ぶことにしよう。同様にAとBは、家庭においては「料理」と「掃除」であるかもしれない。組織マネジメントの文脈では「リーダー」と「フォロワー」かもしれないし、「陶器を作る」と「木工品を作る」でもよい。

もっとも単純な相関的協調ゲームと同様に、ダンスゲームの行為者たちは、どの均衡に到達するかは気にしない。彼らが気にしているのは協調できるかどうかだけだ。言い換えれば、このゲームに利益相反はない。しかし今回も、相関的協調ゲームと同様に、

プレイヤー２

(a)

		A	B
プレイヤー１	A	0,0	2,2
	B	1,1	0,0

プレイヤー２

(b)

		A	B
プレイヤー１	A	0,0	1,2
	B	2,1	0,0

図1－4　二つの単純な補完的協調ゲームの利得表。(a)では双方の行為者が一方の協調の結果を他方より好む。(b)では行為者は二つの協調結果について対立する選好をもっている

この補完的協調ゲームにも状況の戦略的特性を変えるようなバリエーションがある。**図1－4**のゲームを考えてみよう。これは図1－2で紹介したゲームの補完バージョンである。

（a）のゲームにおいて、二人の行為者は補完的な行動をとることで協調するが、一方の組み合わせを選択したほうが、全体的な利得が双方にとってより良いものとなる。このゲームは、たとえば、一組のペアの一方が、二つの補完的な社会的役割のどちらかにより適しているといったシナリオを表すことができる。配偶者の一方は本当に洗濯が好きで、もう一方は皿洗いが好きといったものだ。〔この場合〕当然、二人とも自分の好みに一致する家事労働を分担することを好むだろう。もしくは、ある人は一日中座って頭を使うのが好きで、ある人は外を歩いて回ったり人と話したりするのが好きだとする。この二人のうち、どちらが銀行員になり、どちらが警察官になるべきかは明らかだ。これは個人が補完的な社会的役割にうまく適合するシナリオを表しているので、本書ではこれをＭＦＥＯ（made for each other＝お互いのために作られた）ゲームと呼ぼう。前節での結論と同様に、このゲームは双方のプレイヤーにとって好ましい結果があるので、より機能的な特

性をもっており、慣習的な特性は弱いものだ。

（b）のゲームは、こちらも行為者が補完的な行動をとる必要があるシナリオを表しているが、両者にとってどちらか一方がより好ましいものとなっている。たとえば、会社の従業員はおそらく全員が、下っ端の事務員よりはCEOになりたいだろう。コーヒー店で飲み物を買うときには、誰もが2番目ではなく最初に注文したいだろう。分業においては、おそらく全員が食糧資源を直接コントロールできるような仕事を好むだろう。先に述べた、双方の行為者がより高いステータスや利益を得るような社会的役割を果たしたいと思っているシナリオに関連して、このゲームをリーダー・フォロワーゲームと呼ぶことにしよう。ここではじめて、葛藤的な特性をもつと考えられる補完的協調ゲームが登場したというわけである。後で明らかになるように、このゲームは不公平について考える際に特に興味深いものである。

これまで、それぞれ少しずつ異なるタイプの協調問題に対応した、数々の協調ゲームを紹介してきた。読者が消化しきれなくなってしまうかもしれないが、さらにもうひとつ、協調的な特性をもっているものの、純粋な協調ゲームとは少し異なるゲームを紹介したい。これは、協調しないときに起こることに関する選好を行為者たちが持っており、その選好がこの戦略的シナリオの結果に影響を与える可能性があるというゲームである。[26]

図1－5はタカ－ハト（Hawk-Dove）ゲームを示している。これは二人のプレイヤーが、攻撃的になるか消極的になるかを選択するゲームである。二人の攻撃的なタイプ（タカ）が出会うと闘うことになり、お互いに損害を被る。攻撃的なタイプが消極的なタイプ（ハト）と出会うと、攻撃的なタイプのほうがその状況に乗じて多く資源や利益を得る。二人のハトが出会うと、双方ともに消極的に行動するので、どちらも相手の犠牲の上に利益を得るようなことはない。[27]

		プレイヤー2	
		タカ	ハト
プレイヤー1	タカ	0, 0	3, 1
	ハト	1, 3	2, 2

図1-5　タカ-ハトゲームの利得表

このゲームは資源分配に関係していると解釈することもできる。この解釈では、双方がともに攻撃的なタイプでない限り、事前に決められた量（図1-5ではこの量は4）の資源を分配することになる。双方が消極的に交渉する場合、資源は均等に分配される。もし一方が攻撃的であれば、そのプレイヤーはより多くの資源を得る。これは、たとえば家族のメンバー間で、相手が資源を独占するかもしれないリスクのもとで、各自が資源を独占するインセンティブを持っているような状況を表すことができる。

タカ-ハトゲームには「タカ対ハト」と「ハト対タカ」という二つのナッシュ均衡がある。ここでも、これらの均衡は補完的協調の特性をもっている。両者は均衡において補完的な役割をとる。しかしハト派の戦略をとる側は、実際には相手もハト派の戦略をとることを好むだろう。言い換えれば、この組み合わせは均衡ではないのだが、彼らはより平等主義的な結果を求めているのである。[28]

さて、これらのゲームをすべて紹介したので、あるゲームが補完的協調ゲームである場合に関する、もう少し一般的な話をしよう。図1-6は利得表を示しているが、数値ではなく変数を項目としている。（二人のプレイヤーで二つの戦略の）あるゲームが補完的協調ゲームとなるための通常の条件は、e＞a, c＞g, d＞b, f＞hである。これらの条件は、ここまでに紹介したすべての補完的協調ゲームに当てはまる。これは、ゲームのナッシュ均衡がつねに補完的戦略（B対AとA対B）になることを意味している。

これまで、この本の前半で扱うゲームを紹介してきた。後半ではナッシュ要求ゲーム

		プレイヤー2	
		A	B
プレイヤー1	A	a, b	c, d
	B	e, f	g, h

図1-6　二者による二つの戦略のゲームの一般的な利得表

と呼ばれる資源分配を表したものが中心となる。すでに述べたように、補完的協調ゲームは特に興味深いものであり、これは社会的カテゴリーの存在によって協調が促進されうるような状況を表すために適用される、主要なゲームとなるだろう。

1-4-3　分業はなぜ協調ゲームなのか

協調問題を紹介するにあたって、分業は補完的協調ゲームの古典的なケースであると主張したが、この主張はもう少し敷衍する必要がある。特に、共同で利益を得るような労働において、補完的な役割を担う行為者たちにとって協調の利益があるのはなぜかを探る必要がある。

ブラッドとウォルフ（Blood and Wolfe, 1960）は次のように指摘している。「多くの場合、全員がすべての仕事を少しずつ分担するというやり方は、もっとも効率的な分業の代わりにはならない。現代経済の進歩の多くは分業による専門性の増加によるものである。専門家は、なんでも屋には決してできないようなやり方で、その人特有の技術を高めることができる」（48）。実際、これまで見てきた補完的協調ゲームを分業の問題に適用すると、ブラッドとウォルフがここで引き出している前提を暗黙のうちにもっている。これらのゲームには「なんでも屋」戦略は存在しない。行為者たちは補完的な戦略をとることでのみ成功できる。[29]

しかし代わりに、分業の選択肢が二つと、行為者が二人ともそれぞれ少しずつ仕事

プレイヤー2

		A	B	A-B
プレイヤー1	A	0, 0	3, 3	1, 1
	B	3, 3	0, 0	1, 1
	A-B	1, 1	1, 1	2, 2

図1-7　平等主義だが効率の悪い選択肢をもつ分業ゲーム

をする「なんでも屋」の選択肢がひとつという、三つの選択肢をもつ協調ゲームを考えることもできる。**図1-7**はそのようなゲームを示している。ここでは、行為者たちが補完的に仕事を行ったときに高い利得（3）を達成できることがわかる。行為者たちが専門化していない場合には、あまり好ましくない利得（2）となり、なんでも屋タイプが専門家と組み合わされた場合には、さまざまな仕事がすべて行われるものの、それらは適切なレベルではないため、それぞれが低い利得（1）しか得られない。

多くの伝統的なスキルがそうであるように、仕事の習得が特に難しい場合、このゲームの「なんでも屋」均衡の利得は、協調均衡の利得と比べて非常に低くなる。そのような場合、図1-7のモデルは、ますますダンスゲームに似てくる。

このような理由から――つまり人の労働のほとんどは学習された専門性を必要とするので――補完的協調ゲームは、多くの種類のジェンダー間の相互作用を効果的に表現している。以上の理由から、後で紹介する性別役割分業に関する経済学におけるゲーム理論モデルでは、補完的協調ゲームが中心的なパラダイムとなっている。[30]

つまり、分業は補完的協調ゲームであるのだが、しかしこのことは、これがジェンダーとどう関係するのかを教えてくれるわけではない。次の節では、なぜ相関的協調問題と補完的協調問題は、協調する集団に対して異なる種類の課題をもたらすのか、また、そのことがなぜ社会的カテゴリーが果たす役割をつくりだすのかを明らかにしていこう。

1-5　ペアと集団

これまでに述べてきたゲームで表されるような協調問題は、どのようにして解決されるのだろうか？　この問いには多くの答えがある。しかし、一対一の人の相互作用の場合には、そのような問題を解決するための当然の方法として、コミュニケーションを通じて行うか、そうでなければ個人的学習によって慣習をつくりだすといった方法がある。

あなたと私が、MFEOゲームとしてうまくモデル化できるような状況にいると想像してみてほしい。たとえば、私たちが新薬を開発しようとしている研究者だとしよう。私は遠心分離機の作業を好み、あなたはピペット操作を好んでいる。この場合、私はあなたに自分が担いたいほうの役割を伝え、あなたはそれとは違うほうを好むことを伝えると、問題は解決される。この類いの口頭での交渉は、私たちの好みがあまりきれいに〔補完的に〕揃わないような状況では、当然ながらもう少し複雑なものとなる。私たちが夫婦で、一方は映画が好きで、もう一方は長い散歩が好きだとしよう。このシナリオは、バッハーストラヴィンスキーゲームでうまくモデル化できる。利益相反ではあるが、何をするかについて毎晩議論するのは合理的ではない。代わりに私たちは慣習をつくりだすかもしれない。たとえば私たちは、いつも映画を見に行くかもしれないし、その逆もある。映画と散歩を1日ごと、1週間ごと、1か月ごとに切り替えるといった公平な解決策も可能であるが、このためには前回何をしたかを覚えておく必要があり、行動を切り替えるときに多少の不便さが生じるという点で、少しややこしい。

注意しておきたいのは、一対一の協調問題を解く場合、相関問題を解くことと、補完問題を解くことに実質的な違いはないということである。実際、本章の前半で述べたように、ルイスは両者の違いを「うわべだけ」と表現している。いずれの場合においても、はっきりと議論をするか、私的な慣習をつくりだすことで問題を解決することができる。ひとつの方法としては、このような場合、私は私であり、あなたはあなたであるというように、対称性を破って役割を選択するのに行為者たちが使える情報がつねに存在するということがある。ただし、相互作用を行う個人がたくさんいて、皆が同じ協調問題に取り組んでいるような場合を考える際には、これは当てはまらないということをここでは指摘しておきたい。

メンバーが定期的に、しかし異なる相手と二者で協調ゲームを行う集団を想像してみてほしい。たとえば、人は人生の中で複数のパートナーと暮らし、それぞれの相手と分業をする必要があるかもしれない。あるいは、見知らぬ人とのビジネス上のやりとりが定期的に発生し、そのたびに攻撃的にふるまうか、消極的にふるまうかを決めなければいけない。そして、より日常的なケースとしては、集団のメンバーは、地下鉄のドアを誰が最初に通過するか、誰が最初にコーヒーを注文するか、歩道のどちら側を歩くかの選択といった、ペアでの協調問題にかかわっている。

集団の人々が相関的協調問題（これは皆が同じ行動をとらなければならない問題であることを思い出してほしい）に取り組むと、どうなるだろうか？　この種の問題は、集団のすべてのメンバーが、その問題に対して全員がAを選ぶか、全員がBを選ぶといったように同じ戦略をとることで解決できる（全員が左側を通行するか右側を通行するか）。そうすると、集団のどのメンバーと出くわしてもナッシュ均衡をプレイすることになる。実際、これらは現実の社会において、この種の問題の解決策としての創発がよく観察される、慣習的な解決策の類いである。道路の左側を通行する人もいれば右側を通行する人もいるといった国や、人々が互いに理解できない言語を話す緊密なコミュニティといったものがあれば、われわれはとても驚くことだろう。

相関的協調問題の良いところは、社会のすべてのメンバーが従うべき単一の広範な慣習をもつことで解決できることである。行為者たちは協調を好んでいるが、それをどのように行うかについて異なる選好を持っているといった、バッハーストラヴィンスキーゲームで表されるようなケースでは、社会のメンバーの中には社会的な慣習にあまり満足していない人もいるだろう。しかし、それにもかかわらず、彼らがルールに従う限り、どの場合にも人々は協調しようとし、それによって利益を得るだろう。

〔対して〕補完的協調問題では、ものごとはそれほど単純ではない。ダンスゲームで、集団のメンバー全員が前にステップして同じ行動をとることにしたとしよう。行為者たちはみんな協調に失敗し、誰も幸せにならない。同様に、ある社会の全員が家庭で調理の役割を担うことにして、誰も掃除をしなければ、どの家庭でも料理は大量に余り、部屋は汚れてしまう。あるいは、会社で誰もがCEOの役割を担うことにした場合や、誰もが攻撃的になって受動的な役割や従順な役割をとらない場合、逆に、誰もがあらゆる社会的相互作用でリーダーに従おうとして、リーダーの役割を誰も引き受けない場合を想像してみてほしい。〔こうした場合に〕全員が同じ役割を担うことでうまくいくわけがないのは明らかだが、そこにはさらに考えるべき点がある。補完的協調問題について、協調の際につねに成功を約束するような、集団が採用できる戦略プロファイルは存在しない。これを理解するために、二人以上が戦略Aをとっており、彼らが出会うとつねに協調に失敗するような集団を想像してみよう。次に、二人以上が戦略Bをとっている集団を想像してみよう。やはり、彼らが出会うとつねに協調に失敗する。つまり、3人以上のプレイヤーがいるどんなグループも（たとえば戦略Aのプレイヤーが二人以上でBのプレイヤーが一人)、かならず協調に失敗する組み合わせがありうることになる。

この二つの状況の区別は、例を挙げて説明することができる。さまざまな社会での挨拶を考えてみよう。これは慣習的なもので、握手、頰へのキス、頰への複数回のキス、手を振る、ハグ、お辞儀などの形をとっている。これらの行動はすべて、出会ったときに双方が同じように行うことができ、うまく協調することができる類いのものである。対して、非対称的であり、うまく行うためには双方が異なる役割を担う必要がある挨拶を考えてみよう。たとえば、一方が手を振ってもう一方がお辞儀をしなくてはならないとか、右手と左手で握手しなくてはならないといったものだろうか。標準的な挨拶というものは、このような形をあまりとらないという点は注目に値するだろう。私たちは、正しい種類の(相関的)協調問題をつくりだし、同時にそれを解決する慣習を社会が採用しているのをつねに目にしている。例外的なのは、観察可能なほどに異なる二つのタイプの行為者のあいだで行われる挨拶である。一例として、淑女が手を差し出し、紳士がそれにキスをする挨拶がある。あるいは、日本のお辞儀の慣習を考えてみよう。地位の低い人は、地位の高い人よりも深くお辞儀をしなければならない。

本書の中心となる所見は、集団は一種類の慣習的役割を用いることでは補完的協調問題を解決できないため、そのような場合に、社会的カテゴリーが果たす機能があるということである。

特に、行為者たちは、社会的相互作用の際に各自がどんな役割を果たすべきかを識別するのに社会的なカテゴリーを使用することができる。これは、集団全体の協調問題に対してカテゴリーが唯一の解決策をもたらすということではないが、確かに解決策はもたらしており、それは現実社会の集団の多くで恒常的に発生しているものである。特に、カテゴリーは、ルイスの言うように補完ゲームを相関ゲームに書き換えるために必要な非対称性をもたらすものとして概念化できる。ダンス問題では、とりうる選択肢を「女性なら前にステップし、男性なら後ろにステップする」とか「男性なら前にステップし、女性なら後ろにステップする」と変換することだ。集団がこれらの選択肢のひとつに落ち着くと、それで問題は解決となる。

＊＊＊

この章では、本書の前半で扱う中心的な事例である性別役割分業について紹介した。これまで見てきたように、性別役割分業は、人がつねに性別によって分業を行うという意味で、なぜ文化を超えてこのような規則性があるのか（そして、その分業の仕方はなぜ社会によって大きく異なるという不規則性があるのか）という問いを生み出す。

この問いの提起として、私たちはゲーム理論的モデルをつくることを始めた。私は、分業は協調問題であり、特に補完的協調問題、つまり、解決のために行為者が補完的な役割をとらなければならない問題であると述べた。ここまで見てきたように、この特定の種類の協調問題は、行為者たちの集団に特別な課題を提起する。この問題にかかわる行為者たちは、どのようにして対称性を破り、誰がどの役割を担うかを決定するのだろうか？　次章で述べるように、ジェンダーをはじめとする社会的カテゴリーは、男性と女性、黒人と白人、若者と高齢者、バラモンとダリット〔カースト制度における身分〕といった非対称性を行為者たちのあいだにつくりだすことで、この種の問題の解決策をもたらすことが可能になる。これらの非対称性は、たとえその特定のカテゴリーのメンバーに本質的な違いが何もない場合であっても、集団内の協調を向上することができる。性別役割分業に関しては、これから述べる通り、ジェンダーがまさにそのような対称性を破る要素となる。

〔原注〕

（1）哲学においては、ハスランガーがジェンダーの異なる定義に関する議論を提供しており、彼女が実用的定義とするもの――ポジティブな社会的変化に有益なもの――も紹介している（Haslanger, 2000）。

（2）バトラーは、性別というのは「もはや、その上にジェンダーの構築が人為的に課されるという身体的に所与のものとしてではなく、身体の物質化を支配する文化的規範として」理解されるべきであると主張している（Butler, 2011a, xi）。

（3）さらに、いくつかの社会では、三つ以上の性カテゴリーが存在する。たとえばインドのヒジュラやネイティヴアメリカンのトゥースピリットの人々のように、社会的には女性のような、生物学的男性で構成される第三のカテゴリーをもつ社会もある。他にも、アフリカやネイティヴアメリカンの社会では、父親や夫としての社会的責任をもって男性のようにふるまう生物学的女性のための第三のカテゴリーがある（Martin and Voorhies, 1975; Blackwood, 1984; Williams, 1992; Thomas *et al.*, 1997）。

（4）ギボンズ（Gibbons, 2011）で議論されている証拠も、人におけるこのジェンダーに基づく分業が古くから見られることを示唆している。

（5）しかし、大型の獲物の狩猟のような活動でも、いくつかの文化では時に女性によって行われている（Bird and Codding, 2015）。

（6）コスティン（Costin, 2001, 2）はいくつか例を挙げている。「西アフリカのアシャンティ族において、女性は市場で販売される実用的な家庭用の陶器を作り、男性は上流階級の顧客から注文を受けて儀式用の磁器を作っていた」。ここでは器づくりも技術に関する活動のひとつとして数えられるが、この文化を「男性も女性も器を作る」と分類してしまうと、重要な分業を見落とすことになるのがわかる。

（7）これらの仕事を採集、狩猟、道具づくりなどに置き換えれば、伝統的な家庭や集団についても同様の指摘ができる。

（8）タンゴでは、二人のパートナーは二種類の基本的なステップ（前に踏み出すことから始まるものと後ろに下がることから始まるもの）のうち、誰がどちらを行うのかを双方が理解していなければならないことに注意。また、どちらがリードするのかを決める必要がある。ダンス全体の決められた振り付けというものはないので、二人ともがリードしようとすると協調に失敗し、二人ともがフォローしようとしてもまた同じことになる。二種類の分業が、人の集団における協調には不可欠である。

（9）ミリカン（Millikan, 2005）は、彼女が「リーダー・フォロワー」と呼ぶ慣習を他の種類の慣習から区別している。これは、確立された慣習として一人の行為者がわかりやすくリーダーシップをとることで、他の行為者がフォロワーの役割をとることができ、協調が可能になるという慣習である。これは、リーダー・フォロワーの区別のおかげで、どう分業するかが行為者たちにはすぐにわかるような、固定もしくは半固定された行動を含むので、先に説明したタイプの問題とは異なる。ここでは一般的に、誰がリーダーになるかを決めることが問題となるようなフレキシブルな行動について示す。

（10）しかし、哲学者による社会的慣習の議論自体はもっと前にさかのぼる。ヒュームは『人間本性論』の中で、協調的特徴をもつ慣習について述べている。「ボートのオールを引く二人の人は、互いに約束をしたわけではないが、合意や慣習によってそれを行う」（Hume, 1888, Bk III, Pt II, Sec II）。

（11）シェリングも、協調に関する彼の重要な研究において、協調問題の典型的な解決策として、行為者が互いに期待をもち、お互いの期待についての期待をもっていることが、彼らを解決に導くという同様の考えを主張している（Schelling, 1960）。

（12）カオ（Cao, 2012）は、シグナリングゲームがニューロンのシグナリングを表すことができるかどうかについての議論の中で、このような類いの慣習を区別することに関連した指摘をしている。彼女が観察したように、シグナルが「他のものであったかもしれない」（慣例としてそのように使われているだけ）というさまざまなケースを見てみると、その中には、今すぐにも簡単に変更できるもの（言語など）もあれば、非常に難しいもの（バクテリアのシグナルなど）もある。後者の場合の「他のものでもありえたかもしれない」という感覚は、深い進化的な反実仮想〔もしそのように進化しなかったとしたらどうだったのだろうと、ありえた別の進化について考えること〕に訴えるものだ。

（13）あらゆる慣習は協調問題を解決するものだという考えに対しては、すでに有効な反論がなされている。ギルバートは、慣習についてのルイスの説明を徹底的に批判し、ルイスの適切な協調均衡では表せない社会的慣習の例を示している（Gilbert, 1992）。ミリカンも同様に、足の指をぶつけたときに「くそっ」と言うような慣習は、協調問題の解決策としてはうまく表現されないと指摘している（Millikan, 2005）。ビンモアは進化ゲーム理論の視点から、慣習には共有知が必要だとするルイスの考えに反論している（Binmore, 2008）。

（14）この議論とは別の問題であるが、合理的選択や進化的アプローチといった、社会規範を理解するためのアプローチをいくつか議論しているアンダーソン（Anderson, 2000）に興味をもつ読者もいるかもしれない。

（15）サグデンは相互期待の分析を通じて、ルイス的な慣習がなぜ規範的な力を獲得するのかの詳細を概説している（Sugden, 2000）。また、グァラは実験を用いて、ルイス的な意味での慣習が規範的な力を獲得するのが非常に容易であることを示しているが、彼は、慣習とはルイスが述べたような他者の利得を考慮することに基づいた「すべき」ではなく、内在的な規範性をもつものだと主張している（Guala, 2013）。

（16）夫と私には、一日の終わりに『ジ・オフィス』〔米国のドラマ〕を一緒に見るという慣習があるが、私たちのどちらも、これはしなくてはいけないものだという感覚はもっていない（たぶん洗濯や皿洗いのほうがしなくてはいけないものだ）。この慣習を守らなかったとして、相手からの難色や非難といったものも絶対にないだろう。

（17）彼女は、赤ちゃんが生まれたら葉巻を配る〔米国には子どもが生まれるとお知らせの意味で知人に葉巻を贈る風習がある〕という例を挙げている。これは協調問題を解決するものではないので、ここで私が扱っているような類いの慣習ではない。

（18）その定義上、協調問題を解決するような慣習を破ることは、期待されているところから相手の利得を下げることになるので間違いなく負の外部性につながる。しかし、これが起こりうる程度には違いがある。『ジ・オフィス』を見ないと決めたら私は夫をがっかりさせるかもしれないが、もし運転規則を守らないと決めたなら、誰かを殺すかもしれない。

（19）たとえばデイヴィスら（Davis *et al.*, 2001）を参照のこと。

（20）この定義は、（ゲーム理論についてよく想定されているように）これらの相互作用が葛藤をともなうことを必要としないことに注意。

（21）通常、ゲームは行為者のための情報、つまり各行為者が相互作用について何を知っているかも定義する。この要素は、これが合理性に基づく分析と関連するほどには、新たに出現する行動や進化する行動との関連性が高くないので、本書ではこの要素はあまり重視しない。

（22）実際に、実験経済学の知見は、つねにとは限らないものの、人々は実験室においてナッシュ均衡に従うことを学ぶことが多いことを示している（実験ゲームがナッシュ均衡の予測に適合する場合と適合しない場合の例についてはスミス Smith, 1994 を参照のこと）。ナッシュ均衡の概念以外にも、戦略的行動を予測し説明するためにゲーム理論家によって開発された他の解概念が多く存在する。しかし、これらの概念について議論することは本書の範囲を超えたものである。

（23）より正確には、このゲームには二つの純粋戦略ナッシュ均衡（pure strategy Nash equilibria）がある。これらは、行為者がともに純粋な戦略（pure strategy）を選択するか、つねに同じ行動を選択するナッシュ均衡である。行為者が確率的に二つの選択をする混合戦略（mixed strategies）も考えられるが、それについてはここでは無視することにする。本書では大半において、混合戦略については進化の観点から重要な場合にのみ議論の対象とするが、そのようなケースはあまり多くはない。

（24）彼は、ゲーム内の行為者たちが共同利害なのか利益相反なのか、またはその中間の何かであるのかを決定するための、次のような方法を説明している。X軸がプレイヤー1の利得を表し、Y軸がプレイヤー2の利得を表すグラフを作成する。そこに、それぞれのありうる結果を表す点を書き込んでいく。これらの点のあいだの線の傾きがつねに負であれば、そのゲームは利益相反ゲームであり、共同利害ゲームの場合はその逆である。中間のゲームは、結果のあいだで正と負の両方の傾きをもつことになる。

（25）一般にはこれを「反協調」ゲームと呼ぶことが多い。私がこの呼称を使わない理由はいくつかある。第一に、この呼称は行為者たちが協調したくないということを示唆しているように見えるが、実際には正反対である。第二に、この種のゲームは「非協調」ゲームと呼ばれることもあるのだが、「硬貨合わせゲーム」のように、一方の行為者は協調を試み、もう一方はそれを避けることを好むゲームに関しても、これらの両方の呼称が使われるのを見たことがある。そのため、本書ではまったく新しい用語を使うことにしたい。

（26）ここでは少し不正確な言い方をしている。ゲームでの利得が0――これまでのゲームでは非協調の結果の利得であった――とは、実際にはそれに対する選好を反映している。たとえば、0はマイナス3よりは良く、3よりは悪い。二つの非協調の結果のどちらに到達するかの選好を行為者はもっている、と言ったほうがより正確である。

（27）このゲームは「チキン」ゲームと呼ばれることもあり、以下のように解釈されている。二人のドラッグレーサーがチキンゲームをすることにした。両者はお互いに向かって突進し、脇に避けるか、まっすぐ進むかを選択することができる。両者がまっすぐ進む（タカを選択）と激突してしまい、これは明らかに双方にとって悪い結果である。両方が避けた場合は激突せず、このほうがましな結果ではあるが、度胸があるという評判は二人とも得ることはできない。一人が直進してもう一人が避けると、直進したほうは度胸があり、もう片方は弱虫だという評価を得るだろう。

（28）タカ-ハトゲームの均衡は、ルイス（Lewis, 1969, 14）の協調均衡の定義、すなわち「自身であれ相手であれ、どちらか一方が行動を変えた場合に、どちらもより良い状態になることがない組み合わせ」（強調はルイスによる）を満たしていない。サグデン（Sugden, 2000）はこれを相互利益均衡（mutual benefit equilibria）と呼んでいる。

（29）特に、伝統的な社会では、適切な分業が行われないことがしばしば夫婦関係の破綻につながることを示唆するような実証データがある（Betzig, 1989）。さらに、ガーベンら（Gurven *et al.*, 2009）は、ボリビアのチマネ族の狩猟・栽培民のあいだでは、夫婦は労働能力に基づいてパートナーを選び、夫婦は分業を行い、この分業は双方に利益をもたらすが、利益は平等でないこともあることを発見している。また、生産性の高いカップルほど子孫が多いこともわかっている。このデータは、家庭の成功にとって補完的な協調が重要であることを強く示している。

（30）関連して、中橋とフェルドマン（Nakahashi and Feldman, 2014）は、ヒトの集団において、スキルを習得することによる利益が大きくなるほど分業が進化する、つまり、その状況が補完的協調ゲームにより一致したものになるということを発見している。

第2章　社会的カテゴリー、協調、不公平

主に鋤を使って農業を行う文化では、男性のほうが権力を持ち、経済的にも安定している傾向がある。鍬や掘り棒を用いて農業を行う文化では、このような傾向は見られない（Alesina et al., 2013）。なぜだろうか？　鋤で土を耕すには上半身の力を必要とし、また一般的に育児と同時にはこなせない。そのため、鋤を使う社会では男性が作物の生産を管理する傾向がある。そして結果として、このような社会は家父長制的になりやすい。

前章の最後では、協調にかかわる特別な課題、すなわち、集団全体でどのような戦略を用いても誤った協調の事例につながるときに、集団がどのように補完的協調の問題を解決できるか（あるいは、集団がどうすれば補完的協調問題を相関的協調問題として再定義できるか）という点について紹介した。本章では、なぜ社会的カテゴリーがこのような問題を解決する手段を提供するのかという点から議論を始める。ダンスでは男性が前にステップし、女性は後ろに下がるだろう。ドアを通過する際は高齢者が優先され、若者はその次に進むだろう。言い換えると、タイプを持つ集団は、それを持たない集団にはできないレベルの効率性に到達することができる。

しかし、ご存知の通り、そこには落とし穴がある。集団に社会的カテゴリーを追加することで得られる効率性は、しばしば平等性を犠牲にする。序章では、スミスとチェ（Smith and Choi, 2007）によって示された二種類の

不公平性について触れた。協調問題を解決するために社会的カテゴリーを利用する集団は、第一の種類の不公平を示す——不平等な役割をともなう共同行為は、それにかかわる人々に不平等な利益をもたらしうる。性別による分業の場合、男性と女性がそれぞれ別の仕事をすると、一方の性別だけが、自分たちの仕事に関連した利益を受け取るようになる。特定の仕事に明確な利点があるとき——たとえば家族の食糧供給をコントロールするといった場合——、その仕事をする性別が利益を得ることになる。

この章では、社会的カテゴリーの存在が集団にとって何を意味するのか、特にジェンダーに焦点を当てて考えることから始める。次に、タイプ分けとタイプ条件づけによって、社会的カテゴリーがゲーム理論的なモデルでどのように表現されるかを説明する。その上で、タイプのある集団とない集団とで、どのような協調が達成されるのか、特にタイプ分けによって効率性がどのように改善されるのかを見ていく。本章の最後では、社会的協調の向上は平等性を犠牲にするという、先ほど述べた緊張状態について探っていく。

2-1 人間集団における社会的カテゴリー

これから紹介するモデルでは、集団が協調問題において社会的カテゴリーを利用するために、以下の2点が必要となる。第一に、集団メンバーは、これらのカテゴリーもしくは**タイプ**をともに識別し、他の集団メンバーを見分けられなければならない。第二に、誰もがそのメンバーシップに基づいて自分たちの戦略を決定できなければならない。言い換えると、個人は、相手がどのような社会的カテゴリーに属しているか、つまり**タイ**

プ条件に基づいて、人々に異なる形で対応する必要がある。これらの用語は、次節でモデル化の観点から定義していく。ひとまずは、このような特徴が人の集団において実際に存在するという証拠を見ていくことにしよう。

社会科学の実験における最小条件集団パラダイム（minimal group paradigm）は、人の集団において社会的カテゴリー化がいかに容易に生み出されるかをうまく説明している。この種の典型的な実験では、まず、無意味な基準（たとえばコインの表裏）を用いて、実験の被験者〔2000年以降、心理学の領域では被験者subjectではなく実験参加者participantという用語が使われるようになっているが、ここでは原文のsubjectをそのまま訳した〕を任意の集団に分ける。次に被験者には、他の被験者間で資源を分配するような課題を行う機会が与えられる。実験結果は、無意味な基準によって生み出されたメンバーシップにもかかわらず、参加者が自分と同じ所属集団の人をひいきする傾向を示した。集団に分かれるということだけでも、ある種のタイプ条件づけを生じさせるのである（Tajfel, 1970, 1978; Haslam, 2004）。

現実世界において、カテゴリーを区別するためには外部マーカー（変更可能なものと変更不能なものがある）を用いる。変更可能なマーカーには、服装、髪型、ピアス、タトゥーなどがある。一方、変更不能なマーカーは、生物学的な性差、肌の色、年齢や、外見でわかるような身体的障害を含む、身体や顔といった外見上の特徴である。[1] とりわけ、これらの種類のマーカーは、最小条件集団と同じような形で、特に外集団差別といったタイプ条件づけを生み出しうる。[2]

もちろん、すべての観察可能なマーカーが内集団と外集団を特定するために使われるわけではない。たとえば、耳の大きさは観察可能だが、耳の大きさに依存するような、何か深い意味のある社会的な行動様式は存在しない。リッジウェイ（Ridgeway, 2011）は、協調の目的のために社会がもっとも大きく依存しているグループ分けを特定するために、**主要カテゴリー**（primary category）という用語を使っている。これらは、ビッキエリ（Bicchieri, 2005）が言うように、「人々が……高い帰納性と安定性を持つ、自然なものとして認識する傾向にある」（89）ようなカテゴリーである。文化圏を横断して、ジェンダーと年齢はつねに主要カテゴリーとして採用されているようである。いくつかの文化では、人種、カースト、あるいは階級も主要カテゴリーとして機能している（Ridgeway, 2011）。キンズラーら（Kinzler et al., 2010）はメタ分析によって、ジェンダー、年齢、人種が文化横断的にもっとも重要な社会的カテゴリーであることを示した。なぜこれらのカテゴリーが（耳の大きさによるカテゴリーではなく）利用されるかには理由がある。性別は、生殖のために行動面を区別するという点で重要である。さらに、異性愛家族の形成は、家族メンバー間の日常的な相互行為の中で分業が顕在化し、継続していくことを意味する。特に男女からなる二者関係は、共同生産の場になりがちなので、労働での協調を促すようなカテゴリーの恩恵を受ける（Ridgeway, 2011）。年齢も同様に、生殖行動や発達段階が重要になる他のさまざまな行動に関連がある。[3]

先に触れた通り、社会的協調場面で役割を担うこれらのカテゴリーは、他者から認識されうるものでなければならない。たとえばジェンダーの場合、生物学的な性差がこの種の認識の根拠を与えるが、それに加えて、服装や装飾品、行動などを通してそのシグナルはさらに強められる。ウエストとジマーマン（West and Zimmerman, 1987）が指摘した通り、「もともとの性別の割り当てのみならず、その割り当てのための本質的な基準（クリトリスや膣、ペニスや睾丸）が実際に存在するかどうかは、日常生活における性カテゴリーの識別にはあまり関係がない」（132）。第1章で触れた通り、分業と並ぶ、ジェンダーに基づく行動の中心的側面のひとつは、ジェンダー・アイデンティティを伝達するために、人がそれをシグナルやディスプレイとして利用しているという点にある[4]（Goffman, 1976; Lorber, 1994）。

性別カテゴリーやジェンダーのシグナルとは何だろうか？　いろいろな例を思いつくだろうが、ローバー（Lorber, 1994）が指摘したように、「ジェンダーのサインやシグナルは非常に当たり前過ぎて、それが欠けていたり曖昧だったりしない限り、見逃してしまう」（14）可能性がある。現代の西洋社会では、服装や装飾品には男女で異なる基準がある。女性はスリーピースのスーツを着ることはめったにないし、男性が口紅を塗ることもほとんどない。他の文化圏でも同様に、服装や装飾品は男女で異なる。ケーララ州（南インド）では、男性はルンギ（またはムンドゥ）という腰に巻きつける長い布を着用する。女性はこれにブラウスを追加することが一般的だ。伝統的な韓国の服（韓服）は、女性はロングスカート、男性はズボンからなる[5]。また、それ自体は戦略的に重要ではないものの、ジェンダー・アイデンティティにかかわる情報を知らず知らずのうちに伝える行動的シグナルも存在する。「マン・スプレッディング」は、地下鉄などで足を広げ、不必要に場所を取る男性の行動を意味するインターネット上のスラングとして近年よく目にする表現である。しかし「ウーマン・スプレッディング」、つまり女性が足を広げるという行為は、基本的に女性がとることのない姿勢と考えられ、話題になることはない。

社会のメンバーがカテゴリーを認識し、行動を条件づけるためにそれらを利用すると、どうなるだろうか。これは、同じ状況下で、異なる主要カテゴリーに属する人々に対して社会のメンバーが異なるふるまいを見せたときに観察できる。そのようなふるまいは、内集団ひいきのような形に限ったものではない。むしろ、他のタイプに対する好意も含めて、行為者がタイプ条件づけをする方法は数多く存在しうる。リッジウェイ（Ridgeway, 2011）は、人間集団におけるタイプ認識は、生得的な外集団バイアスによって基礎づけられていると論じている。ひとたび人々をタイプに分類すれば、それはタイプに応じた異なる行動を生み出すきっかけとなりうる。

米国で行われた研究の中から、タイプ条件づけを明らかにした例をいくつか紹介する。もちろん、前述した通り、タイプ条件づけは差別にかかわるものである必要はない。しかし、タイプ条件づけの明らかなものは概して差別的であり、また差別は研究上関心をもたれやすいため、結果としてこれらの研究は、差別的な行動に焦点を当てる傾向にある。研究者たちは、同一内容の履歴書を送った場合、男性の名前と「白人」の名前を書いたほうが採用されやすく、より高い給料を提示される可能性が高いことを明らかにしている（Steinpreis et al., 1999; Bertrand and Mullainathan, 2003; Moss-Racusin et al., 2012）。求職者がLGBTQであることを明らかにした履歴書についても、類似した結果が得られている（Tilcsik, 2011）〔ゲイであることを明らかにした場合、そうでない場合よりも企業からの返答が少なくなることを示した研究〕。家を探している黒人は、白人と同等な機会を与えられない（Yinger, 1986; Hernandez, 2009）。女性は交渉場面での自己主張的な行動に対して否定的な反応をされやすいが、男性ではそうならない（Bowles et al., 2007; Tinsley et al., 2009）。黒人や女性の患者は、白人男性よりも心臓カテーテルを勧められにくい（Schulman et al., 1999）〔医師による診断の時点で治療の選択肢が制限される〕。車の価格交渉では、女性と黒人の客は最初から高い金額を提示され、値下げ交渉に対する抵抗も受けやすい（Ayres and Siegelman, 1995）。雇用主は、ヒスパニック系と白人の求職者を区別して扱う（Cross, 1990）。おわかりだろうが、このリストはうんざりするほど拡張可能であり、年齢や障害など他のカテゴリーや変更可能なマーカーを含めることもできる。

ここで重要なのは、タイプ条件づけは多くの場面において、集団がうまく機能するために必要なことであり、社会的カテゴリーがそれを可能にするということである。バスの乗客の高齢者と若者を区別し、一方には席を譲り、もう一方には譲らないといった区別は、ほぼ間違いなく良いことである。医師が男性と女性の患者、あるいは異なる人種的背景をもつ患者が医療的に異なるニーズをもっている可能性を認識し、適切に扱おうとするのも良いことである。

2-2 モデルにおける社会的カテゴリー

社会的カテゴリーをモデルに取り込むにはどうすればよいのだろうか。多くの先行研究を通して、これらは「タグ」を持つモデルと呼ばれている。ここで言うタグとは、他の行為者によって観察可能なマーカーのことを意味している。アクステルら（Axtell et al., 2000）は、タグを「固有の社会的・経済的な重要性を持たない、つまり、肌の色が濃いか薄いか、目の色が茶色か青かといった特徴を単に区別するだけである。しかしながら、時間の経過にともなって、経路依存効果（path dependency effects）によって社会的な重要性が獲得されうる」と説明している[6]（2）。事実、アクステルらのモデルでは、これらのマーカーが実際の社会的カテゴリーのような意味をもたないことを明確にするために、タグ付けされたグループを色（すなわち「青」や「赤」）で識別している。本書では、人間集団のタイプが安定的かつ持続的で、一般的なアイデンティティとなりやすいことを押さえておきたいので、タグではなく**タイプ**という語を用いる。

タイプ条件づけ（type-conditioning）は、異なるタイプに対する行動を区別するために、行為者がこれらのタグを用いることで生じるものである。前節で述べた通り、現実世界におけるタイプ条件づけ行動は、外集団バイアスのような心理的な現象と関連していることが多い。しかし、われわれが議論するモデルのタイプ条件づけは、より狭い範囲の現象で、内集団と外集団メンバーとの相互作用の際に、行為者が異なる戦略を展開する可能性を扱うのみである（ただし、いくつかの箇所では、それらがいかに結果に影響するかを検討するために外集団バイアスを紹介する）。この選択は、不公平を生み出すのに必要な最小条件を検討した序章において議論した、一般的な戦略の一部である。結局のところ、多くの場合において、不公平な社会的パターンを持続的に生み出すためには、このような狭い意味でのタイプ条件づけで十分なのである。

タイプとタイプ条件づけについて、このように最小限の要素に基づく理解をしたとしても、モデルには、行為者が分配的不正義や差別に苦しむ状況を表現する力があることに注意してほしい。たとえば、あるタイプのメンバーは他のタイプのメンバーよりも少ない資源しか得られないといった慣習を集団が進化させるようなモデルも多くある。そのような慣習がなぜ維持されているかを説明するような内的バイアスを持たずとも、われわれはその慣習自体が不公平であると言うことができる。

2-2-1 タイプとシグナル

タイプモデルと、ゲーム理論や進化ゲーム理論で広く用いられる別の概念である事前シグナル（preplay signaling）とのあいだには、おもしろい関連がある。事前シグナルを含むモデルでは、行為者はゲームをプレイする前に、他のプレイヤーにシグナルを送り、受け取ったシグナルに基づいて行動を条件づけるという選択肢を有する。タイプを考える方法のひとつは、当事者どうしが情報を伝達しあい、結果として行動の条件づけを可能にするようなシグナルとして〔タイプを〕理解することだろう。まず、プレイヤー1は自分が女性であること、プレイヤー2は自分が男性であることを伝達し、その後ダンスゲームをプレイする。[7] ただし、シグナルモデルにおいて、シグナルがシグナルたりうる重要な部分は、シグナル自体が進化するということにある。文化進化モデルでは、現状のシグナルが自分たちにとってうまく機能しない場合、新しいシグナルを適用する選択肢を行為者が有している。社会的カテゴリーの場合、そう簡単にはいかないことは明らかである。これが、私がシグナルのパラダイムを直接利用せず、タイプを用いる理由だ。私は、戦略的な目的のためにタイプ自体がどのように進化するかにはほとんど関心がなく、本質的に固定化されたタイプを持つ集団における他の行動の文化進化に関心がある（ただし、ボウルズとナイドゥ Bowles and Naidu, 2006 やファンら Hwang et al., 2014 は、行為者が階級を変更できるような階級的不平等の類似モデルに注目している）。さらに、第4章と本書の後半では、タイプが非対称的な相互作用役割に対峙するようなモデルを取り上げることになるが、このような場合にはタイプを事前シグナルとして扱うことができない。なぜなら、そのようなシグナルは、複数の下位集団における非対称な特徴を捉えていないからである。[8]

本書で議論されるモデルは、タイプがゲーム内の戦略として存在するような事例を表現したものではないことに留意してほしい。たとえば、集団におけるタイプは、車道の右側を通行する人と左側を通行する人のようなものにはなりえない。[9] 対戦相手の観察可能な戦略によって〔自己の行動を〕条件づけることは、「固有の社会的・経済的な重要性をもたない」というタグの定義から離れてしまう。

2-3　協調問題の解決策としての社会的カテゴリー

これまで述べてきたように，補完的協調と相関的協調の問題は異なる。相関的問題は，メンバーが多くの他者とペアになって相互作用するような集団に，特定の課題をもたらすことはない。一方，補完的問題は次のような課題をもたらす。ダンスゲームをプレイする人で構成される同質な集団があるとしよう。誰が前にステップし，誰が後ろにステップするのか。おそらく，多くの人が相手の足を踏んでしまうだろう。そこで，ゲーム理論的なモデルを使って，タイプ分けがどのようにこの問題を解決しうるかを具体的に説明する。

まずは**期待利得**（expected payoff）の概念について紹介する必要があるだろう。ある行為者にとっての期待利得は，結果が確率的な状況において，行為者が利得として受け取るものを反映した数値である。たとえば運転ゲームで，全体の60％はAを，残り40％はBをプレイする行為者の集団がいると仮定しよう。Aをプレイする行為者について，彼女が運転に出たときに受け取る期待利得は，Aをプレイする他の誰かと出会う確率に，その場合に彼女が受け取る利得を掛けあわせたものと，Bをプレイする誰かと出会う確率に，その場合の利得を掛けあわせたものの合計になる。他のプレイヤーとはランダムに遭遇すると仮定すると，0.6×1＋0.4×0つまり0.6になる。

個体群均衡（population equilibrium）の概念についても（二者によるゲームでのナッシュ均衡と対照的なものとして）紹介しておかねばならない。これは，個体群全体の戦略の組み合わせとして，誰もが今していることを変えたくないという状態である。相関的協調ゲームでは，全員が同じことをしている状況を示す（もし全員が道路の右側を通行しているなら、誰も左側には変更したくない)。これらの均衡は、次章で述べるように、文化進化の視点から非常に重要である。なぜなら、これは進化過程の終末点の傾向を示すからだ。このような場合に、集団レベルで均衡状態にある、タイプを持つ集団と持たない集団のそれぞれの期待利得を比較する上で、この個体群均衡という概念を必要とする。

ダンスゲームをしている同質なグループで考えてみよう。前述したように、全員が同じ戦略を採用した場合、グループの成績は非常に悪くなる。この集団がとれる最善の方法は、全体の50%はつねに前にステップし、残りの50%はつねに後ろにステップすることであり、これが均衡状態となる(もし誰かが今とっている戦略を他方に切り替えると、期待利得はやや悪化する)。この組み合わせでは、ある二人が偶然出会ったとき、0・25の確率で二人は衝突し、0・25の確率で二人とも後退し、0.5の確率で補完的な行動を選択できる。これは、平均すれば集団の半分が協調を達成し(利得1)、もう半分は協調に失敗する(利得0)ことを意味する。期待される利得の平均値は0.5であり、これはそれほど良くないことがわかるだろう。一番良いシナリオでも、全員が半分の機会でしか協調できないのである。

では、ここでモデルにタイプ分けを追加してみる。ダンサーの半分は男性で、もう半分は女性だ。そして、誰もがこの二種類のカテゴリーを認識し、それに基づいて行動することが可能だとする。一番良いシナリオは、男性は女性と、女性は男性とダンスし、全員が二つの戦略のうちのひとつを採用することである。男性は全員前にステップし、女性は全員後ろにステップするか、または、女性が全員前にステップし、男性が全員後ろにステップするかのいずれかになる(これらは集団の均衡状態である)。この戦略の組み合わせのもとでは、すべてのケースで協調が完璧に達成され、期待利得の平均は1になる。ここで気づくのは、行為者はタイプの認識によって、ゲームの二つの均衡のひとつを選んで協調することを可能にする、追加の情報を得るということである。男女が出会う場合、性別の違いを非対称性として使用し、誰がどの役割を担うかの期待を生み出すことができる。同性のメンバーが出会っても、このようなことは起きない。

つまりこの場合、モデルにタイプ分けを追加することで、協調の成功率が2倍になり、その結果、集団メンバーが受け取る期待利得が2倍になるのである。しかし、先ほど説明したシナリオには、実は余計なものが潜んでいた。それは、協調ゲームにおいて男性は女性にしか遭遇せず、女性は男性にしか遭遇しないという仮定である。〔それに対して〕集団が二つのカテゴリーを持ちながらも、〔男女を問わず〕すべての個人のペアが協調問題に直面するような状況を想像することもできる。この種のケースは、たとえば公共の場にあるドアを誰が最初に通るかを決める際に起こる。集団のどのメンバーがこの問題にかかわるかについては、何の制約もない。男性、女性、すべての人種や階級の人たちが同時にドアに近づき、誰が先に通るかを決めなければならない。これを、全員が外集団にしか遭遇しない**完全に分割された**（perfectly divided）モデル〔男性は女性としか出会わず、女性は男性としか出会わないような状況を想定したモデル〕に対して、**二つのタイプの混合**（two-type mixing）モデルと呼ぶことにする。進化ゲーム理論に詳しい人にとって、完全分割モデルは伝統的な二つの集団モデルに対応している。[10] いずれの種類のモデルでも、集団は二つのタイプに分けられ、誰もが他者のタイプを知っていることに注意されたい。違いは、誰が誰に出会うかにある。

全員がお互いと出会いうる二つのタイプの混合集団であっても、タイプは協調の手助けになる。二人のペアのどちらがドアを開け、どちらがそのドアを通るかを決めなければならない協調問題を考えよう。協調のための最善のシナリオは、男女がこのゲームをする場合、それぞれのタイプを用いて、つまり、女性がつねに男性

		プレイヤー２	
		1	2
プレイヤー１	1	a, a	c, b
	2	b, c	d, d

図2-1　対称的二者／二戦略ゲームの一般的な利得表

のためにドアを押さえておくか、その逆の方法で協調することである。自分と同じタイプの誰かに会ったときには、半分はドアを押さえておき、残りの半分は前に進む〔相手が自分と同性の場合には50％の確率で相手と同じ行動をとってしまうが、自分と違う性の場合には確実に相手と異なる行動を採用するという前提をここでは置いている〕。このようなシナリオでは、協調のためのタイプを持っているので、半分のケースでは協調が完璧になる（つまり1の利得）。残りの半分の相互行為では、協調の確率は50％となる（つまり期待利得は0.5）。これにより、集団全体の期待利得は０・７５になり、多少の協調ミスはあるものの、同質集団よりは優れているということになる。

この現象について、より一般的に理解するために、**図2-1**について考えてほしい（技術的な話にあまり興味がない読者はここを飛ばして次節に進んでもよい）。これは一般的な対称的な二者ゲームである。このゲームは、いつでもb＞a及びc＞dの補完的協調ゲームである。そしてさらに、a＋aとd＋dが≦b＋cであるゲームに注目してみよう。これは、協調均衡状態の行為者は、非均衡な結果に切り替えることで、両者ともにより良い利得を達成できないことを意味している。これまで見てきたすべてのゲームが、この要件を満たしていることに留意してほしい[11]。

このゲームをプレイする同質集団の利得について考えてみる。戦略1をプレイしている人の割合をp、戦略2をプレイしている人の割合を（1－p）とする。平均的な集団の利得は、$p^2 \times a + p\,(1-p) \times c + p\,(1-p) \times b + (1-p)(1-p) \times d$となる。この式は、二種類のタイプのそれぞれが出会う確率を、出会うことで得られる利得によって重み付けしている（たとえば、この集団のうち割合pが戦略1をプレイしているので、彼らは$p \times p$の確率で出会い、そのときの利得はaとなる）。この集団がとれる最善の方法は、$p = 0.5$となるように分かれること、すなわち、集団の半分ずつがそれぞれの戦略をとることである。これにより、非均衡の結果と比較して、より良い協調の結果の重み付けが最大化される。もっとも良い平均利得は、$0.25a + 0.25c + 0.25b + 0.25d$となる。[12]

では、一方は戦略1、もう一方は戦略2をプレイする、完全に分割された個体群を想定しよう。この個体群の半分はつねに利得c、そしてもう半分はつねに利得bを得る。平均利得は$0.5c + 0.5b$である。この二番目の式は一番目の式よりもつねに結果の数値が大きくなる。なぜかというと、$b > a$, $0.5b > 0.25a + 0.25b$であり、$c > d$, $0.5c > 0.25c + 0.25d$だからである。二つのタイプの混合個体群（全員が全員と出会う可能性があり、全員が両方のタイプを認識する）はつねに、完全に分割された個体群と、一種類の個体群との中間の利得になるので、一種類の個体群の利得を上まわることになる。

2-3-1　細かいタイプ分け

ここまでで、二つの社会的カテゴリーを持つ集団が、同質集団よりも多くの利得を達成できることを示してきた。ただし、現実世界の多くの個体群では、行為者が行動の条件づけに用いる主要カテゴリーは複数存在する。複数のタイプが存在する個体群ではどのようなことが起こりうるだろうか。

男性と女性、若者と高齢者がいる集団について考えてみよう。さらに、これらのタイプは交差していると仮定する。つまり、若い男性と女性、高齢の女性と男性が集団内に存在する。今は完全に分割された個体群のことは忘れてほしい（完全に分割された個体群では、集団の協調問題は二つのタイプによって完全に解決される）。全員が全員と出会う可能性がある二つのタイプの混合集団では、自分と同じタイプの他者と出会ったときには調整に失敗してしまうが、それは１／２の確率で起こる。四つのタイプの混合集団では、このような状況は起こりにくい。なぜなら、それぞれの個人は比較的小さな下位集団に属することになり、自分とまったく同じタイプの誰かと出会う確率は１／４と低くなるからである〔たとえば若年男性・若年女性・高齢男性・高齢女性という四つの下位集団がある場合、若年男性がそれぞれの下位集団と出会う確率はそれぞれ１／４になる〕。自分と違うタイプの誰かに出会った際は、協調のためにその非対称性を利用できる。ダンスゲームでは、期待利得の平均は0.25×0.5＋0.75×1=0.875〔相手が自分と同じタイプである確率は０・２５でその利得は0.5、自分と異なるタイプである確率は０・７５でその利得は1〕になる。これは、二つのタイプの集団が得る０・７５よりも高い。

さらに細かいタイプ分けがある場合にも、同様の議論が可能だ（この細かいタイプ分けは、かならずしも基本のタイプを交差させて生まれるものでなくても構わない。重要なのは、全員が認識でき、対称性を破るものとして利用できる区分を共有することである）。自分と同じタイプと出会ったときにのみ相互作用が非効率的になるが、それぞれのタイプのサイズが小さければ、このようなことは起こりにくい。それゆえ、より多くのタイプ分割を追加することはつねに有利に働く[13]。もちろん、どこかの段階で、さらにタイプを分割することで得られる利益を、これらすべての異なるタイプとどのように相互作用するかを識別し記憶することの実行不能性が上まわる。人間の合理性は限定的なもので、ゲームや意思決定理論の観点では、認知的な制約によってある種の最適戦略が生じにくくなることが、これまで何度も観察されてきた[14]。ブリュワー（Brewer, 1988）は、認知的な制約ゆえに、人間は通常三～四種類の主要な社会的カテゴリーしか扱えないと議論している。ホフマン（Hoffmann, 2006）は、協調のために行為者がタイプを用いるタカ－ハトゲームで，利得を改善するために追加できるタイプはせいぜい三つまでであることを明らかにした。その後は，彼が言うに「……個体群の形質の多様性は，行為者の差異化を洗練させるよりも早く高まっていく」(244)。[15]

2-3-2　グラデーションがあるマーカー

タグを用いて集団内の補完的協調問題を解決する別の方法がある。カテゴリーやタイプを作らないが，連続的な値を表すタグを持つ個体群があるとしよう。このモデルでは，0から1のあいだ，たとえば0・566とか0・78といった値のタグを持つ行為者の個体群が想定できる。現実社会では，女性らしさや男性らしさの程度，社会階級の差異，肌の色の細かな違い，年齢などによって分けられる集団が考えられる。この場合，「もし自分のタグの値が〔相手より〕高ければ前にステップし，低ければ後ろにステップする」といった統一ルールが協調問題の解決策になりうる。この種のタグが，自分と同じ値の他者と一度も出会わないほど細かく分布しているとすれば，すべての相互作用において完璧な協調が可能となる。

2-4　協調と差別

この時点では，社会的カテゴリーは疑いの余地なく良いものであるように思われるかもしれない。これらのカテゴリーを自分たちの集団に追加すれば，協調の成功率が改善され，誰もが恩恵を受ける。本書の第I部のメッセージのひとつは、社会的カテゴリーがわれわれのために役立つ力を持っているということである。社会的カテゴリーは機能的な社会的役割を果たしうる。しかし、これから説明するように、この機能的な役割は不公平の可能性への扉を開くことになる。

この議論を始める前に、分配的正義、すなわち、社会における理想的な財の分配に関する研究から、いくつか基本的な用語を紹介しておく。資源の社会的分配が満たすべき規範はさまざまある。**平等**（equality）とは、全員が同量の資源を受け取るべきだとする規範のことである。一方、**公平**（equity）は、貢献の度合いに応じた量の資源を受け取るべきだとする原則をいう。スカームズ（Skyrms, 2004）は、公平規範を「受け取る側の地位が対称的であれば、分配も対称的になるべきだ。つまり、受け取り手を入れ替えても分配は変化しない」と説明している(18)。以下より、不平等な結果に関する議論を行うが、これは多くの場合で不公平と解釈されうる。分業にかかわる行為者の場合、最終的には非対称的な仕事をするわけだが、これを貢献度が低いから配分も少ないのだと考えるべきではない。一方の性別のメンバーが農業生産をコントロールするとき、彼らがもう一方の性別のメンバーよりも熱心に働くから利益を得るのではなく、彼らがしている仕事の種類がより直接的な利得を獲得するものであるがゆえに、利益を得ているのである(16)。

ダンスゲームで、同質の集団は0.5の期待利得を得る。ここにタイプが追加されたとき、期待利得は全員1に上がる。言い換えると、タイプは全員に平等に利益をもたらす。しかし、すべてのゲームでこのようになるわけではない。図1-4のリーダー・フォロワーゲームを思い出してみよう。このゲームでは、誰もが協調の欠如よりも協調を好むにもかかわらず、全員が、利得が1のAよりも利得が2のB（店員ではなくCEO）をプレイすることを望むだろう。

均衡状態では、このゲームをプレイする同質集団は1／3がフォロワー、2／3がリーダーとなる（半々の状態のほうが平均利得は良くなるが、一部のフォロワーはリーダーに変更したほうが得をする。これはつまり均衡状態ではないということである）。集団がこれらの戦略をとるとき、全員の期待利得が2／3となる。[17] しかし、ひとたびタイプを追加すると、均衡状態における二つのタイプの利得が変化する。もし男性がB、女性がAをプレイするとしたら、男性は利得2、女性は利得1を得る（全員がお互いと出会うような二つのタイプの混合集団では、女性は5／6、男性は4／3になる〔女性は分割集団の利得1と同質集団の利得2／3、男性は分割集団の利得2と同質集団の利得2／3のそれぞれ中間〕）。このような利得の違いが成立するのは、誰もタイプを変更できないからである。もし変更できたら、利得が同じになって均衡状態に到達するまで各自のタイプを変更するだろう。社会的カテゴリーは協調を促進するための追加情報を提供するが、同時に、人々が特定の社会的役割につくことを阻害し、それによって不平等な結果が生み出される可能性がある。実際、協調問題を解決するにあたって社会的カテゴリーがきわめて効果的なのは、そのカテゴリーが変更できないからである。行為者は補完的な役割に固定されているのだ。

あるタイプのメンバーがB、もう一方がAをプレイする場合の結果は、不平等で、潜在的に不公平であり、さらには差別的でもある慣習の表象になりうる。[18] 異なる社会的カテゴリーに属する人々は異なる形で扱われるため、一方が他方よりも平均して不十分な結果を得ることになる。これは、女性は家庭で家事労働をするため生活の自由度やコントロール感が少ないとか、カーストの低い人が利益の少ない仕事をするといった状況を表しているかもしれない。

さて、ここで話はより複雑になる。タイプ分けは協調を可能にするが、同時に不平等も生みかねない。さらに別のねじれも存在する。多くの補完的協調問題では、タイプ条件づけが不平等を生むとしても、両方のタイプにとってそれはまだましな状態である。これが何を意味するのか、先ほど説明した最後の事例について考えてみよう。男性は女性よりも利得が高い（2対1）。しかし、全員が2／3になる同質集団よりは両方とも利得が高くなる。利得の観点から言うと、協調による差別的な結果は、協調によらない平等な結果よりも、全員にとって良いものである。たとえ自分が最終的に差別を受ける側だとしても、平等な無秩序よりも、不平等な協調を選ぶほうが良いのである。

この最後の検討は、行為者が、協調を達成しないときに何が起こるのかを気にするようなゲームでは、かならずしも真ではない。タカ－ハトゲームで同質集団は平均利得1.5を手にする。[19] もし集団が完全に分割されている場合、タカは利得3を受け取ることになる。なぜなら、彼らはつねにハトに出会い、ハトは利得1を受け取ることになるからである。言い換えると、ハトは、同質集団で受け取る利得よりも低い利得を手にすることになる。

ここまで紹介してきたさまざまなシナリオは、人間の集団でどの程度一般的なのかと疑問をもつ読者がいるかもしれない。これらのゲームのうちのどれが現実世界の相互作用をよく表しているのだろうか。これを理解することは、タイプ化が現実に〔一部のメンバーに〕損失を与えているのか、それとも、不平等でありながらも全員に利益をもたらしているのかを理解する一助になるだろう。この疑問に対する答えは非常に複雑になるはずで、集団によって異なりうる。第1章で議論した通り、人々の集団が解決すべき補完的協調の問題は非常に多い。私が示してきたさまざまなゲームが、これらをモデル化する上で最適なものになりうるだろう。第5章で詳述するポイントのひとつは、多くの状況において、〔協調による利得は〕特定のタイプに属するメンバーに集積しがちである、ということである。これは不公平への懸念を強める。究極的には、タイプ分けは相互に有益な協調を達成する役割のために生じるが（第一の不公平）、これは第二の不公平を促進することになる。つまり、ひとつの集団だけに利益の集中をもたらし、社会全体の利益を高める機能を果たさない。よって、第一の不公平によって〔メンバー全員に〕利益があったとしても、全体としては特定のタイプに不利益をもたらすのである。[20]

2-5　補完的協調のためのその他の解概念

ここまで暗に示してきたように、集団を社会的カテゴリーに分けることだけが補完的協調問題に対する解決策となるわけではない。具体的には、タイプに基づく解決と関連する、いくつかの解決策の概念が存在する。第一の概念としては、オーマン（Aumann, 1974, 1987）によって説明された**相関均衡**（correlated equilibria）と呼ばれるものがある。これは、複数の均衡をもつゲームに接した際、どの均衡を選択するかを決定するために、行為者が外的な相関手段を用いる場合の均衡のことを言う。例として、タカ-ハトではなくチキンの解釈を考えてみる。[21] あなたともう一人の行為者は、チキンゲームで進行方向を変えるか、それとも直進するかのどちらかを選ぼうとしている。あなたも相手も、本心では衝突したくないと思っており、衝突を避けるために、近くの信号を利用することをこっそり決めたとする。もし信号が青ならば、あなたがハンドルを切る。もし信号が赤ならば、相手がハンドルを切る。この流れでは、両者は均衡を選択するために、信号の状態という追加情報、すなわち外的な相関手段を利用していることになる[22]。

スカームズ（Skyrms, 2014）は、タカ－ハトの協調問題を解決する相関手段の進化について議論している。彼は、外部の相関手段を取り入れた戦略が、そのような戦略を持たない集団を乗っ取ることを指摘している。しかし、そのような相関手段はどこからやってくるのだろうか（われわれはすべてに対して信号機を使うことはできない）。補完的協調ゲームで、タイプ分けとタイプ条件づけが果たしうる役割について考える別の方法は、相関手段としてのそれである。プレイヤー間の観察可能な差異は、均衡選択に必要な追加情報を提供する信号機の役割を果たす。

第二の概念は、生物学的領域における補完的協調ゲームに取り組んだメイナード＝スミスによる、無相関非対称性の概念である（Maynard-Smith, 1982）。これは、協調ゲームにおけるタイプとタイプ条件づけの概念により近い。これらのゲームでは、彼が指摘するように、行為者は対称性を破るために、ゲームと関係のない追加情報、すなわち無相関非対称的な情報を利用できる。これにより行為者は、誰がどの役割を果たしているかを認識し、補完的協調ゲームを相関的協調ゲームに変えることができる。

これがどのように機能するのか、タカ－ハトを用いたもうひとつの例で考えてみよう。具体的には、所有者と、その所有物に対する不法占有者でプレイヤーが構成されているとする。この問題では、一方が所有者で他方が不法占有者であるという追加情報が存在するが、「所有者はタカ、不法占有者はハト」のような単一の決まりで、個体群協調問題を解決できる（Maynard-Smith and Parker, 1976; Skyrms, 2014）〔自分がある縄張りを所有しているときにはタカとしてふるまい、その縄張りを所有する相手に挑む場合にはハトとしてふるまうという戦略を、メイナード＝スミスは「ブルジョア戦略」として定式化している〕。

タイプとタイプ条件づけでも非常に似たことが起こる。行為者は，ゲームを相関的協調ゲームに変えるために観察可能なタイプを用いる。ここでは，その無相関非対称性は社会的カテゴリーであり，全個体群が行き着く選択は「女性はAを，男性はBをプレイする」といったものになる。似通っていない部分ももちろんある。なぜなら，男性も女性も，もう一方の役割を担う機会がないからだ。これは同時に，条件つきの行動ルールを記録しておく必要がないことを意味している（つまり，別の状況で何をすればいいかを知る必要がない）。

これらの概念は，ともに情報の観点から表現できる。相関手段は，協調ゲームにおいて役割を選択するのに役立つ追加情報をプレイヤーに与える。無相関非対称性は，ゲームの構造に追加情報を組み込む。これはもちろん，タイプを他のプレイヤーに対するシグナルとして考えるというアイデアと関連している。この枠組みのもとで，タイプ分けは文字通り，協調を達成するために対戦相手に情報を送る手段になるのである。

＊＊＊

社会的カテゴリーは，補完的協調問題に取り組む集団にとってひとつの解決策である。それらは，誰が何をするのかという問題への回答となる非対称性を生み出す。しかし，そうすることで，どちらか一方のカテゴリーがつねに好ましい役割を担う状況も生み出す（たとえば男性がつねに畑を耕し，家畜を管理するといった状況）。それゆえ，〔カテゴリーが〕社会的な機能を達成した結果としての不公平が生じる事例を見てきた。次に，社会的変化のダイナミクスを追加することで，さらに議論を深めていこう。社会的カテゴリーを持つ文化集団の文化進化的パターンは，異なる集団が異なる補完的役割を担うような規範をもたらす形に完全に転じ，不公平が生み出されるのである。

〔原注〕

（1）性別と肌の色はもちろん一定程度変えられるものだが、大がかりな医療的処置を必要とするマーカーと、すぐに取り除けるような服装などのマーカーには大きな隔たりがある（タトゥーは入れやすく取り除きにくいという点で、中間的なマーカーと言えるだろう）。

（2）初期のヒト集団において進化的に機能した外集団バイアスの結果であると考える理論家もいる（Cosmides, *et al.*, 2003）。つまり、近親者と脅威になりうる人々を区別し、いくつかの状況下においてこれらのカテゴリーの人々に異なる反応を示すことが重要であった。現在の証拠は、人が外集団メンバーを内集団メンバーよりも同質であるとみなし（Quattrone and Jones, 1980）、外集団のタイプを嫌ったり差別したりする傾向があることを示唆している（Brewer, 1999）。理論家たちは、内集団に対する選好が、タイプのある集団でどのように発生しうるかを示してきた（Axelrod and Hammond, 2003; Hartshorn *et al.*, 2013）。

（3）カッド（Cudd, 2006）は、抑圧の説明において、この種の社会的カテゴリーに目を向けることが不可欠だと論じている。本書の議論はさらにその先に進むことになる。つまり、社会的カテゴリーが存在するという事実だけでも、重大な不平等を生み出す条件として十分だということである。

（4）ここには循環性があるように思われるかもしれない。すなわち、ジェンダー集団による効率的な分業のためにはジェンダーシグナルが必要であるが、これらのシグナルは性別役割分業を促進するために生み出される、というように。後述するが、性別役割分業が機能するためには、通常、ひとかたまりの社会的特徴が存在しなければならないということである。これらの特徴がどのように協調して現れるかの完全な説明はここではしないが、妥当な流れとしては、ジェンダーシグナルと完全にジェンダー化された分業が、ゆっくりと発展していくといった、なんらかのブートストラッピング〔自己開始型のプロセス〕が想定される。

（5）ここでの示唆は、ジェンダー化された装いの唯一の役割が、性別カテゴリーを適切に伝えることにあるというわけではなく、それが果たす機能的な役割のひとつにすぎないということである。

（6）タグを含むモデルの例は、ホランド（Holland, 1995）、エプスタインとアクステル（Epstein and Axtell, 1996）、アクセルロッド（Axelrod, 1997）、アクステルら（Axtell *et al.*, 2000）、ブルーナー（Bruner, 2015）を参照のこと。多くの研究者は、協力を促進するためにタグが果たす役割について注目してきた（Hales, 2000; Alkemade *et al.*, 2005）。

（7）関連して、スカームズ（Skyrms, 2004, 78）は、タイプモデルに非常に類似したシグナルモデルについて検討している。具体的には、ダンスゲームでの協調の進化に焦点が当てられた。

（8）もちろん、タイプは服装、スタイル、行動によって増幅されたり、減少したりしうる。これは、個人が戦略的に自分のタイプを変える方法が存在することを意味しており、少なくともある程度は、事前シグナルモデルに対応しているだろう。しかし前述したように、ここでの目標は、タイプが固定されているときに他の戦略がどうなるかに焦点を当てることである。この点について指摘をくれたケヴィン・ゾルマンに感謝する。

（9）協力の進化に関する文献では、行為者が、他者がある行動をとるか否か（ある戦略をとるか否か）を認識できるモデルを扱うのが一般的である。いくつかの例については、フランク（Frank, 1988）、フランクら（Frank *et al.*, 1993）、オコナー（O'Connor, 2016）を参照のこと。

（10）実際には、タイプが相互作用する状況は、相関の高いものから低いものまで連続的に考えることができる。極端な例のひとつとしては、行為者が自分と同タイプとだけ相互作用するという状況がある。これらのモデルは、最終的には二つの個別の同質集団になるので、タイプがまったくないモデルと同じである。もう一方の極端な例は、行為者がもう一方のタイプとしか出会わない状況だ（完全に分割された個体群）。これらの中間は、相互作用がまったくタイプに基づかない、二つのタイプの混合集団モデルとなる。ヘンリックとボイド（Henrich and Boyd, 2008）は、このような連続性を含む二つの集団モデルについて検討している。行為者がもう一方の集団から学習できる場合、同類選好の程度が、不公平な慣習が生じうる程度に影響を及ぼすことを示している。ここでは行為者が自分のタイプからのみ学習できるモデルについて考えているため、すべての同類選好のレベルにおいて似かよった集団間の結果が見られるということになる。

（11）これがそうならないようなタカ−ハトゲームを作ることもできる。ハト対ハトの利得が2.5と2.5で、タカとハトが出会ったときの利得は3と1とする。ハトの合計利得は5で、均衡状態の合計利得は4にしかならない。

（12）これはつねに個体群均衡になるわけではないが、利得を最大化することに注意してほしい。$p \neq 0.5$のときの均衡が$p = x$の場合、利得はこの時点よりも大きくはならない。

(13) ここでいうタイプの継続的な利益は、スカームズ（Skyrms, 2004, 79-80）がダンスゲームで説明した、追加の事前プレイシグナルの継続的な利益と非常に類似している。

(14) 人の文化進化のモデルにおける限定合理性（bounded rationality）の説得的な主張についてはアレクサンダー（Alexander, 2007, 108）を参照のこと。限定合理性の実証的議論は、ギーゲレンツァーとゼルテン（Gigerenzer and Selten, 2002）に詳しい。

(15) この結果は部分的に生じる。なぜなら、ホフマンのモデルの行為者は、タイプの組み合わせを独自の別個のタイプとして考えるのではなく、自分たちの経験を、対戦相手のすべての社会的アイデンティティに対して適用するからである。しかし一般的な考え方をすると、タイプをさらに細かく分割していくことの利点はどんどん小さくなっていく。

(16) ここで行っているモデル化の作業が分配的正義の理論に与える示唆について議論することは、本書の範疇を超えている。オーキン（Okin, 1989）は、ここでモデル化されたタイプに基づく不公平から見て取れるように、このような理論は性別を考慮する必要があると説得的に議論している。

(17) フォロワーはリーダーに2／3の確率で出会うが、そのときの利得は1である。リーダーはフォロワーに1／3の確率で出会うが、そのときの利得は2である。ゆえに、2/3×1＝1/3×2＝2/3となる。

(18) 差別を示すためにこの種の結果を用いた著者には、アクステルら（Axtell *et al.*, 2000）、ロペス－パレデスら（López-Paredes *et al.*, 2004）、パンら（Phan *et al.*, 2005）、スチュワート（Stewart, 2010）、ブルーナー（Bruner, 2017）、ブルーナーとオコナー（Bruner and O'Connor, 2015）、オコナーとブルーナー（O'Connor and Bruner, 2017）がいる。

(19) ハトは半分の確率でハトに出会い利得2を得る。もう半分の確率でタカに出会い、その際の利得は1である。したがって平均は1.5となる。タカは半分の確率でハトに出会い利得3を得る。もう半分の確率でタカに出会った際の利得は0である。つまりここでも、平均利得は1.5となる。

(20) 当然ながら、この議論全体の注目点は利得にあることに注意されたい。この枠組みが個人の自由の制限といった、性役割に内在する不公平の関連側面を捉えられない場合があると指摘する人もいるかもしれない。たとえばオーキン（Okin, 1989）は、ロールズ的正義はジェンダーの廃止を求めるべきであると述べている。なぜなら無関係なタイプに基づく性役割の制限は、彼の政治的正義の概念と矛盾するからである。

（21）あなたが髪をヘアワックスでガチガチに固めた1950年代の硬派なギャングだから?

（22）相関均衡のタイプ概念の重要性について議論した哲学研究についてはヴァンデルシュラーフ（Vanderschraaf, 1995）を参照のこと。生物学の例として、配偶子をばらまく生き物について考えてみる。これは通常、海中で発生するが、配偶子は非常に小さく、交配のために結合すべきもう一方のタイプの配偶子を見つけるという困難な問題に直面する。これを達成するためには空間的・時間的協調を必要とするが、そうなるとこれは相関的協調問題である。配偶子を放出する回数にはさまざまな可能性があるが、一度に放出するのがそれぞれの個体にとってベストである。オスたちが精子をほとんど放出した3日後にメスたちが卵子を放出する、といったように。月の光は行為者が行動を相関させるための外的相関手段の役割を果たしうる（Kaniewska *et al.*, 2015）。この場合、解決方法は慣習的——なぜなら複数の解決策があるため——かつ機能的なものとなる。なぜなら、月の光自体が潮の満ち引きの状態と相関しているため、協調に用いるのに適度な（または不適当な）レベルの月の光が存在するからである。

第3章　文化進化と社会的カテゴリー

農耕に鋤を使う文化では、鍬を使う文化に比べ、より男性が優位になる。ところが話はそこでは終わらない。鋤を使う文化の子孫が暮らすコミュニティでは、現在でも女性が家を離れて働くことが少なく、ジェンダー間の不平等はより大きくなるという（Alesina et al., 2013）。つまり、そうした文化ではジェンダー間の不平等に関する規範ができあがっており、その規範は文化進化が生じるあいだも消滅せず、状況が変わって男性が優位である生態学的な理由がなくなったとしても残り続けたのである。

さて、前章ではタイプ条件づけについて述べ、なぜタイプによる区分が存在すると、補完的協調ゲームにおいて均質な集団では達成できないような効率的な利得が達成されるかを説明した。第3章ではいよいよ進化モデルの紹介に移る。本書では、ヤング（Young, 1993a）やスカームズ（Skyrms, 1996）、そしてビッキエリ（Bicchieri, 2005）といった著者にならい、こうしたモデルによって異なる社会的集団に属する行為者のあいだでの慣習の創発を表現できると考えている。これから見ていくのは、集団の全員が、誰も協調していない初期の状態から、良い結果をもたらすような統一的な行動パターンに従う状態へと移り変わる過程である。そして、集団は一度こうした協調的行動をとる状態に達すると、その状態にとどまりやすく、その行動パターンは時間を超えて維持され続けるのである。[1]

後で見るように、集団内で規範や慣習が発達する際、その進化の過程は、社会的カテゴリーが存在することで劇的に変わることになる。社会的カテゴリーがある集団と、それがない均質な集団とではまったく異なる規範群が生じると考えられるのである。特に前章で見たように、カテゴリーのある集団では、効率的ながらも不公平な〔各カテゴリーの利得に格差のある〕結果が生じる。そして、これを社会科学の大きな問い――なぜ、あらゆる文化において性別役割分業が見られるのか?――の答えとすることができそうである。それは、集団が補完的協調問題に直面したとき、ジェンダーによって対称性を破ることで、より効率的な結果が得られるためである。そして、こうした効率性が存在するために、文化進化の過程では、ジェンダーに対称性を破る役割を与えるような規範が、たとえそれが公平であってもなくても、発達しやすいのである。

以降ではまず、本章で扱うモデルとは異なる、経済学で主流のモデルを紹介することから始める。経済学では、なぜ性別役割分業がこれほどまでに広く見られるのかという問題に対して、やはりモデルを用いた検討がされており、そうしたモデルでは、行為者が相互に補完的役割をとらなければ良い結果が得られないことになっている。そして、こうしたモデルは、性別役割分業がどういった戦略的状況で生まれるかについて重要な洞察を与えてくれるものの、最終的に集団がジェンダーによって分かれるプロセスについては、いくつかの重大な点を見落としていることを説明する。次に、文化進化をモデル化するために、本書が採用する戦略について述べる。その中で、本書でどのようなモデルを選択するかという重要な選択についても触れる。そして、文化進化モデルにおいて補完的協調ゲームをプレイする集団に何が起きるのかを検討していく。特に、社会的カテゴリーを持つ集団として二種類を取り上げるが、そのあいだでの結果の違いにも注目してほしい。本書で得られる結果に対して、それは都合のいいモデルを選んだからではないかと疑う人もいるかもしれない。しかし、これらの結果は、社会科学で用いられている他のさまざまなモデルからも支持されることにも触れていくつもりだ。言い換えれば、この結果はとても頑健で、実際の文化進化過程においても協調問題の解決に社会的カテゴリーが利用されていたはずだという、本書の主張を支持するものだと言える。最後に、補完的協調が生じないような相関的協調と向社会性についてのモデルに対しても、社会的カテゴリーの追加が劇的に文化進化の過程を変えることについて説明する。

3-1 合理的選択と分業

ベッカー（Becker, 1981）以来、経済学者たちは、多様な地域で家事の分業が広く認められるのはなぜかを説明するため、結婚市場のモデルを用いてきた。先ほど触れたように、こうしたモデルには本書に登場するモデルと似た部分がある。しかしながら、これらは（文化進化の過程というよりも）合理的選択についてのモデルであって、そこには、個々人は自分の配偶者になるかもしれない相手に良い印象を与えるため、どの種類の労働に専従するかを自分で決めるのだという考え方が反映されている。ここで合理的選択〔モデル〕についての文献を紹介することはしないが、その代表的な研究について議論しておきたい。[2]

ハドフィールド（Hadfield, 1999）のモデルでは、集団内に二つのタイプがあり、一方のタイプはもう一方のタイプとしか家庭をつくることはできない。またこのモデルでは、行為者は結婚前に二種類のスキルセット——これは家事労働のスキルと市場労働のスキルをモデル内で表現したもの——のうち、どちらかひとつを選んで投資するという前提が置かれていた。なおこの投資は、結婚後には利得に変換され、より高いスキルを持つ行為者がより多くの利得を家庭にもたらすことになる。最後に行為者は、相手が自分とは異なる〔補完的な〕スキルを持つかどうかに基づいて結婚相手を選択する。ハドフィールドが示すように、このモデルの唯一ありうる均衡とは、すべての男性が二種類のうち一方の労働に専従し、すべての女性がもう一方の労働に専従するというものである。こうした結果になる理由は、行為者たちが、実際に協調的な相互作用を始めるよりも前に、どちらのスキルに投資するかを選択する必要があるためである。というのも、このモデルでは、結婚する二人がそれぞれ異なるスキルに完全に専従するときに家庭の利益が最大になるようになっているので、行為者が事前にどちらかのスキルのみに投資することに利点が発生する。ここでジェンダーは対称性を破る役割を果たしており、それによって個体群内の全員が、将来の結婚相手が投資するスキルと対になるスキルが何であるかがわかり、それに投資することができるようになっている。言い換えれば、男女という二つのタイプが、他の面ではまったく同じようにモデル化されていたとしても〔男性はもともと肉体労働に向いているといった向き不向きはモデル化されていない〕、配偶相手を惹きつけるスキルを磨きたいという欲求とともに、協調による利点も完全な分業を引き起こしうるのである。

こうした経済学のモデルは、本書に登場する他の〔進化〕モデルと同様に、専従化に利点があり、また異なるタイプの人々が出会って相互作用するならば、分業が社会全体のパターンとして安定的均衡となることを示している。進化モデルとの違いは、どのようにして行為者がこの均衡に至るのかが十分に説明されていない点である。そして、この点をモデルの前提に基づいて説明しようとしても、少々現実離れした説明になってしまう。すなわち、合理的選択モデルにおいてそうした均衡が達成されるには、行為者は専従化するかどうかを、そうすることの利益・利点を見越した上で決めていることになる。また、自分がどのようなスキルを学ぶべきかを決めるには、自分と異なるタイプの人々が何を学びそうか、つまり結婚市場において何を求めそうかを把握しておかなければならない。そして、自分や相手の専従したスキルに基づいて、利得が最大になるように結婚相手を選ばなければならない。さらに、こうした計算は各世代の人々が、おのおの一から行う必要がある。これらに加えて、特に重要なことに、合理的選択モデルでは上記の条件が達成された場合に均衡に至るので、世代ごとにジェンダー役割〔専従化するスキルや労働〕が入れ替わっても構わないことになる。

一方の進化モデルでは、このような高い合理性を個々の行為者がもつとは仮定していない。代わりに、集団が分業という均衡に至るのは、社会的学習や個人的学習によるところが大きいと想定する。さらに進化モデルでは、行為者が結婚相手を選ぶ際にその相手のスキルを考慮するとは想定されていないし、あるいはパートナーが持つであろうスキルを見越した上で自身のスキルに投資するとも想定されていない。つまり、進化モデルと経済モデルとでは、タイプによって分業が生じるための前提条件〔異なるタイプどうしが補完的役割を果たすこと〕は似ているものの、分業に至るプロセスが大きく異なるのである。ジェンダーに基づく社会化や分業について言えば、そこでの社会的学習、すなわち他者から役割などを学ぶ過程の重要性は明らかであるから、進化モデルはより現実に即した形で分業の発生過程を描いているといえる。進化モデルはまた、なぜ分業についての安定的なパターンが社会に出現するのか、またそれが世代を超えて存続するのかを説明してくれる〔鋤の例で見たように、社会的伝達によって世代を超え規範が維持される〕。そして次章で見るように、なぜ分業のパターンには慣習的なもの〔たとえばかご作り〕や、まったく慣習的でないもの〔大型動物の狩り〕、そしてその中間のものがあるのかについても、進化モデルは説明してくれるのである。

3-2　文化進化とダイナミクス

くりかえしになるが、本章の目標は、タイプを持つ個体群が補完的協調ゲーム（や、その他のいくつかのゲーム）をプレイする場合、そこで一体どんな戦略が進化するのかを検討することである。人間社会に関して、この疑問に答えるためには、次のように問う必要がある。すなわち、文化進化の過程はどのようにして起こるのだろうか？　またそれは、どのようにモデル化できるのだろうか？　こうした問いに答えるためにまず、進化ゲーム理論がとる一般的なアプローチを解説するところから話を始めたい。その後、こうしたアプローチが文化の変化を記述するのにどのように役立つかを詳細に説明していくことにする。

3-2-1　進化ゲーム理論アプローチ

第1章で説明したようなゲーム理論アプローチによる行動の理解・予測の仕方は、進化ゲーム理論アプローチとは対照的である。進化ゲーム理論では、行為者は、通常は個体群あるいは集団と相互作用する中で、自身がとる戦略を時間をかけてゆっくりと確立していくという前提が置かれている[3]。

進化ゲーム理論は、メイナード＝スミスとプライス（Maynard-Smith and Price, 1973）が動物の戦略的行動の進化を表現する目的ではじめて用いたもので、生物学分野で発展してきたものである[4]。その後、人間行動の文化進化をモデル化するために、社会科学や哲学にも採り入れられるようになった。生物学のモデルでは、行為者は戦略的に成功するとより多くの子孫を残すことになるのに対し、文化進化のモデルでは、行為者は、自身の戦略が有効に働いたかどうかに基づいて、その戦略を更新していくものとされる。戦略の更新方法はさまざまであるが、一般的な方法として、行為者が自分の周囲にいる成功した人々、あるいは影響力をもつ人々の戦略を模倣すると想定するものがある（この点は後で詳しく述べる）。その他には、行為者が過去に有効だった戦略を単純にくりかえしていくと想定するものもある。ただし、進化ゲーム理論における文化進化とは、時間経過とともに、行為者である人間の行動が変化していくことを意味するにすぎない点には留意が必要である。さまざまな行動選択の成功に基づいて人間文化が規則的に変化することを示すために、ミーム〔meme 文化的遺伝子。遺伝子（gene）という用語から生物学者ドーキンスが造語したもの〕やその他の遺伝子に類似する文化的要因のような概念を用いる必要もなければ、情報伝達に関する厄介な疑問に答える必要もないのである。

進化ゲーム理論においては、こうした戦略の変化は、**ダイナミクス**と呼ばれるものをゲームに導入することでモデル化される。ダイナミクスとは、過去にとった戦略が成功したかどうか（時には別の要因もかかわる）に基づいて、どのように戦略が更新されるかを決める規則のことである。以降では、**レプリケーター・ダイナミクス**（replicator dynamics）〔個体が利得に基づいて出生と死亡をくりかえす中で、集団中の戦略分布が時間的にどのように変動するかを動学的に検討するもの〕について説明する。このダイナミクスは、進化ゲーム理論において変化をモデル化するのにもっともよく用いられるものであり、本書でも文化の変化のモデル化に用いるものである。

重要なことは、ゲーム理論モデルと進化ゲーム理論モデルを区別しておくことである。もちろん進化ゲーム理論の基盤にあるのはゲーム理論であり、両者は深く関連している。しかしこの関連は、時には誤解を招いてしまう。それぞれの理論で登場するゲームは、定式化されたものとしては似ているのだが、異なる形で解釈されるべきものだからである。特にゲームにおける利得は、第1章で説明したように、ゲーム理論においては効用を表現していると解釈されるが、進化ゲーム理論では、ダイナミクスに基づいて進化がどのように起きるかを規定するものとなる。たとえば、誰の戦略が他の集団メンバーにもっとも模倣されたかといったことや、誰がどのくらいの子孫を残すかといったことが利得によって決まる。本書の中には、行為者がどのくらい速く学習を行うかが利得で決まるモデルも登場する。

このことは、進化モデルの解釈の仕方が二通りあることを意味している。ひとつめの解釈は、利得を成功、あるいは好ましいものや幸福〔すなわち効用〕に結びつけるものである。この解釈では、文化進化でもやはり〔ゲーム理論と同じように〕、そうしたものの変化や動きを捉えていると想定することになる。つまり、人々は過去に自分や他者をより幸福でより良い状態にしてくれた行動を学習するというわけである。二つめの解釈は、進化と個人にとって好ましいもの〔効用〕とを分けて考えるものである。たとえば、実業家として成功した人の行動は、その組織の中で目立つものとなり、それと同じような行動をする人は増えるだろう。しかし、成功したその人物にとって、目立つことや模倣されることが自身の幸福や喜びであるとは限らない。このように、第二の解釈では効用〔幸福、喜び〕と進化可能性〔目立ち、模倣されること〕を分けて考え、進化モデルは後者の進化可能性を捉えるものと考えるのである。[5]〔しかし〕本書では、文化進化モデルに対するひとつめの解釈、つまりモデル内の行為者は自分に利益をもたらすものや自分の好むものを学習するという解釈を用いていく。

進化ゲーム理論のモデルによる予測や説明は、標準的なゲーム理論による予測・説明とは大きく異なることが多い。進化モデルはさまざまなものの説明に使われてきたが、特に次のような点で重要な役割を果たしてきたといえる。第一に、進化モデルはしばしば、人間が示す一見すると非合理的に思える行動を説明するのに使われてきた。たとえば、〔自分の資源を自分のために使わないという意味で〕非合理的であるはずの利他行動が、なぜ生物界や社会の中でこれほどまでに一般的に見られるのかを説明するため、多くの理論家が進化ゲーム理論のモデルを利用してきた[6]。また、「均衡選択の問題」と呼ばれるものを解くためにも進化モデルは利用されてきた。合理的選択モデルは、時として均衡となる行動が複数存在すると予測することがあるが、進化モデルを用いれば、進化の文脈においてどの均衡の生じる見込みが高いかを示すことができるのである。たとえばヤング(Young, 1993b)は、〔ありうる均衡のうち〕進化モデルでは、不公平な均衡ではなく公平な交渉均衡が生じることを予測している。さらに、進化モデルを用いると、合理的選択モデルでは解明が困難であるような、ある行動が生じる条件を理解できることがある。たとえばアレクサンダー(Alexander, 2007)は、複数の均衡があるモデル(スタグハントゲーム〔後述〕など)において、向社会的行動の発生が、隣人との社会的な相互作用を条件として促進されることを示している。

本書において進化モデルは、特に、前段落の最後に挙げたような認識論的な役割を果たすことになるだろう。第4章で見るように、協調ゲームにおいてさまざまな均衡がどのくらい生じやすいのかを知っておけば、ジェンダーによる分業がなぜ、どのように発生するのかをより良く理解できるだろう。本書の第Ⅱ部でも、進化の枠組みは、公平な結果や不公平な結果がそれぞれ、どのような条件下で生じやすかったり生じにくかったりするのかを分析する上で役立つ。さらに第9章では、不公平な慣習にどのように介入すればよいかを理解するのに、進化の観点は不可欠なものとなる。

3-2-2　文化進化をモデル化する

序章でも述べたように、文化の変化はさまざまなプロセスによって生じる。たとえば友人・両親・教師などからの社会的学習や、社会での経験に基づく個人学習、合理的選択といったものが、少なくとも挙げられる。さらに、こうした文化変化のプロセスは、それぞれがさまざまな形で生じうる。たとえば個人学習といっても、その学習プロセス自体が生涯の中で更新されていくだろう〔つまり個人学習のプロセスは普遍ではない〕。また、社会的模倣にも種類があり、それぞれに異なるバージョンがある。そして、それらもより良い学習を模索する行為者によって更新されることがある。

本書では、文化進化のプロセスを表現するのにいくつかのシンプルな進化のモデルを用いることで、こうした複雑な文化の変化プロセスを取り除いていく予定である。これから説明するモデルのほとんどでは、さまざまな変化は先述したレプリケーター・ダイナミクスを通じて生じる。このダイナミクスが前提とするのは、より良い戦略は個体群内で広まっていき、悪い戦略は消滅していくということである。また、戦略が広まる程度は、それを採用した行為者がどのくらい利益を得られたかに応じて決まる。このような変化、すなわち、良い結果につながる行動は存続し、多くの人に広まるが、そうでない行動は消えていくという変化は、多くの進化的プロセスの根底にあるものと考えられている。たとえば人間社会では、成功者だけを模倣するという現象はよく見られるが（Lancy, 1996; Fiske, 1999; Henrich and Gil-White, 2001; Henrich and Henrich, 2007; Richerson and Boyd, 2008）、ウェイブル（Weibull, 1997）は、こうした成功者の模倣を通じた文化の変化をモデル化するのにレプリケーター・ダイナミクスが有用であることを、はっきりと示している。また、人間行動の変化のダイナミクスを記述するものとしてよく知られる強化学習（Thorndike, 1898; Herrnstein, 1970; Roth and Erev, 1995）についても、レプリケーター・ダイナミクスがその良いモデルとなることを、ボージャーズとサリン（Borgers and Sarin, 1997）やホプキンス（Hopkins, 2002）は示している。[7] このように多くの先行研究において、文化の変化を表すのにレプリケーター・ダイナミクスが用いられ成功を収めている。なお、こうしたダイナミクスを制御する方程式は巻末の付録に収録した。

レプリケーター・ダイナミクスがその基本の形において表現しているものは、純粋な**適応の**（adaptive）プロセスである。つまり、個体群がある状態に移行するのは、ある特性が別の特性より成功を収めるからであり、またそうした成功が普及するプロセスがあるからである。もちろん、これは現実の文化進化プロセスを理想化したものではあるだろう。実際の文化進化は、たとえば、名声のある集団メンバーの行動を、その成功の如何によらず模倣するという名声バイアス（prestige bias）、多数派の行動を模倣するという多数派同調バイアス（conformity bias）、あるいは行為者が自分と似ていると判断した人物を模倣する類似性バイアス（similarity bias）などといった、かならずしも適応的とはいえないプロセスによって駆動されることもあるからである（Henrich and McElreath, 2003; Boyd and Richerson, 2004）。また、レプリケーター・ダイナミクスは「吸引」効果〔attraction effect　行動経済学や意思決定の領域では「おとり効果」とも〕、すなわち心理学的なバイアスや生態学的条件によっては、適応的であるかどうかにかかわらず、個体群が特定の状態に近づいていく現象を見落とすことになるだろう（Sperber and Sperber, 1996; Claidière and Sperber, 2007; Claidière et al., 2014）。さらに、レプリケーター・ダイナミクスは純粋に適応に基づくプロセスであるため、そのもっともシンプルな型において、文化進化におけるランダムで確率的な事象の描写をいっさい含まない。もちろん、実際の個体群は乱雑でランダムなものである。

間違いなく有益な行動の変異が、理由もなく消滅したり、同様に有害な変異が広まったりすることもある。

このような理想化は、懸念材料となるだろうか？　本書では、モデルを使うことによって、大きな個体群における一般的な淘汰のプロセスを表現しようとしている。ここまでに述べてきたような学習や文化進化のプロセスは多様で、時には組み合わさって相互作用することもあるのだが、本書が採用するモデル化の戦略とは、そうしたプロセスをいかに正確に表現するかという問題を避け、むしろそうしたプロセスの根本にある共通の傾向を捉えるものである。こうしたモデル化の戦略では、ケースによっては、実際の文化進化の過程をうまく表現できないこともあるだろう。しかし逆に、良く表現できるケースも存在するだろうし、シンプルなモデルだからこそ、ジェンダーや社会的カテゴリーにかかわる慣習の発生について明快な説明を与えてくれることだろう。さらに、たとえ現実の個体群とモデルが細部に至るまで完全には一致しない場合であっても、同時に他の変化を無視することで、そうした個体群にどんな淘汰圧が働いたかを理解するのにモデルは役立つ。そして最後に、モデル選択に対する懸念を払拭するため、本書では「頑健性チェック」を行う。これは、モデル内のさまざまな要因を変えて、あるモデルで導かれた知見が、異なる前提のもとでも安定して生じることを確認するための手法である（詳細は後述）。

3-2-3　似ている者から学ぶ

モデルの選択について、もうひとつ触れておくべき点がある。これから紹介するモデルの前提のひとつに、人々は自分と同じ社会的カテゴリーのメンバーは模倣するが、別のカテゴリーのメンバーのことは模倣しないというものがある。(8) 後に見るように、実はこれは本書の主たる結果を得るのに必須の前提ではない。それでも、こうした前提を置くことは果たして現実的なのだろうか？　この疑問に答えるために、ジェンダーに関する一連の研究結果、すなわち同一ジェンダー内での文化伝達についての証拠について説明したい。

ジェンダーによって学習するものが異なることは明らかだと思われる。もしそうでないならば、男女の行動にこれほどまでに大きな違いは生まれないだろう（なお、こうした男女差は文化による違いも大きいことから、生得的なものではありえない）。子どもたちは非常に早くからジェンダー化された行動を身につける。たいてい2～3歳までには自分がどちらのジェンダーに属するかを言えるようになり、ほどなく、自分のジェンダーに対応した行動を学習するプロセスが始まる（Thrall, 1978; Bem, 1983; Basow, 1992; Wood and Eagly, 2002; Lippa, 2005; Kinzler et al., 2010; Kamei, 2010）。こうした子どものジェンダー社会化には、周囲の大人や友達が関与する。大人は各ジェンダーにふさわしい行動を子どもに直接見せ、子どもは自分と同じジェンダーの大人から模倣学習をする。また友達は、各ジェンダーにふさわしい行動をとることを促進し、ふさわしくない行動を抑制する役割を果たす（この点についての優れたまとめとして、ウッドとイーグリー Wood and Eagly, 2012 がある）。ヘンリック（Henrich, 2015）も、幅広い範囲の研究を吟味した結果、人々が多くの行動を同ジェンダーの他者から模倣していることを見出している。またルージンら（Losin et al., 2012）は、特に重要でないジェスチャーでも、同ジェンダーの他者からそれを模倣する場合、別ジェンダーの他者からの模倣と異なり、脳内の報酬関連の回路が活性化することを示している。さらにヘンリックとヘンリック（Henrich and Henrich, 2007）は、同じジェンダー・同じ民族の人々を真似ることで、適切な社会的役割や行動が採り入れやすくなることから、淘汰のプロセスがそうした真似を促進するのだと指摘している。

あらゆる領域において、ジェンダーにふさわしい行動は、ゴシップや排斥、公然の批判、そして時にはより深刻な罰によって強制される（West and Zimmerman, 1987; Butler, 1988; Lorber, 1994）。たとえばファゴット（Fagot, 1977）は、児童は同年齢の子どもたちのジェンダー越境的な行動〔ジェンダーにふさわしい行動からの逸脱〕に対して、厳しく批判することを見出している。またグリックとフィスク（Glick and Fiske, 2001）によれば、実験参加者はジェンダーステレオタイプに従う女性には友好的な信念をもつのに対し、それに従わない女性には敵対的な信念をもつという。さらに、多くの文化において、自分の所属するジェンダーを示すシグナルを受け入れることが規範として存在しており、男性も女性も、〔自分が所属するのとは〕異なるジェンダーシグナルを受け入れると社会的な制裁が下されることになる[9]（Garfinkel, 1967; West and Zimmerman, 1987）（ウッドとイーグリー Wood and Eagly, 2012では、社会的制裁とジェンダーに関する多くの文献が紹介されている）。こうしたさまざまな社会的制裁は、同ジェンダーの他者からの学習を強制し、また模倣の社会的モデルとしてそうした他者を用いる可能性を増大させるはずである。

ただし、ここで懸念されることがある。それは、同ジェンダーからの模倣やその他のジェンダーにふさわしい行動の学習を引き起こすメカニズムは、少なくとも部分的には、ジェンダー役割や規範がすでに存在しているところで生じるものだという点である。言い換えると、モデル内にジェンダーにふさわしい行動の学習を想定したのは、それが性別役割分業の発生を引き起こすからだと考えたからであったが、もしかしたらこれは順序が逆なのかもしれない〔性別役割分業が存在する集団で、この種の学習が生じるのかもしれない〕。第4章の最後に指摘するように、性別役割分業が生じるためには、実際のところ（同ジェンダーからの学習を含む）多くの社会的特徴や条件が必要となる。集団がどのようにしてこれらすべての特徴を一度に得ているのかについて詳細に説明するのは、本書の範疇を超えている。ただし、この「ニワトリが先か卵が先か」の問題については、後で少し触れる予定である。

3-3 補完的協調問題を解決するための進化

ルイス（Lewis, 1969）は、事前のくりかえしの相互作用によって、協調問題解決への共同期待が行為者間で発生するような状況について記述している。一方でシェリング（Schelling, 1960）は、こうした事前のくりかえしの相互作用による協調問題の解決について、「その根本にある精神的・知的プロセスは、伝統の創造に参加することである」（106　強調は原文）と指摘している。どちらの考え方も合理的選択の観点に基づいたものだが、そこで記述されているプロセスは本質的にダイナミックである。

それでは、均質な個体群、二つのタイプが混在した個体群、そして完全に分割された個体群が、そこで行為者どうしが補完的協調ゲームを行いながら進化すると、一体何が起きるだろうか？　結果はそれぞれで大きく異なる。まず、均質な個体群における進化についての議論から始め、次に完全に分割された個体群における進化の話をしよう。二つのタイプが混在した個体群の結果は、これら二つの組み合わせのようなものなので、最後に論じることにする。

3-3-1　均質な集団

まず均質な集団を想像してみよう。この集団の人々は互いにランダムに出会い、協調問題に取り組む。やが

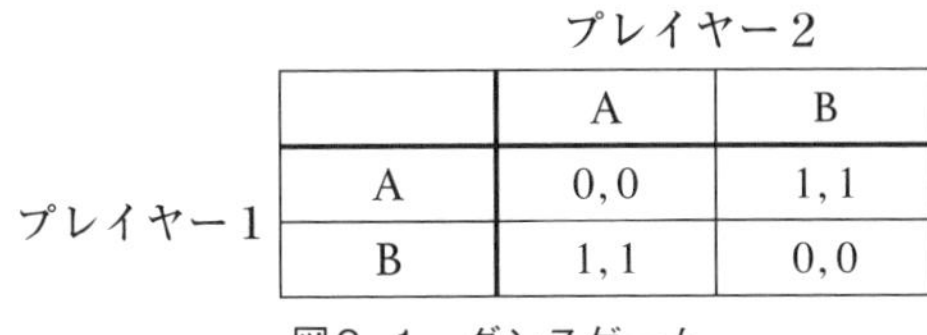

		プレイヤー2	
		A	B
プレイヤー1	A	0,0	1,1
	B	1,1	0,0

図3-1　ダンスゲーム

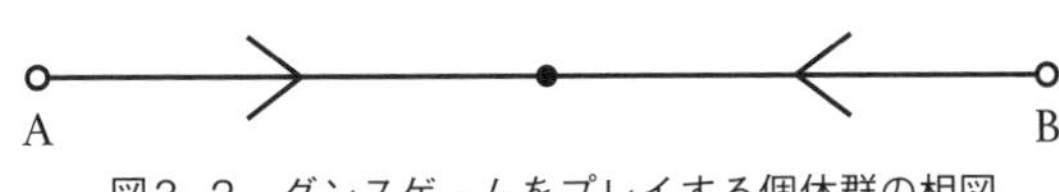

図3-2　ダンスゲームをプレイする個体群の相図

て人々は、協調がうまくいっているように見える他者を模倣したり、また過去にうまくいった自分の行動をくりかえしたりするようになる。そして次第に個人は、うまくいく傾向のある行動パターンをつくりあげるようになる。

参考のために、**図3-1**にダンスゲームの利得表を示した。すでに議論したように、均質な集団がこのゲームをプレイしても、すべてのメンバーが二つの戦略（AかBか）を〔自由に〕とる限り、結果は芳しくない。こうした理由から、このゲームをプレイする集団がレプリケーター・ダイナミクスに基づいて進化しても、二つの戦略が混合された状態で終わることになる。特に、個人がどちらの戦略からゲームを始めるかにかかわらず、レプリケーター・ダイナミクスのもとでこのゲームをプレイする集団は、半分の行為者は選択肢Aを、もう半分はBを選ぶ形で終わるだろう。

こうしたダンスゲームをプレイし、かつレプリケーター・ダイナミクスに基づいて進化する個体群を**相図**（phase diagram）と呼ばれる図で表現すると、**図3-2**のようになる。まず、この図の線分は、個体群全体がとりうる状態を表している。つまり、線分の左端は個体群の全メンバーが選択肢Aを選ぶ状態、右端は全員が選択肢Bを選ぶ状態を表していて、そのあいだに、たとえばメンバーの37%がAを選び、63%がBを選ぶといった中間的な状態があるわけである。また線分上の三つの点はレプリケーター・ダイナミクスの**休止点**（rest point）と呼ばれるもので、個体群の進化が止まる状態を示している。線分の両端にある白抜きの休止点では、全メンバーがAあるいはBを選ぶ状態であるため、自分と異なる戦略をとるモデル（模倣対象）が存在せず、個体群はそれ以上の変化をしない（遺伝的な進化で考えるなら、個体群内に広まりうる、既存のものとは別種の遺伝子が存在しない状態）。しかし、この〔両端の〕休止点は、次の意味で不安定でもある。すなわち個体群の状態は、もし両端の休止点から少しでも揺れ動いたなら〔異なる戦略をとるモデルが現れると、それを模倣するメンバーが出現するため〕、それがどれだけわずかなものであっても、その休止点から離れていくことになる（この種の「揺れ動き」は、個人が別の戦略を試してみたり、誤って別の選択肢を選んだりしたときに起こるし、生物学的な個体群においては突然変異の結果として起こることもある）。これが線分上の矢印が表していることである――矢印は個体群の状態の変化の方向を示している。全メンバーがAを選ぶ状態から右に動けば、個体群にBを選ぶ者が増えていくことになり、同様に全メンバーがBを選ぶ状態から左に動けば、Aを選ぶ者が増えていくことになる。

中央の黒塗りの休止点は、もし個体群の状態がここから揺れ動いたとしても、再びこの状態に戻ってくるという意味で安定している。たとえば、個体群をこの休止点から少し右に移動させたとしよう。すると、矢印が示す変化は左方向であるから、すぐに元の休止点に戻るだろう。この特殊な点は**漸近安定**（asymptotically stable）と呼ばれ、個体群がこの状態から外れても、ダイナミクスが個体群をこの状態に戻し、そこに留まらせるのである。[10] 本書でこれから見ていくモデルにおいて（あらゆる進化ゲーム理論モデルを紹介できるわけではないが）、もっとも注目すべき休止点はこの漸近安定である。なぜなら漸近安定は、現実の個体群の進化が最終的にたどり着くだろう状態を表しているからである。

ここで重要な点は、レプリケーター・ダイナミクスのもとでは、このモデルにおける均質な集団は、どのような場合でも半分の行為者がAを選び、残り半分がBを選ぶという状態に向かって進化するということである（この結果は、前章で説明した個体群レベルの均衡に対応していることに注目してほしい）。こうした、ある戦略をとる行為者と別の戦略をとる行為者とが混在している個体群の状態は、**多型**（polymorphism）と呼ばれる。[11] リーダー・フォロワーゲームのように、〔選択肢によって〕異なる利得が設定されているゲームの場合、Aを選ぶ行為者とBを選ぶ行為者の実際の割合は異なるだろうが、一般的に、どんな補完的協調ゲームも最終的には、選択可能な二つの戦略が混在した状態にたどり着く。ヘンリックとボイド（Henrich and Boyd, 2008）が指摘するように、このモデルを使って分業を表現するとしたら、行為者間で仕事を分担するのではなく、すべての行為者がそれぞれにできる仕事をするというケースに対応する。

こうした多型的な結果が、本当に生物界や社会の中で起きるのだろうかという疑問は当然である。生物界において実際に多型が生じることは、数多く報告されている。[12] 一方、人間社会では、〔協調問題に関しては〕多型的な状態よりも、良い解決法を見つけ出すことが多いようである。人々は協調問題を解決するために、〔第2章で紹介した〕オーマンやメイナード＝スミスによって提案されたような解決法を用いたり、もちろん、タイプ分けやタイプ条件づけを用いたりする傾向にある。

3−3−2　完全に分割された集団

さて次に、男性と女性がいる集団がダンスゲームをプレイすると想像してみよう。彼らは出会って相互作用するだけで、時が経つにつれ女性は成功した他の女性の行為を模倣し、男性は他の男性を模倣する。[13] 彼らは時間をかけて、自分にとってうまくいく戦略をとるようになる。

前章で説明した効率的な個体群均衡が、このケースで進化するのは当然だろう。あるタイプはつねに一方の戦略でプレイすることを学習し、別のタイプは他方の戦略を学習する。**図3－3**は、**2集団レプリケーター・ダイナミクス**下でのダンスゲームの相図である[14]（付録も参照）。相図といっても、図3－2で示したものとは明らかに異なる。この四角の空間は、モデル内で二つのタイプについて個体群がとりうるすべての状態を表現している。X軸は、第一のタイプ（たとえば男性）に属する行為者の中で選択肢AとBをとる者がそれぞれどのくらいいるかの割合を0～1で示しており、同様にY軸は、第二のタイプ（女性）の中での選択肢AとBをとる行為者の割合を示している。したがって図の各地点は、二つのタイプの状態の組み合わせを同時に表していることになる（たとえば第一のタイプは25％がA、75％はBを選択し、第二のタイプは55％がA、45％がBを選択している状態など）。それと同時に各地点は、個体群が変化する方向も示している。各地点に示された矢印は、均質な個体群の相図で示した矢印と同じ役割を果たしている。ただしここでは、左右だけではなく平面上のさまざまな方向を示すものとなっている。たとえば右下の隅を見てみよう。この角は、各タイプのすべての行為者がBを選ぶ状態を示している。そしてそこには左斜め上を示す矢印があるが、これはレプリケーター・ダイナミクスのもとでは、個体群がこの隅（全員がBを選ぶ状態）から離れて、両タイプにAを選択する行為者が出現する方向へ変化することを意味している。なお、矢印の長さは個体群が特定の地点において、どの程度速く進化するかを示している。

この図において、矢印は左下と右上の角に向かっているのがわかる。実際、どの地点からも、個体群はこれ

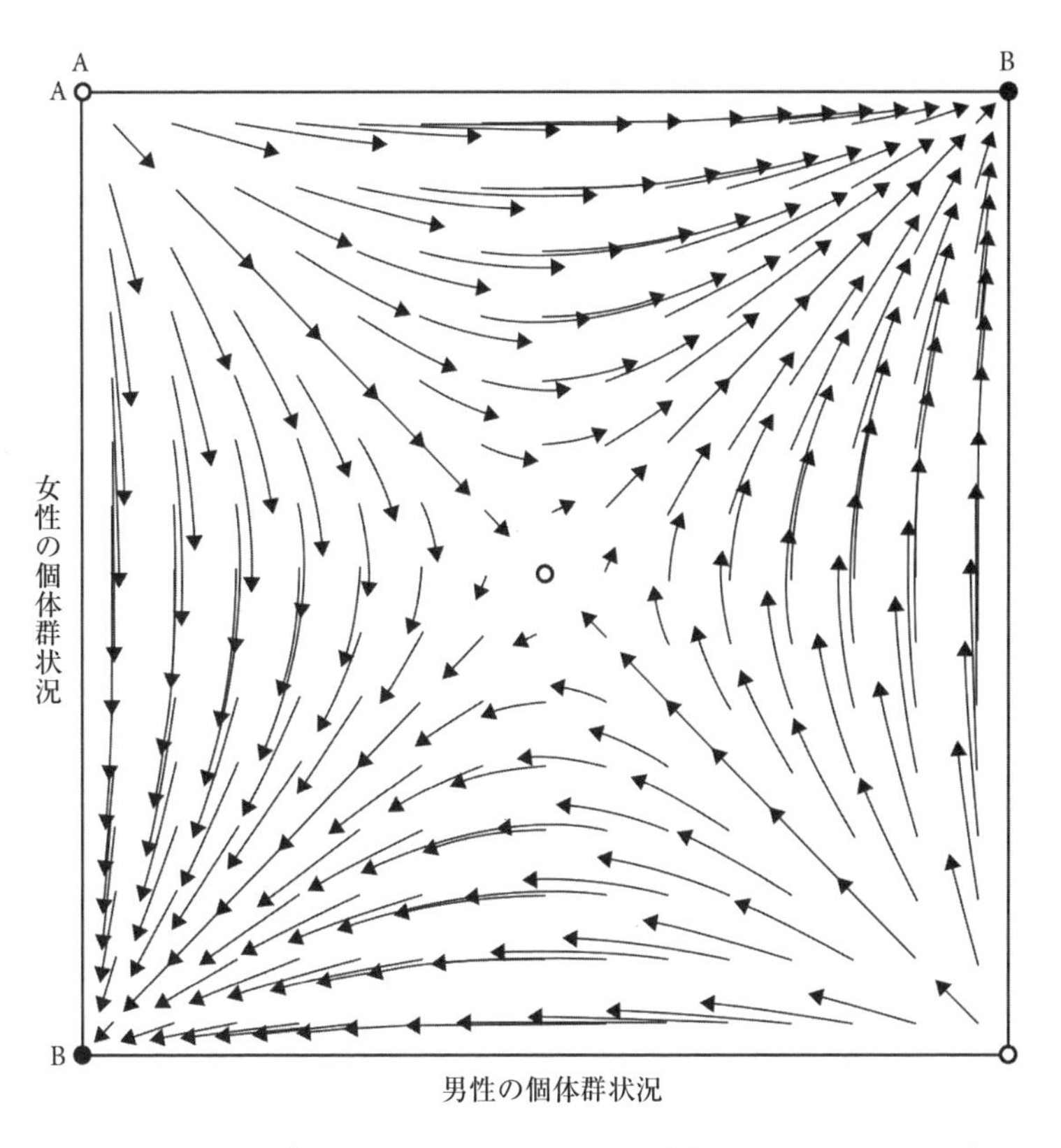

図3-3　2集団レプリケーター・ダイナミクスで進化するダンスゲームの相図

ら二つの休止点のどちらかに向かうことになる。このことは、ちょうど先ほど述べた状態を表している（つまり「男性は木工作業を行い、女性は陶器を作る」や「男性は芝刈り、女性は皿を洗う」などの状態）。ここで、たとえ二つのタイプが対称的であったとしても、こうした結果が生じうることに注意してほしい。すなわち、どちらのタイプも好みや能力に差はなく、かつ直面する戦略的状況もまったく同じであるとしても、最終的にはこうした〔各タイプが補完的役割を担うという〕非対称的な結果が起きると期待されるのである。

ある休止点に最終的に進化するような状態群を**吸引域**（basin of attraction）と呼ぶが、左下と右上の休止点のそれぞれについて、この吸引域が存在する。[15] 相図の右上の2辺に挟まれた三角形の領域は右上の休止点の吸引域であり、同じように左下の2辺に挟まれた三角形の領域は左下の休止点の吸引域である。これらの吸引域が同じ面積であることにも注目してほしい。これが意味することは、このモデルでは、最初の個体群の状態がどこであるかが決まっていない〔ランダムに決まる〕のであれば、各タイプが最終的に選択肢Aをとることになるか B をとることになるかは、どちらも同じ程度にありうるということである。

この図には三つの不安定な休止点がある。二つは相図の右下と左上の隅にあり、最後のひとつは真ん中にある。くりかえすが、これら不安定な休止点は進化的に有意味なものではない。なぜなら、これらの休止点から少しでも揺れ動くと、個体群は安定的な他の休止点に向かって移動するためである。中央の休止点は、〔各集団の〕半分の個体が選択肢Aを、もう半分が選択肢Bをとる個体群に相当しており、これは、均質な集団においては唯一の安定的な休止点だったことに留意してほしい。このことは、タイプの導入がいかに劇的に進化を変えるかを如実に表すと言える――そこに向かって進化することが保証されていた安定的な休止点だったものが、〔タイプ分けが導入されると〕そこに進化するとは保証されない不安定な休止点になったのである。

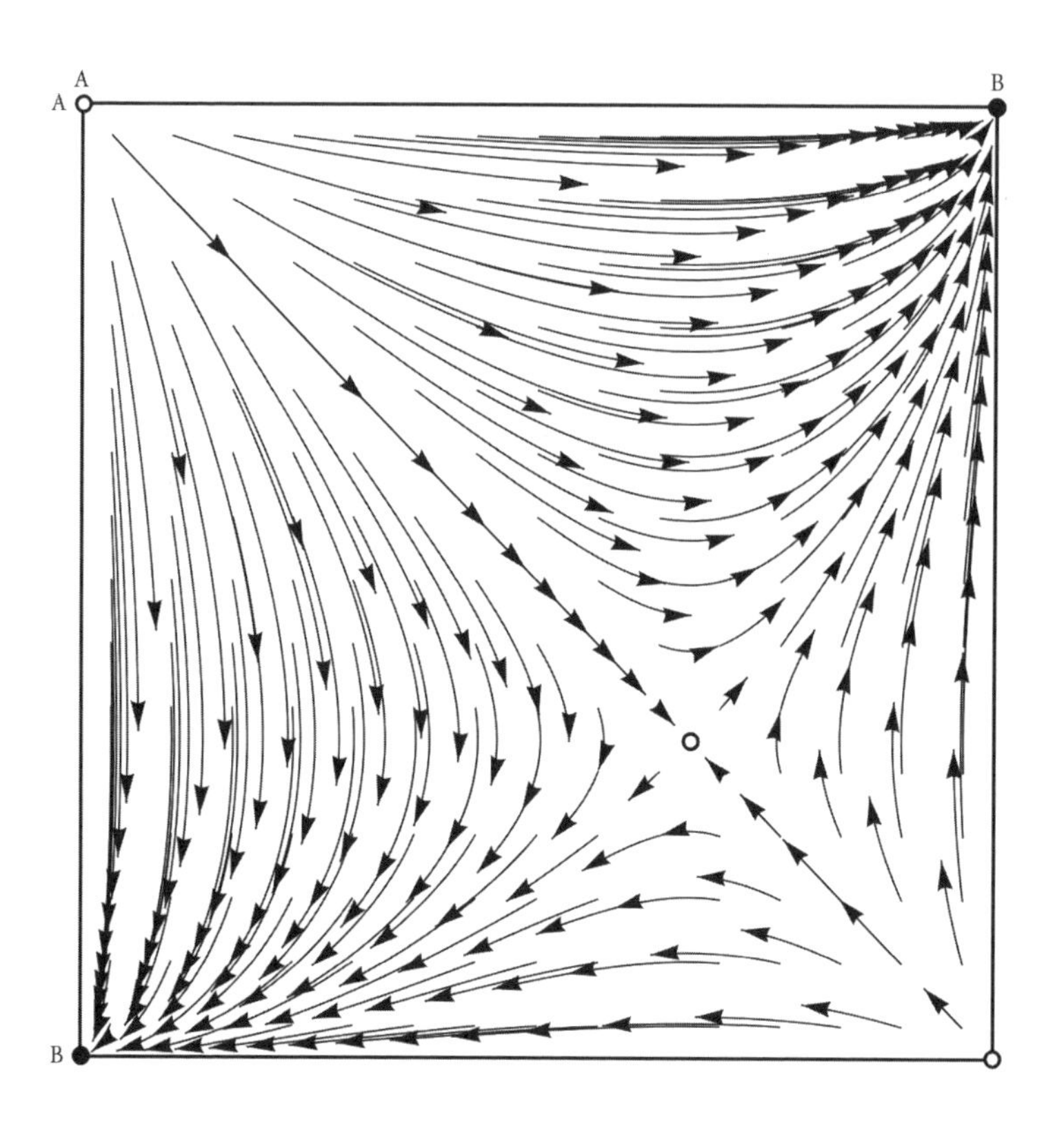

図3-4　2集団レプリケーター・ダイナミクスにおいて進化するリーダー・フォロワーゲームの相図

均質な集団のケースと同様に、ゲームの利得が変わると〔こうした進化する個体群を表す〕相図の内側の休止点の位置は変わることになる。ただし全般的な相図の形状は変わらない。図3-4に示したのは、第1章で紹介したリーダー・フォロワーゲームの相図である。この図において、内部の休止点は移動しているが、安定的な休止点の位置や吸引域の形は図3-3と同じである。特に注意してほしいのは、二つのタイプに完全な対称性を想定している限りは——つまり行動を決定する上で同じ戦略をとり、得られる利得にも差はなく、働くダイナミクスも同様であると想定している限りは——各タイプは最終的にどちらの安定的休止点にも、同じくらいの可能性でたどり着きうるということである。ジェンダーによる分業の場合でいえば、こうした対称性が意味するのは、ジェンダー役割とは〔必然性があるわけではなく〕慣習的に維持されているにすぎないことを意味している。なお、後にこうした前提をもたないモデルについても見ていくことにする。

3-3-3　二つのタイプの混合集団

最後に、誰かと出会った際にドアを開けておく側になるか、先にドアを通過する側になるかを人々が毎回決めなければならないような個体群を想像してほしい。この個体群は女性と男性とに分かれており、互いに相互作用していくにつれ、女性は他のうまくいっている女性を、男性は他の男性を模倣する。

これは、これまで説明してきたどちらの進化的状況ともわずかに異なる。というのも、均質な集団であれ完全に分割された集団であれ、行為者が出会うのはつねにひとつのタイプだけだった。つまり、均質な集団の行為者は自分と同じタイプとしか出会わないし、完全に分割された集団の行為者は自分と異なるタイプとしか出会わない。したがって、いずれの集団の行為者も、他者と出会ったとき自分が何をするか〔選択肢AとBのどちらを選ぶか）を決める戦略を持っていればよかった。一方で、二つのタイプが混じった集団の行為者は、自分と同じタイプとも異なるタイプとも出会うことになる。そのため、各タイプとの相互作用において、それぞれ自分が何をするかを決める戦略を持つ必要が出てくる。もし二つの選択肢（AかB）があるゲームをプレイしているなら、二つのタイプそれぞれとの相互作用でどちらかの選択肢を選ぶのだから、ありうる戦略は四つということになる。たとえば、選択肢のペアを〈X、Y〉と表記し、Xは自分と同じタイプと出会ったときにとる選択肢を、Yは異なるタイプと出会ったときにとる選択肢を表すとしよう。すると〈A、A〉、〈A、B〉、〈B、A〉、〈B、B〉という四つの戦略を考えることができる。Aがドアを開けておく行動、Bがドアを通過する行動だとすれば、「女性と出会ったときはドアを開けて待つ、男性と出会ったときにはドアを開けてもらって通り抜ける」というような戦略が、これらの組み合わせによって表現されることになる。

こうした四つの戦略を進化させると、得られる結果は、（多かれ少なかれ）直前の二つの節で説明した結果の組み合わせとなる。[16] すなわち行為者は、自分と同じタイプと相互作用するときには、均質な集団がたどり着く休止点と同様な状態でゲームをプレイするように進化し、異なるタイプと相互作用するときには、完全に分割された集団がたどり着く二つの休止点のいずれかと同様な状態でゲームをプレイするようになるのである（くりかえすが、これらは前章で説明した個体群レベルの均衡点である）。つまり、たとえば男女ともに自分と同性の他者と出会うときには1／2の確率で相手のためにドアを開けておくようになり、異性の他者と出会うときには「男性がドアを開けておき女性が通る」あるいは「女性がドアを開けておき男性が通る」のどちらかのパターンが定着するようになる（どちらのパターンとも、ゲームが対称的である限りは同じ確率で生じる）。このような二つのタイプが混ざった個体群の状態は、残念ながら戦略の数が多いために相図を示すことはできない。

本書が取り上げるゲームでは、三種の集団〔均質な集団、完全に分割された集団、二つのタイプの混合集団〕のすべてが信頼できる方法で進化しているという点が重要である。均質な集団は、二つの戦略が混ざった多型の均衡状態へ進化し〔二つの戦略の割合はゲームの利得によって変わる〕、完全に分割された集団は、各タイプがひとつの戦略を持つように進化する。そして二つのタイプの混合集団では、各タイプは自分と同じタイプに対しては多型の均衡状態、異なるタイプに対しては協調の均衡状態でプレイするように進化する。このように、社会的カテゴリーは、ほとんど不可避だった結果を、まったく別の、より良い結果へと変えるのである。つまり文化進化の視点に基づけば、人々は協調問題の解決のために社会的カテゴリーを活用するようになると予測できるのである。

より一般的に言うと、こうしたモデルにカテゴリーを追加すると、それだけで劇的に文化進化の過程と結果が変わるということだ。このことは、人間集団の行動がどのような文化進化の過程をたどり、どのような結果になるかを予測する際に、方法論としてカテゴリーを考慮に入れるべきであることを示している。それはまた同時に、個々の社会的カテゴリーに異なる社会的役割が結びついていること、その結びつきのために不公平が生じやすいこと〔Tilly, 1998; Ridgeway, 2011〕について、深い説明も与えてくれる。

3-4　限定的合理性、進化、頑健性

本章での主な主張は、現実の人間集団が文化的に進化する際、協調を達成するためには社会的カテゴリーが

きわめて重要な役割を果たすということである。このことは、前章で説明したように、効率的に協調を達成する過程では、相対的に不利になるタイプが必然的に生じてしまうことを意味する。たとえば女性は、集団として食糧生産のコントロールに大きく関与しないために、取り分が少ないままで終わるかもしれない。ただし、この点については、非常に単純化・理想化したいくつかのモデルの結果からそう主張をしているにすぎない。したがって、そうしたモデルで起きたことが現実の集団でも起きるのかと疑問に思われる読者もいるだろう。

モデルの**頑健性分析**（robustness analysis）とは、モデル内のさまざまな特徴を変更してみても、それらによって主要な結果が変わらないことを確認する方法のことである[17]（Weisberg, 2006）。つまり、原因と考えられる変数を別の構造〔をもったモデル〕の中に埋め込んでみて、それでも同じ結果が得られるかを見ることで、モデルの結果が頑健であるかを確認するのである。本章のケースでは、主要な結果（集団は時として協調問題を解決するために不公平な慣習をつくりあげる）を引き起こす変数は、（1）集団が補完的協調問題に直面すること、（2）集団が自分たちに利得をもたらす行動を学習すること、そして（3）集団が構成員の中に二つのタイプを持つこと、の三つである。それでは、こうした特徴をもつモデルであれば、本当に不公平が頑健に発生するのか確認していこう。

まずヤング（Young, 1993b）は、タイプを持つ個体群の行為者が交渉ゲームを行うと、その内部に階級間の不公平が発生することを、かなり早い段階から示している。そして、こうした結果をアクステルら（Axtell et al., 2000）は計算論の枠組みを用いて再現している[18]。なお、交渉ゲームがどんなゲームかは第Ⅱ部で詳しく説明するので、今の段階では補完的協調ゲームと似た構造をもつゲームだと理解しておいてほしい。さて、アクステルら（Axtell et al., 2000）のモデルとは、均質な個体群、あるいは二種類のタイプを持つ個体群（たとえば土地の所有者とその小作人）のいずれかにおいて、行為者がくりかえし他の行為者と相互作用（交渉ゲーム）を行うというものだった。なお、いずれの個体群も有限（10～100人規模）と想定されていた。また、タイプが二種類ある場合は、行為者は自分と同じタイプと異なるタイプのどちらとも相互作用を行った（この点は、二つのタイプの混合集団モデルと対応している）。本書のモデルとは異なり、アクステルらは、行為者が過去の相互作用に基づいて行動を更新するというダイナミクスを用いている。行為者は各ラウンドで他の行為者とペアになってゲームを行うが、過去の数ラウンド分、たとえば過去5ラウンド分の相互作用を記憶する。そして、こうした相互作用の結果は、個体群内の他の行為者と相互作用した場合にも適用・一般化できると想定し、その記憶に基づいてもっとも高い利得を生むと考えられる戦略を選び出し、次のゲームをプレイする。つまり行為者は、自分の記憶に基づき最適な反応をするのである。なお、タイプが二つある個体群の行為者は、各タイプとの相互作用を別々に記憶し、それぞれに対して最適な反応を選んだ。最後に、行為者は小さな確率で、記憶に基づいた反応とは異なる反応をとることがあった〔これは人間が犯すエラーを表現している〕。注目すべきは、この種のダイナミクスが想定しているのは限定合理的な行為者だということである。行為者は無限の記憶を持つわけでもなければ、相互作用の相手が高次の推論をしてくるという期待――対戦相手がその相手〔つまり自分〕の信念を推測し、それに基づいて反応してくるだろうと考える――も持たない。一方で、行為者は盲目的に誰かの戦略を真似するわけでもない。そうではなく、何が自分たちの利益になるかについて、少しだけ計算をするのである。そしてアクステルら（Axtell et al., 2000）は、レプリケーター・ダイナミクスのモデルと同様に、均質な集団では生じなかった不公平が、タイプを持つ集団においてのみ発生することを見出している。タイプが対称性を破るために不公平が生じることが、この研究によっても示されたと言える。

こうしたアクステルらのモデルは、本章で述べられる結果に「そこにあらゆるものを投入する」ような頑健性があるということを示している。まず、彼らのモデルでは、有限な集団、ランダム性〔一定の確率で反応エラーが生じる〕、そして限定合理的な戦略の選択を想定していた。これは、無限の集団、ランダム性のない反応、そして淘汰に基づく戦略更新を想定したレプリケーター・ダイナミクスのモデルとは対照的である。またアクステルらのモデルの行為者は、自分の過去の対戦結果に応じて選択を行ったが、文化進化における典型的なレプリケーター・ダイナミクス（成功した集団メンバーを模倣する）のもとでは、行為者は自分と同じタイプの他者の成否に応じて選択を行った（このことは、自分と同じジェンダーの他者を模倣することが本章の主要な結果にとって必要ではないことを意味する）。さらに言えば、アクステルらのモデルはタイプ条件づけをともなわない。行為者は二つのタイプそれぞれについて個別の記憶を有しており、その意味ではタイプの区別をしていたが、〔タイプによって異なる戦略を用いたわけではなく〕つねに記憶に対して最適反応をするという共通ルールを用いていた。[19] こうした違いがあるにもかかわらず、どちらのモデルでもよく似た結果が観察された。したがって、本章で説明した結果は、タイプを持つ個体群が補完的協調ゲームを行うと、進化の末にたどり着く状態であるという確信を深めることができるのである。

こうした進化の帰結は、別の研究からもその頑健性が示されている。ヘンリックとボイド（Henrich and Boyd, 2008）は、社会階層と分業の発生を探る中で、本章で議論したものとよく似た、しかしそれにいくつかの特徴を追加したモデルを考案している。[20] 特に彼らは、自分と同じタイプのメンバーからの学習に制限を設けた。すなわち、行為者は自分と同じタイプから一定の確率で学習するが、それ以外のケースでは自分と異なるタイプから学習する、という前提を設けたのである。こうしたモデルでも、幅広い条件下で、個体群が分業のためにタイプを利用するという、これまでと同様の結果が観察されたことは重要である。二つのタイプのメンバーの混合の程度がとても高いときには、集団がより均質な集団と近い状態になるために〔ヘンリックとボイドのモデルでは、ある確率で一方のタイプの行為者が別のタイプに移動・変化するという前提を設けている。この確率が高いときにはタイプの区別が希薄になり均質な集団と近くなる〕こうした結果は起きないのだが、混合の程度が低いか中程度の場合（他の要因にも依存するが）、タイプ分けやタイプ条件づけが補完的協調の成功をもたらすため、個体群は相対的に効率的でかつ不公平な均衡にたどり着いたのである。[(21)(22)]

さらに、ボウルズ（Bowles, 2004）やボウルズとナイドゥ（Bowles and Naidu, 2006）、そしてファンら（Hwang et al., 2014）は、ヤングらが紹介したような、有限な集団と最適反応ダイナミクスをともなうゲーム理論モデルについて精査している。ただしボウルズらのモデルでは、行為者は過去数回の対戦の記憶ではなく、自分と異なるタイプ（集団）の状態を観察しており、それに対して最適な反応をするという前提が置かれていた。また、行為者は自身に利益をもたらすような慣習に向かう傾向をもつとされた。こうしたモデルで、公平な均衡と不公平な均衡の両方をもつ協調ゲームをプレイしたところ、モデルのパラメータには依存するものの、公平な均衡だけでなく不公平な均衡も、二つのタイプ（集団）のあいだで確率的安定均衡になりうることが示された（この均衡の概念は、突然変異の可能性が0であるときに、進化する個体群がどこにとどまるのかを意味する。フォスターとヤング Foster and Young, 1990 を参照のこと）。加えて彼らは、行為者がネットワークを形成するときにも同様の結果になることを見出している。したがって、このモデルの集団は、時には片方のタイプが不利益（不公平）を被るとしても、より良い協調を達成するためにタイプを用いるのである。ホフマン（Hoffmann, 2006）が紹介するエージェント・ベースト・モデル〔一定のルールに基づいて行動する自律的なエージェントを仮定し、そうしたエージェントどうしの相互作用によってどのような社会状態が現出するかを検討するモデル〕では、行為者はタカ－ハトゲームをプレイした。このモデルの行為者は、おのおのが自身の社会的アイデンティティ（タイプ）を示すマーカーを持っていて、行為者はこれに基づいて対戦相手がどんな選択をするかを推測・期待することができた〔あるマーカーをつけた対戦相手の行動を、同じマーカーをつけた別の対戦相手の行動を予測するのに使う〕。そして行為者はこうした期待を学習し、それに最適な反応をするのである。その結果、本章で紹介したモデルと同様に、このモデルでもアイデンティティ〔タイプ〕を用いることで補完的協調が達成されやすくなることが示された。

以上のように、個体群が有限のモデルや無限のモデル、行為者がネットワークを形成するモデル、文化的模倣を想定したモデルや限定合理性を想定したモデル、さらに行為者が自分と同じタイプから学習するモデルや異なるタイプから学習するモデルなど、さまざまなモデルを見てきたが、ともかく集団は、社会的カテゴリーの存在によって補完的協調が促進されるように進化するのである。これが、前章では〔タイプ・カテゴリーを持つ集団の〕効率性に関して述べたこと――社会的カテゴリーは均質な個体群には生じない何かを引き起こす――の意味である。数多くの文化進化プロセスがこの効率性に従うことは、まったく驚くべきことではない。

3-5　社会的カテゴリーと相関的協調

これまで見てきたように、社会の進化の過程にカテゴリーを加えると、その結末は劇的に変わる。補完的協調を達成しようとしている場合、もともと公平な結果しか生じえない状況が、カテゴリーの存在によって、不公平の発生を許す状況に変化してしまうのだ。しかし、社会的カテゴリーは別の形でも文化進化の過程に影響を与えることがある。ここでは少し寄り道をして、集団にタイプがあると、相関的協調についての慣習や規範にどのように変化が起きるのかを見ていく。ここでも、やはり時として一方のタイプが不利になることがある[23]（この節は本書の本筋とは少しずれており、関連のないゲームの紹介もあるので、読み飛ばしても問題はない）。

3-5-1　相関的協調ゲーム

均質な集団が、道路の左右どちら側を通行するかを学習しているとしよう。もはや意外ではないが、この集団は、全員が同じことをする状態（道路の右側ないし左側を通行する）に進化する。たとえ完全に分割された集団、たとえば男性が会うのは女性だけ、女性が会うのは男性だけといった集団であったとしても、文化進化の結果は同様である。つまり、皆が同じ行為をすることで協調問題を解決するようになる。

こうした相関的協調のケースでは、不公平が生じることはないが、バッハ－ストラヴィンスキーゲーム（皆が音楽を一緒に聞きたいが、バッハが好きな人とストラヴィンスキーが好きな人がいるというゲーム。図1-2参照）のような状況であったり、あるいはなんらかの理由で、ある社会的カテゴリーのメンバーが他のメンバーと異なる選好や欲求を持つといった状況であったりすれば話は別になる。たとえば、育児休暇をどのくらい保障するかを決めるという協調問題に皆が直面しているとする。出産にともなう身体的負荷は男女で異なるため、男女で最適な期間は異なるかもしれない。そのため、協調の結果が対称的で、等しく育児休暇が保障されたとしても、そこから得られる利得はタイプによって異なることだろう。

		プレイヤー2	
		A	B
プレイヤー1	A	1,1	0,0
	B	0,0	2,2

図3-5　二人のプレイヤーにとって好ましい結果がひとつだけある相関的協調ゲーム

それでは、二つのタイプが混ざった個体群が相関的協調ゲームを行うと、何が起きるのだろうか？　ここでわかることは興味深いものである。まずこの個体群は、二つのタイプがあるために、もはや皆が同じことをするように進化することはない。代わりに、行為者は三つの異なる慣習をつくりあげる。すなわち、一方のタイプどうしが出会ったときの慣習、もう一方のタイプどうしが出会ったときの慣習、そして異なるタイプが出会ったときの慣習の三つである。これは、バッハ-ストラヴィンスキーゲームを例にとれば、女性どうしではバッハを、男性どうしではストラヴィンスキーを、そして男性と女性が出会うとバッハを、それぞれ聴くようになるといったケースに該当するだろう。

さらにここで、二つある結果のうち一方が他方よりも全般的に好ましいという構造をもつゲームについて見てみよう。**図3-5**は、図1-2で示したゲームと同じものである。このゲームでは、二人のプレイヤーがどちらも選択肢Bを選ぶという結果が、双方にとって好ましい。しかし、もう一方の結果（AとA）も依然として進化的プロセスの終着点になりうる。直観に反するかもしれないが、より利得の低い均衡であっても均衡としては機能するのである（実際、社会がとどまっている均衡は、つねに最適な均衡ではない。ビッキエリ Bicchieri, 2005 が多くの例を挙げている）。そして、2タイプが混ざった個体群では、どちらか一方のタイプどうしが出会ったときにのみ、より利得の高い均衡にたどり着く、あるいは異なるタイプが出会ったときだけ、より利得の

		プレイヤー2	
		雄鹿	野ウサギ
プレイヤー1	雄鹿	3, 3	0, 2
	野ウサギ	2, 0	2, 2

図3-6　スタグハントゲーム

低い均衡に落ち着くということが生じる。そのため、こうした結果を平均化すれば一方のタイプの利得が高くなるのである。このような結果は、これまでの（補完的協調問題についての）議論の中で紹介してきたものに比べれば、カテゴリー間の差別を示したものとは言えないかもしれない。しかしながら、それでも社会的カテゴリーの存在がある種の不公平をもたらすこと、少なくともタイプ間での最終的な利得レベルの差をもたらすことを示している。

3-5-1-1　スタグハントゲーム

スタグハント（鹿狩り）ゲームは、ルソー（Rousseau, 1984, orig. 1754）の寓話にちなんで作られたゲームである。二人の狩人がそれぞれ、雄鹿狩りを行うか、より小さな獲物である野ウサギを狩るかを選択する。もし二人とも雄鹿狩りを選択するなら、一緒に狩りを行うことで雄鹿を仕留めることができ、おのおのがそれに応じた利得を得る。もし二人が野ウサギ狩りを選択したら、それぞれが野ウサギという小さな利得を得る。そして、もし一方が雄鹿狩り、もう一方が野ウサギ狩りを選択すると、雄鹿を狙う狩人は狩りに失敗し、何も得られなくなる。このゲームを示したのが図3-6である。ここでの利得は、野ウサギ狩りに成功した場合には2、雄鹿狩りに成功した場合には3、雄鹿狩りに失敗した場合は0としてある。(24)

スタグハントゲームは通常、リスク下における協力のモデルとして考えられているが、厳密に言えば、本書で述べた相関的協調ゲームの定義に一致している。[25] というのも、このモデルのナッシュ均衡は二つあり、どちらも行為者の行動が相関した場合、つまり両者が雄鹿狩りを選択、あるいは野ウサギ狩りを選択する場合となるからである。このゲームの行為者にとっては、協調が達成できないならば、野ウサギ狩りは確実な利得をもたらしてくれるため、こちらのほうが好ましい。ただし協力することのほうが望ましいのも事実である。したがって、均質な集団がこのゲームをプレイすると、当然のことながら、全員が野ウサギ狩りを選択するか、全員が雄鹿狩りを選択するかのどちらかの状態へと進化する。

一方、二つのタイプの混合集団がこのゲームをプレイすると、一方のタイプのみが雄鹿狩りを学ぶように進化することもあれば、全員が外集団の者のみと雄鹿狩りをするように進化することもある。ただし、ジャスティン・ブルーナーが指摘したように、ここでもし「全員が内集団とは協力するが、外集団とは協力しない」〔同じタイプとは雄鹿狩りをするが、異なるタイプとは野ウサギ狩りをする〕という結果が生じれば、この慣習は外集団に対するある種の差別が存在するかのように見える。そして、こうした結果は、このモデルの状態空間の約38％を占める吸引域をもつ。これは決して無視できない相当な割合である。また、外集団とは協力する〔異なるタイプと出会うと雄鹿狩りをする〕が、一方のタイプでは内集団での協力が学習されない〔同じタイプと出会うと野ウサギ狩りをする〕とき、この非協力的なタイプのほうが利得は低くなり、格差が生じる。そして、こうした結果は状態空間の9％を占める吸引域をもつ。やはりこのケースでも、単にタイプが存在するだけで、それがないときには存在しないだろう不平等が生まれる可能性を示している。

＊＊＊

本章では、社会的カテゴリーをともなう集団が進化すると、均質な集団とはまったく異なる形で慣習がつくりあげられることを解説してきた。特に、たとえ結果として生じる慣習が不公平なものであっても、進化の過程で社会的カテゴリーが協調を促すことを説明した。一般的に、異なる社会的カテゴリーにはそれぞれに別の慣習が生じるのであり、時にこのことは、別の種類の不平等が生じていることを意味する。

したがって、社会的カテゴリーがどのように協調問題の解概念として働くかを描くために用いてきた事例――性別役割分業――については、十分説明されたと言えるだろう。性別役割分業は、労働に専門的なスキルが必要とされる環境では、文化進化の過程で自ずと生じるものなのである。ここまでの話の中で、男女それぞれのスキルや選好がどのようなものであるかは、何も影響していない点に注意する必要がある。これは、協調問題において社会的カテゴリーが役立つ理由が、カテゴリー自体がもつなんらかの特徴にあるのではなく、カテゴリーが対称性の破れをもたらすという事実にあるためだ。このことは、性別役割分業がもつ慣習的な性質を説明するのにも役立つ。なぜ男女が行う仕事が、文化によってそれぞれ多様なのだろうか？　それは、協調の成功のためには集団をタイプに分割すること自体が重要である一方、どのように分割するか〔どのような仕事を各タイプに割り振るか〕は重要ではないのである。次の章では、この点についてより込み入った話をする。そして、こうした慣習があるにもかかわらず、なぜ仕事の中には主に男性が行うもの、主に女性が行うもの、そして両方が行うものが見られるのかを、進化モデルを使って説明する。

次章では、こうした分析枠組みが、どのようにジェンダーに対する理解を深めるかを詳しく説明するが、その前に、序章で指摘した点についてあらためて理解していただきたい。ここまでに紹介してきたモデルは、思うに、社会的カテゴリーを持つ現実の集団に起きているであろう因果プロセスを表している点で、「いかにありうるか」モデルであると言えるし、また同時に、文化進化の過程では想像以上に少ない条件で不公平が生じることを示した点で、「いかに最小限の要因で」モデルであるとも言える。不公平の発生に必要な要素は3点のみであり、それは集団がタイプを持つこと、補完的協調ゲームを行うこと、そして適応に基づく文化変化のプロセスを経ていることだけである。このモデルには、〔個人の無意識における〕バイアスもなければステレオタイプ脅威〔自分が所属するカテゴリーに付与されたネガティブな偏見による不安が、実際に個人のパフォーマンスに悪影響を与えるという社会心理学の知見だが、再現性に疑いがあり、取り扱いに注意を要する〕もなく、つまりまったく心理学的なモデルではない。にもかかわらず、不公平な慣習が模倣される〔世代を通じて維持される〕という集団レベルのパターンが生じる。文化進化の時間軸を通じて、鋤を操る男性が利益を享受し続けるという、安定的な規範のようなものが生じるのである。

〔原注〕

（1）もちろん、モデルは現実と一致するわけではない。たとえば、モデル内では行為者は一様に同種の行動をすると仮定されているが、現実世界の慣習や規範は、それに従う人も従わない人もおり、決して普遍的とは言えない。ただし、こうした現実世界で見られる行動パターンにも、ヤング（Young, 2015）が圧縮（compression）と呼んだ現象が生じていると考えられる。人間の選択には多様性があるものだが、それは、文化的に進化してきた慣習的・規範的行動が仮に存在しないとしたら観察されるはずの多様さに比べれば一定程度に収まっている。つまり圧縮されている〔たとえば、もし社会に定年という慣習がなければ、仕事を引退する年齢は人によって多様であるはずだが、実際にはそうした慣習があるために一定の年齢幅に集中している〕。モデルはこうした点、すなわち協調がない状態から現れた相対的な協調を捉えていると考えればよいだろう。

（2）この研究分野の完全なリストではないが、次のような研究が挙げられる。Francois *et al.*（1996）：Danziger and Katz

(1996)；Echevarria and Merlo (1999)；Peters and Siow (2002)；Baker and Jacobsen (2007)；Nosaka (2007)

(3) この研究パラダイムについては、ウェイブル (Weibull, 1997)、ギンタス (Gintis, 2009)、サンドホルム (Sandholm, 2010) でより詳細に取り扱われている。

(4) なおゲーム理論家たちは、進化ゲーム理論の開発以前から、ゲームに対する静的というより動的な解決策を考え始めていた (Brown, 1951; Robinson, 1951)。

(5) これをよく表した現実世界の例として農業の出現がある。初期の農業は、概して悲惨なものであったと言われている。農作業を行う人々は栄養状態がひどい中で重労働をしており、農業の出現以前からいた狩猟採集民よりも健康状態は悪かった〔つまり効用は低かった〕。それにもかかわらず、農業は急速に人々のあいだで広まった。それは農業によって、人々が育てることができる子どもの数を増やすことができたからである (Armelagos and Cohen, 1984; Armelagos *et al*., 1991; Steckel and Rose, 2002)。

(6) 利他行動の進化ゲーム理論的研究は実に膨大に存在する。いくつか例に出すならノバック (Nowak, 2006)、アレクサンダー (Alexander, 2007) などを参照。

(7) これらのダイナミクスの両方にとって、レプリケーター・ダイナミクスは平均的なフィールド・ダイナミクスである。つまりこうしたダイナミクスは、変化にかかわる確率的要素が平均化されているときにモデル内で生じる変化を捉えているのである。

(8) 関連してティリー (Tilly, 1998) は、すでに確立された行動をそのまま模倣する方法であるエミュレーション (emulation) が、社会的カテゴリー間での不公平の発生を導く重要なメカニズムであることを示している。

(9) 個人的な逸話を紹介したい。双子の娘たちを3カ月検診に連れていったとき、娘の一人に青のストライプ柄のワンジー〔幼児用の上下一体となった洋服〕を着せたことがある。病院の受付係は「まあなんてかわいい男の子！　あら、でもカルテには女の子って書いてある」と声を上げた。私が娘だと説明すると、受付係の女性は「子どもを着替えさせるとき、父親って何でも着せちゃうのよね」と言って自分の間違いを謝罪した。このケースでは、受付係の女性は「青い服」というジェンダーシグナルを馬鹿正直に受けとめ、カルテ以上に信頼していたというわけだ。そして彼女は、私が正しいジェンダーシグナルを送るのに失敗した〔娘に青い服を着せたこと〕と理解し、そのことで私は恥ずかしがるはずだと思った。そこで、私にそうした思いをさせないために、私の規範的義務〔ジェンダーに一致した服を着せること〕の怠慢を、私の夫の責任にしようとしたのである。

(10) この特殊な休止点は、本当の意味で大域的に漸近安定（globally asymptotically stable）だと言える。というのも、他の個体群がここに向かって進化するだけではなく、あらゆる状態（ただし他の休止点は除く）にある個体群が、この休止点に向かって進化するためである。

(11) あるいはこの結果を、すべての行為者が「二つの戦略のうちどちらかを50%の確率で選んで使う」という、ひとつの戦略をとっている状態と解釈することも可能かもしれない。本書の目的に照らして言えば、こうした解釈上の違いは特に問題ではない。

(12) たとえばシネルヴォら（Sinervo *et al.*, 1996）は、オスが三種類のうちいずれかの喉の色を持ち、それによって異なる配偶戦略をとるワキモンユタトカゲについて記述している。こうした戦略と色のペアは、いわば進化ゲーム理論版のじゃんけんのように併存するのだという。モーガン（Morgan, 1980）およびカイタラとゲッツ（Kaitala and Getz, 1995）も参照のこと。

(13) すでに議論したように、多くの場合、自分と同ジェンダーの他者から社会的学習（模倣）が起きる。しかしこれは決して厳格なルールではない。以下の3-4節で紹介する別の構造的前提をもつモデルは、同ジェンダーからの模倣をともなわないのだが、ここで紹介するモデルの結果と非常によく似た結果が生じる。

(14) この図や、その他の本書に登場するこれに似た図はサンドホルムら（Sandholm *et al.*, 2012）が作成したダイナモ（Dynamo）というプログラムで作成された。ダイナミクスは2集団レプリケーター・ダイナミクスの連続時間バージョンを使用した。

(15) 均質な個体群において吸引域を特定することは難しくない。なぜなら、そこにはひとつの大域的な漸近安定点しかないので、それに対する吸引域は（そこから二つの不安定な休止点を除いた）すべての空間となる。

(16) このプロセスを制御するダイナミクスは付録を参照のこと。

(17) 科学哲学者の中には、頑健な結果はより確認されやすいと議論する者がいる一方で（Levins, 1966; Weisberg, 2006; Wimsatt, 2012; Heesen *et al.*, 2017）、頑健性分析は科学的な確認にとって効果的ではないと考える者もいる（Cartwright, 1991; Orzack and Sober, 1993; Odenbaugh and Alexandrova, 2011 を参照）。

(18) 彼らが指摘しているように、こうしたモデル内の短～中期間での行動は、現実世界の人々の行動を理解する上できわめて重要である。モフセニー（Mohseni, 2017）は、なぜこの種のモデルで短～中期間の行動が重要なのかを示している。彼らの結果は、ロペス＝パレデスら（López-Paredes *et al.*, 2004）、パンら（Phan *et al.*, 2005）、ポーザら（Poza *et al.*, 2011）によって計算論的に再現されている。

（19）アクステルらのモデルは、ミリカン（Millikan, 2005）が「対応複製（counterpart reproduction）」と呼んだものの発生を示していると考えられるかもしれない。対応複製とは、行為者が補完的役割を学ぶにあたり、他者の模倣ではなく、自分の対戦相手を直接参照するというアイデアのことである。ミリカンはこれを説明するのに、握手の例を挙げている。確かに、行為者が（握手した）相手の行動を正確に再現することで握手を学ぶという可能性はあるので、決して意味のない例であるとは言えない。しかし、行為者が対戦相手と同じ行動ではなく、それとは異なる補完的役割を学ぶ必要のある補完的協調問題においては、相手の行動を直接真似ることは、その行動の永続化にはつながらないだろう。

（20）彼らが検討したモデルでは、二つのタイプを持つ個体群が補完的協調ゲームを行い、レプリケーター・ダイナミクスによりそれを進化させた。なおその補完的協調ゲームでは、一方の役割がもう一方よりも、どちらのタイプにとってもより好ましい〔得られる利益が高い〕ものだった。

（21）すでにジェンダーのケースで議論したように、多くの場合、内集団学習は妥当な想定だが、もちろんこの想定は必須なルールというわけではない。ヘンリックとボイド（Henrich and Boyd, 2008）の結果が示しているように、行為者が時には別のタイプから学習するケースでも、本章で紹介したものと同じ結果を得ることができるのである。

（22）中橋とフェルドマン（Nakahashi and Feldman, 2014）は、分業についての別のモデルを提案している。彼らのモデルはゲーム理論とかかわるものではないものの、モデルの設定は次のようなものだった。まず環境には二種類の資源（たとえば動物と植物）があり、それぞれを獲得するのには別のスキルが必要だった（スキルの種類も二つ）。また個人が獲得した資源は、集団内で共有された。行為者は、これらスキルの学習と資源の探索に、それぞれどのくらいの労力を注ぐかを決めなければならない〔スキルをより長い時間学習するほど資源をより効率的に獲得できる〕。彼らのモデルは、厳密には補完的協調問題を前提としたものではないものの（行為者は自分だけのためにも、また集団で共有するためにも資源を集めることができたため）、本章で説明しているモデルと共通点があり、示唆に富んでいる。彼らは、ジェンダーによる分業が発生するのは、各ジェンダーが異なるスキルに生得的に長けているときのみであることを見出している。ただしこれは、彼らのモデルには資源を共有する集団が存在するためであり、個人どうしのペアが互いにどのように行動を協調させるかを理解する必要がある状況だからではない。

(23) この点についてジャスティン・ブルーナーから着想を得たことに謝意を表したい。彼は先行研究(Bruner, 2017)における二つのタイプの混合モデルでのスタグハントゲームの進化を検討している。

(24) このゲームは、人間集団の協力のモデルとして哲学者に利用されてきた(Skyrms, 2004; Alexander, 2007; Skyrms, 2014)。

(25) この点は、何をもって協調ゲームとみなすかという条件を確認すれば理解できるだろう。それは、相手の選択に対して補完的な協調を達成する選択をするほうが、それ以外の選択よりも利得が高いというものである〔ここでは相手と同じ獲物を狙うことが補完的協調とされているが、これは相関的協調のことではないかと思われる―訳者〕。たとえば、相手が雄鹿狩りを選ぶなら自分も雄鹿狩りを選ぶ(3)ほうが、野ウサギ狩りを選ぶ(2)よりも利得は高いし、相手が野ウサギ狩りを選ぶなら自分も野ウサギ狩りを選ぶ(2)ほうが、雄鹿狩りを選ぶ(0)より利得は高い。

第4章　ジェンダーの進化

ほとんどの社会で、大型動物の狩りは男性が担う（第2章でも言及したように）。また、ほとんどの社会で女性が赤ちゃんの世話の大部分を行う。仕事はたいてい性別によって分業されるが、縄をなう作業のように、どちらの性がその仕事をするかが決まっていないようなものもある。

この章では二つのことを扱う。第一に、ここまで述べてきた進化〔ゲーム理論〕の枠組みを使って、「慣習的な面もあるが、そうではない面もある」という性別役割分業の特徴を説明する。第1章で私は、慣習性がさまざまなグレーの濃淡をともなって現れることを説明した。この線に沿って、ここでは、文化進化のプロセスは大なり小なり変わりうることを見ていく。協調の結果の中には、ほぼ確実に出現するものもある一方で、別の形で現れていたかもしれないという意味で、真に「慣習的」なものもある。性別役割分業は、あらゆる慣習性を観察できるケースである——仕事の中には、どちらか一方の性によって遂行されることがほぼ決まっているものもあれば、その割り当ては偶然によると考えたほうがうまく説明できるものもある。この議論は、分業のパターンが永続的で固定されているように見えていても、あるいはそのパターンが文化横断的な規則性を示していても、少なくとも一定程度は、それを慣習的なものとして理解すべきであるということを示すことで、性役割の生得性をめぐる議論に寄与する。

この章での第二の課題は、再び進化モデル化を用いて、社会科学において説明されるべき現象に取り組む、ということである。チンパンジーはジェンダーの概念をもたないので、私たちと彼らの直近の共通の祖先と今日のあいだのどこかで、人間の集団の中にこのカテゴリーの境界が生じたことになる。[1] それだけではない――ジェンダーはあらゆる人間集団に出現した。ここでの問いは、それはなぜか、ということだ。ジェンダーのいったい何が、この文化的創発を完全に確実なものとしているのだろうか？　くりかえすが、文化によって大きな差があることを考えると、その答えは単純に「ジェンダーは生まれつきのものだからだ」ということではありえない。ジェンダーは分業を促進するのみならず、そもそもジェンダーは分業のために生まれたのだと主張する社会科学者もいる（Lorber, 1994）。協調問題を解決するために社会的カテゴリーを用いることは効率的であるが、その効率性はカテゴリー自体の進化を導くのだろうか？　私たちはこの後、この種の進化の発生を可能とするストーリーを提示するモデルを見ていく。

私はこの章を、慣習性を捉えるための指標についての説明から始める。特に、すべての進化モデルに対して、そのモデルの結果がどの程度慣習的であるかを表す数値を算出する方法を説明する。この指標は私たちに、あるひとつの結果に帰結する可能性が高い協調問題と、より結末が不確実な協調問題の違いを把握する方法を提供する。そうすることによって、性別役割分業のさまざまなケースで何が起こっているのかを表現できる。続いて、この章の第二のパートでは、どのようにして分業の効率性が、ジェンダー的なものそれ自体の進化に寄与するかを見ていく。これから見ていくように、このプロセスもまた、比較的わずかな前提条件に依存して起こる。補完的協調問題に直面しており、そしてカテゴリーを付与するのに適した観察可能な内在性のタグを持つ集団では、カテゴリーは自発的に創発する可能性がある。

4-1 慣習性と吸引域

進化モデルにおける吸引域とは、ある特定の均衡状態に至る個体群の状態であったことを思い出してほしい。前章では、二つのタイプがダンスゲームをプレイしている集団を考えるとき、そこには二つの吸引域があることを見てきた。ひとつは女性が前にステップするという均衡に至るものであり、もうひとつは男性が前にステップするという均衡に至るものであった。そして、それらの吸引域は同じ大きさであった。

さて今、第1章でとりあげたトピック——どの種類の協調問題が慣習的な性質をもつのかを評価する方法——に戻って、この概念を使おう。スカームズ（Skyrms, 2004）によれば、「慣習とは通常、多くの多様な均衡を許容する相互作用における、あるひとつの均衡である。これが慣習を慣習たらしめるものである。他の均衡もまた同じようにうまくいく」(51)。すでに議論したように、別の状態になっていたかもしれないという可能性があることは慣習性の必要条件である。複数の均衡が存在するという事実があてはまるゲームは数多くある。すべての均衡でうまくいくかもしれないが、そのうちのいくつかの均衡は、他よりもさらにうまくいくだろう。慣習は黒と白ではなく、より偶然性の高いものとそうでないもの（つまり、より慣習的なものとより慣習的でないもの）とのあいだのグレーの濃淡で表現される。言語的な慣習に焦点を当てた最近の研究で、サイモンズとゾルマン（Simons and Zollman, 2018）は同じ指摘をしている。彼らはゲーム理論的なモデルを使って、いくつかの慣習は、「比較的多くの利益をもたらす」「やめにくい」「最初に現れやすい」という三つの点から、それが偶然によるものではないということを示している。

ここでは、このアイデアに基づいて、モデルにおける吸引域の大きさを用いて慣習性の指標を作成する。すでに触れたように、あるゲームでは、異なる結果をもたらす吸引域は多かれ少なかれ同じ大きさであるが、このことは、進化の設定のもとでは、最初の個体群についての情報が何もなければ、どちらの結果も等しく生じうることを意味している。このような場合、その結果は非常に慣習的であると考えるのが適切だろう。初期条件の違いや偶然の違いのほかに、特定の結果を生じさせる理由がないからである。このため、そのような解の出現を説明するために、しばしば偶然の出来事が用いられる。私たちはいつも、ストラヴィンスキーではなくバッハを聞く。なぜならバッハは、私たちが最初に出会ったときに流れていた曲だからである。あるいは、10年前のクリスマスに母親が「カタンの開拓者たち」〔ドイツ生まれのボードゲーム〕をくれた。それが、私たちが日曜日にいつもそのゲームで遊ぶ理由である。

一方で、ある結果への吸引域が他の吸引域よりも著しく大きいというモデルもある。このような場合、進化プロセスの結果は、より機能的に見えることが多い。そうした結果は、ふつう、根拠となるシナリオに基づいて、その創発に機能的な観点から説明を与えるからである。ジムが料理を担当し、ケイリンが掃除を担当するのは、ジムは掃除の仕方を覚えないし、ケイリンは根菜料理ばかり作るからである。

さらに進めて、ある進化プロセスにおいて多様な結果がありうる場合には、限られた結果しか想定できない場合よりも、そのモデルの結果が「より慣習的である」と言いたくなるかもしれない（均衡の少ないモデルの結果を「より機能的である」と言うのは、おそらくこの分野に不案内な人であろうが[2]）。たとえばミリカン（Millikan, 2005）は、慣習とは再び出現することのない行動パターンのことである、と説明している。多くの均衡がある場合に複数の可能性が優位であることは、結果は予測しにくいこと、また偶然や初期条件に左右されやすいことを意味する。これを説明するために、道路のどちら側を通行するかという協調問題と、フォークを示すのにどんな言葉を使うかという協調問題を比べてみよう。これらは、どちらも協調問題に対する慣習的な解として古典的な例である。しかし、最初の例では可能な解は二つしかないのに対し、後者の例では解の数は膨大である。

均衡の多いゲーム／少ないゲームの違いと、異なる大きさの吸引域をもつゲームの違いの両方を捉え、慣習性と機能性を評価するために可能な方法は、シャノン（Shannon, 2001）の**エントロピー尺度**（Shannon entropy measure）を用いることである。この式は、情報を送信するチャネルと受信者について、メッセージに含まれる情報の期待値を計算するものだ。シャノンのエントロピーについての等式は、以下の通りである。

$$H(x)=\sum_i P(x_i)I(x_i) \quad (1)$$

$H(x)$ はエントロピーである。これは、チャネルを通じて届く可能性のあるすべてのメッセージ（i）について、その確率（$P(x_i)$）に、メッセージに含まれる情報（$I(x_i)$）を乗算したものの合計に等しい。$I(x_i)$ は $-log_2P(x_i)$ として計算される。これは、もしあるメッセージが発生する確率が低ければ、観測されるメッセージから得られる情報量は多くなり、メッセージが起こる確率が1に近づくにつれて、情報量は0になることを意味している。メッセージ中の情報量は、それを受け取ったときにどれだけ驚くかに対応していると考えることができる。他の条件を一定にするならば、ありうるメッセージが多様であるほど、またそれらが等しい確率で起これば起こるほど、この指標は大きい値をとることになる。

この指標は、私たちの例に用いるには奇妙に思えるかもしれない。しかし、ここでいう慣習性とは、進化のプロセスの結果となるものについて（他に情報がない場合に）どの程度不確かであるか、つまりその結果が判明したときに得られると期待される情報量を測定することとして考えられる。慣習的な問題とは、これから起こることについて不確実性が高い問題——実際には違うことが起こるかもしれないという場合の問題である。誤解のないようにしておくと、エントロピーの公式における添え字 i による入力値は、ここでは、あるモデルの吸引域であり、$P(x_i)$ は吸引域の大きさ（その結果がどの程度起こりやすいか）を指している。[3]

他の条件を一定にするならば、この指標においては、より多様な結果のある協調問題ほどより慣習的であり、その吸引域の大きさが等しい場合も同様である。もちろん、複数の吸引域が存在すれば、どのような進化モデルにもこの指標を適用することができる。おそらく、そのうちいくつかについては、慣習的とみなすことがまったく奇妙に思えるだろう。私はこの指標を何にでも適用することに意味があると主張したいわけではない。そうではなく、協調ゲームにとって、その慣習性のレベルを捉えるのに役立つということを主張したいのだ。

慣習タイプのモデルであっても、その初期状態の特徴がよく知られているという状況があることを指摘する人もいるかもしれない。この場合は、結果を説明するに際して、偶然ではなく個体群の既存の特徴——つまり、偏屈者が多いとか、住民の多くが以前から道路の左側を通行していたとか、この個体群はすでにその特徴をもっていた集団から進化したのだ、といったこと——に訴えるだろう。

良い例として、男性と女性の両方を雇用する小さな会社において、協調行動が創発する場合を考えてみよう。ここでの相互作用は、タカ－ハトゲームとしてうまくモデル化されるものとする。私たちは、男性と女性が出会ったとき、女性がより多くを得るか、あるいは男性がより多くを得るという〔二つの〕慣習に向かってグループが進化することを期待する。私たちはまた、この会社のメンバーがより大きな個体群から来ていることを知っている。この大きな個体群では、たとえば80％の人々が「女性がより多くを得る」という一般的な慣習に従っているとしよう。その結果、この会社の人々も同様に、この規範に従う可能性が高い。しかしもちろん、一定の確率で何人かはそうではなく、したがって彼らが自分たち自身の慣習をどのように確立するかは不確かである。この問題における解の慣習性を計算する際には、客観的な吸引域の大きさではなく、それぞれの吸引域に個体群の最初の出発点がある確率を、前述の指標への入力値として使いたくなるかもしれない。二つの吸引域の大きさが等しく0.5である場合には、指標は1の値をとるのに対し、仮に一方の領域に個体群が存在する確率が90％で、他方の領域に存在する確率が10％である場合、その指標は0・469になる。一般に、このような場合に対処するために、個体群の潜在的な開始点についての確率分布を追加することができる。

次節では、この指標を性別役割分業の事例に適用する。

4-2　非対称性と分業

進化モデルが私たちに語ってくれることは、性別役割分業は慣習であるということである。このことは、たとえば「なぜこの社会では、女性ではなく男性が網を編むのか？」という問いに対する適切な答えは、男女の生得的な差とはいっさい関係ないし、特別な生態学的環境とも関係しないことを意味する。むしろ、そのストーリーは偶然による説明でなければならない。しかし、性別役割分業についてのデータは、完全に慣習的であるように見えるもの（ある仕事について、異なる文化間で男性も女性も同じ確率で分担している）から、完全に機

	プレイヤー2		
		A	B
プレイヤー1	A	0, 0	1, 1
	B	$1+\alpha, 1+\beta$	0, 0

図4-1　より好ましい均衡に達したときの二人の行為者の利益をαとβが定めるMFEOゲームの利得表

能的であるように見えるもの（ある仕事については、通文化的にほぼつねに男性が担う一方、他の仕事はほぼつねに女性が担っている）まで、さまざまなパターンを示していることを思い出してほしい。

これから論じるように、このパターンをより良く理解するためには、先ほど精緻化した慣習性の理解が役立つ。一部の仕事は、男女のどちらがやってもあまり機能的利点はない（分業することによる利点はあるとしても）。ある一部の仕事は、性的二型のために、どちらか一方の性がすることに大きな機能的利点がある。他の多くの仕事は、どちらか一方の性がすることに中程度の利点がある。進化モデルにおいては、これらのケースが慣習性の強いものから弱いものまで分布している。すなわち、分業のパターンについての私たちの説明は、慣習性を失うことなしに、生得的な性差についての事実を取り入れることができる。ある特定の性別役割分業には理由がある場合もあるが、そのことは、それが別様になりえないということを意味するものではない。

図4-1のゲームを考えてほしい。これは、あるバージョンのMFEOゲームである（MFEOゲームは1章で紹介）。役割の組み合わせのうち、あるひとつの組み合わせでは、どちらの行為者も特別な利益を得る（プレイヤー1はα、プレイヤー2はβ）が、もう片方の組み合わせでは得られない。この点を除けば、ダンスゲームと同じである。このゲームの特徴は、あるひとつの協調均衡が、他の均衡よりもなんらかの形で良いということである。

これは、αかβのどちらかが0でない限りは非対称ゲームになる。なぜなら、二人のプレイヤーの役割が本質的に異なるからである。対称的な補完的協調ゲームの進化モデルでは、どちらのタイプも、どちらかの役割を果たす可能性はつねに同じであるが、このゲームではもはやそれが当てはまらない。このことを示すために、コンピューター・シミュレーションを見てみよう。具体的には、二つのタイプの戦略をランダムに与えられた個体群を想像してほしい。そうすると、その集団は相図のランダムな点から開始することになる。シミュレーションでは、集団内で何度もMFEOゲームをプレイさせる。彼らはステージごとに、レプリケーター・ダイナミクスに従って自分の行動を更新していき、そして最終的にどの均衡状態になるのか〈A対BもしくはB対A〉が観察可能である。**図4-2**は、このMFEOゲームを、ある範囲の値をとる$\alpha = \beta$という条件のもとでプレイした場合のシミュレーションを1万回走らせた結果である。X軸はαとβを変動させた値であり、Y軸はある特定のαとβの値のときに、好ましくない〈追加の利得がない〉ほうの均衡に達した頻度を示している。

αとβの値が上昇するにつれて、好ましくないA対Bの均衡への吸引域は小さくなっていく。これはさほど驚くに値しないだろう。文化進化は、その均衡が魅力的であればあるほど、より良い均衡を高い確率で選択する。**図4-3**は、αとβが1の場合と4の場合の、このモデルの相図である。この図を見ることで、何が起こっているかをより良く知ることができる。これらの相図はダンスゲームのものと似ているが、ここでは中心の休止点〈白点〉が片側に移動しており、より良い均衡への吸引域〈左下の隅〉を大きくしている。より良い均衡の利得が（a）よりも高い（b）の図では、白点はさらに移動して、二つの吸引域の大きさの差をより大きくしている。

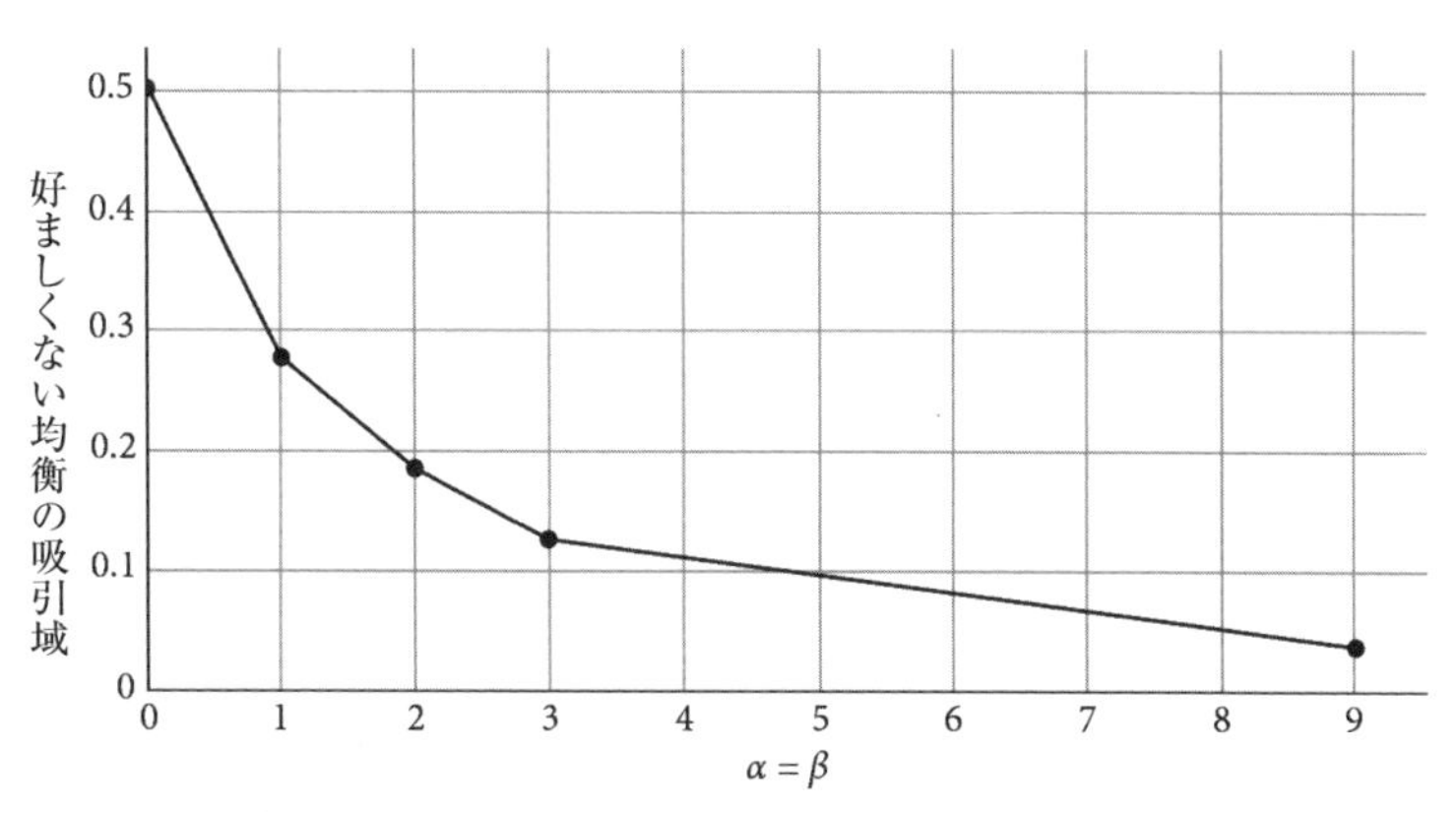

図4-2　完全に分割された個体群が $\alpha = \beta$ のMFEOゲームをプレイした場合、双方にとって好ましくない均衡に向かうシミュレーションの割合

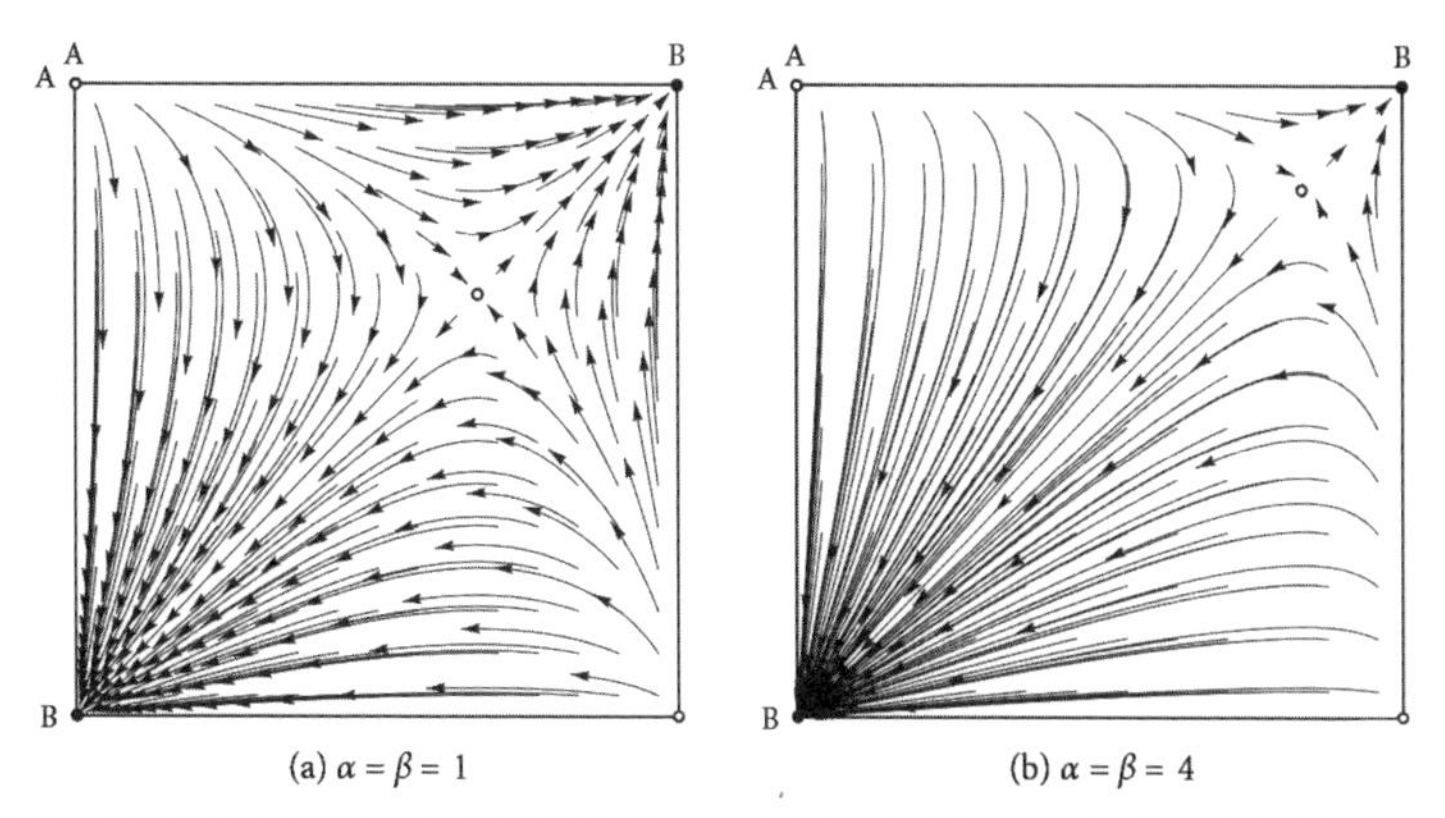

図4-3　完全に分割された個体群が $\alpha = \beta$ のMFEOゲームをプレイするときの相図。α と β の値が変わっている。α と β の値が増えるほど、より良い均衡への吸引域は大きくなる

何がこの移動をもたらしているのだろうか？　レプリケーター・ダイナミクスのもとでは、平均よりも成功している戦略が広まる。ある協調戦略が著しく高い利得をもたらすなら、たとえその戦略が最初はうまく協調に至らなかったとしても、レプリケーター・ダイナミクスのもとで、結果的にその戦略は広がる。たとえば、図4‐1に示したゲームで、女性がプレイヤー1、男性がプレイヤー2としてふるまうことを考えてみよう。もし男性の80％がBを選択するなら、女性はAを選ぶと、平均してより多くの場合うまく調整できることになる。しかし、もしαが9であるなら、Aを選ぶことによる期待利得は$1 \times 0.8 = 0.8$〔男性がBを選択する確率は0.8で、そのとき女性がAを選択した場合の利得は1なので期待利得は1×0.8で計算できる。一方、男性がAを選択する確率は0.2で、そのとき女性がAを選択した場合の利得は0、期待利得は0×0.2で0になるので無視できる〕であるのに対し、Bを選ぶことによる期待利得は$10 \times 0.2 = 2$である。つまり、女性の個体群の中でBを選ぶ者はより高い利得を達成できることになり、うまく調整できる回数がより少ないにもかかわらず、急速に増殖していく。これが集団のかなり大きな割合を、相互に好ましい均衡へ向かわせる。なお、$\alpha \neq \beta$の場合、どちらかの利得がひとつでも大きくなれば、同じような結果になる。このような片方の変化もまた、より良い結果への吸引域を大きくする。

このモデルで、さまざまな慣習性を観察できることに注目してほしい。$\alpha = \beta = 0$の場合、二つの均衡は同じ大きさの吸引域をもつ。シャノンのエントロピー尺度を用いると、これは慣習性レベルが1となる。もしαが9なら96％以上で好ましい結果が生じることを意味しており、このモデルの慣習性は0・24になる。αとβの値は無限に増やすことができ、そのことは好ましくない均衡への吸引域を小さくする。そうするうちに、文化進化はますます確実により良い均衡を選択し、慣習性の指標を0に近づけていくことになる。

分業について非常に慣習的な、あるいは機能的なパターンが見られるとき、そこで何が起こっているかを大まかに表すものとして、この特別なモデルを使うことができる。親密な関係を結び、子どもを授かったカップルの双方が、家族全員が（あるいはより大きな拡大家族の全員が）健康で、食べ物に不自由せず、安全でありたいと強く望んでいる状況を考えてほしい。つまり両親の選好は、愛する人が測定可能で目に見えるポジティブな結果を得ることで強く一致している。このようなとき、MFEOゲームは、なぜ網づくりの担い手が文化によって異なり慣習的なのか、なぜ家の建築は男性が担う傾向があるのか、そしてなぜ大型動物の狩りはほぼつねに男性によってなされるのかを教えてくれる。前記のゲームを考えてほしい。そして、さまざまなタイプの仕事について行為者が、選択肢Aが「仕事Xを行う」、選択肢Bが「仕事Xを行わず別の何かに時間を使う」となる戦略的な相互作用を行うことを考えてほしい。すべての種類の労働にとって性別役割分業の利益はある。しかし、網づくりについてはαとβの値は低く、このことはそれぞれの文化で、どちらの性もその役割を担うように進化する可能性があることを意味している。家の建築については、αとβは中程度の値をとり、ある確率で女性が建築を担うこともあるが、それよりも高い確率で男性がその役割を担うことになる。大型動物の狩りでは、αとβは高く、男性がこの役割を担うような文化的パターンがほぼ確実に進化し、女性が担うように進化することはほとんどない。[(4)] 文化進化モデルはさまざまな形で解釈できることを思い出してほしい。その中のひとつが、食べ物を得る、健康な子どもを育てるといった客観的な成功と利得を関連づけるものであり、それに選好が反映していると仮定するものである。私がここで行った説明は、このような解釈を用いている。

もちろん、この解釈はまったく単純化しすぎている。ある文化における特定の生態学的な状態や、その他の状況がこのプロセスのすべてに影響するだろう。家の建築に使う資材について、ある集団の近隣には軽いものが多く、それを扱うのに上半身の力があまり必要ないのであれば、男女がその労働を遂行する場合の利得は、木材で家を作らなければならない集団における利得とは異なるものになるだろう。農業においては、これまで見てきたように、作物の生産がどのように行われるかによって、男女のどちらが植え付けを行うかが決まる。つまり、すべての人間集団に通用するαとβの固有の値はないが、その値についての一般的なパターンはあって、このことは全体的に見て、通文化的にある結果が他の結果よりも起こりやすいことを意味している。また、一方の性が特定の労働を担うことが、別の関連する協調問題の慣習性を変えることもある。子育てと大型動物の狩りは相容れない面が大きいという指摘は広くなされてきた。もし子育てが女性によって行われるのであれば、大型動物の狩りを女性が行うことへの吸引域は小さくなり、このゲームはより機能的な問題になっていく。

他にも単純化している点は、分業の存在について、男女の利害が完全に共通しているという仮定である。互いにどのような結果を望むかに違いがある状況では、男女間で利害が違うということが起こりうる。たとえば、ある労働が望ましい資源の支配権をもたらすため、その労働が両方の性にとって好ましい場合などがある。このケースを捉えるために、モデルに小さな変更を加えることも可能だ。

ある均衡が一方のプレイヤーにとってより好ましく、別の均衡が他方のプレイヤーにとって好ましいが、どちらの均衡も協調しないよりは高い利得がもたらされるゲームを考えてみよう。このタイプのもっとも単純なケースが**図4-4**に示されている。これはリーダー・フォロワーゲームに似ているが、ある結果がプレイヤーのどちらか一方にとってより好ましいゲームになっている。

この場合、もし$\alpha > \beta$であれば、B対Aの均衡がより大きな吸引域をもつことになり、もし$\beta > \alpha$であれば

		プレイヤー2	
		A	B
プレイヤー1	A	0, 0	1, 1 + β
	B	1 + α, 1	0, 0

図4-4　非対称なリーダー・フォロワーゲーム

その逆が真となる。つまり、選好した戦略からもたらされる利益がより大きいほうに向かって進化する確率が高くなる。たとえば、もし$\alpha=1$で$\beta=9$であるなら、約75%の確率でプレイヤー2にとって好ましい結果に達する。この場合、$\beta=0$のときよりもこの問題の慣習性は低くなる。このように、どのような形での分業が望ましいかについて男女で利害が対立する場合にも、依然としてさまざまなレベルの慣習性を見ることができる。これはたとえば、ある労働が危険であまり好まれないケース（妊娠や授乳のために、そういった労働は特に女性に危険をもたらす）で起こりうる。

前章で述べたように、いくつかの点で、合理的選択モデルよりも進化モデルのほうが性別役割分業をより良く説明できる。前章の最後の節では、進化的視点に注目すべき新しい理由を示した――結婚市場の合理的選択モデルは、どの個体群の結果が均衡に至るかを分析するものだが、このことは、その均衡のうちのどれが進化の過程で出現する可能性が高いか（あるいは低いか）についての細かい予測を与えるものではない。したがって合理的選択モデルは、性別役割分業に関しても、なぜ慣習性が一定の範囲に分散するのか、十分な説明を提供できないのである。

4-2-1　慣習と正当化

人間における生来の性差は、固定化された性役割と地位の分断を正当化するために利用されることが多い（Lorber, 1994; Okruhlik, 1994）。その論拠としては特に、機能的な能力が用いられることが多い。女性は生まれつき子育てが上手であり、男性は生まれつき苦手である。あるいは、女性は攻撃的でないために競争的な関係で敗れがちな一方、男性はより攻撃的であり、したがって競争が得意である。このようなストーリーでは、現在ある役割分担を説明するためだけでなく、正当化するために、男女の生得的なスキルの差を持ち出すことが見られる。ベッカー（Becker, 1981）でさえ——彼の初期のモデルでは、家事の分担は男女の生得的な差によらないとしていたにもかかわらず——伝統的な分業が生じるのは「普通の」男の子は市場労働に、「普通の」女の子は家事労働にそれぞれ向いているからであり、「逸脱した」男の子と女の子だけが反対の選好を見せるのだと述べている。フェミニストのジェンダー理論家にとっての長年の目標のひとつは、不平等な性役割は、生物学的な性差によって正当化しえないと主張しながら、同時に、性役割と性差が普遍的に存在し、かつ自然であるように見えるという事実をうまく説明することである。

ここでの分析は、機能による説明が、性役割と地位の分断を正当化する上でつねに有効ではないということを示している。多くの分業は、たとえ社会において明白であり長く固定化したものであっても、きわめて慣習的なものである。これらの場合、性役割を正当化するような機能は実際には存在せず、そのような試みはすべて後付けにすぎない。すでに述べたように、より慣習的でない分業については、その文化的なパターンに対して、能力の性差に基づく機能的な説明がなされることが多い。しかし、この種の説明が性役割を正当化できるか否かは別の問題である。私たちの分析は、場合によっては、能力〔の差〕による説明が性役割を正当化するために部分的に使用されうることを示唆している。つまり「女性は特徴Xを持ち、男性はそれを持たないので、女性が仕事Yを担うことによって多くの集団に利益がもたらされる」といった具合である。しかし私たちの分析は、このような正当化は、たとえさまざまな文化で性役割が規則的に見られる場合でも、性役割が必然である、あるいは生得的であるとする根拠にはなりえない、ということも教えてくれる。安定した社会であっても、そのような役割は依然として「別様でありうる」。それらは、少なくともある程度は偶然によるものである。さらに、多くの労働が肉体的なものでなく知的なものになる傾向のある現代社会においては、性役割の機能性の多くは消滅している。

一部の理論家は、性役割を正当化するために、能力よりも、異なる種類の仕事に対する選好の男女の生得的な違いに焦点を当てている。とりわけ進化心理学者と社会学者のあいだで、このトピックに関する議論が巻き起こってきた。進化心理学者たちは、人間における心理的な性差は男女の進化環境の違いによるものだと主張している。そうした異なる環境が、異なる種類の労働に対する選好の大きな差を生み出したという（Buss and Schmitt, 2011）。一方で、社会的構築理論では、性役割が心理的な性差の大部分をつくりだすと仮定する（Eagly and Wood, 1999; Wood and Eagly, 2012）。性役割はまず文化進化的な時間軸で現れ、その後、行為者は自分の役割に合わせてふるまうようになる。このふるまいの中には選好も含まれる。後者の理論に対する批判は、性役割が恣意的に出現したと仮定しているという点である。つまり、懸念される点は、私たちがなぜ特定の性役割をもつようになったのかを社会的構築理論は説明できておらず、したがって実際には、進化心理学の説明に対する代替案となりえていない、ということにある。これに対してウッドとイーグリー（Wood and Eagly, 2012）は、生態学的条件が、どちらの性がどの役割を担うかを決定する役割を果たしていることを指摘している。

ここでの分析は、そうした批判に対して、おそらくより有効な反論となる。実際、恣意性は性役割の出現の一部を担っており、文化進化的な説明としても完全に妥当な部分である。性役割の機能において決定的な違いがない場合でも、分業は依然として発生しうるし、それは非常に慣習的でありうる。たとえ機能的に大きな違いがあったとしても、進化はときに効率的ではない結果を選ぶこともある（たとえば、ウッドとイーグリーWood and Eagly, 2012は、女性が伝統的に戦士の役割を担う文化の例を紹介している。他に、アカ族では男性が文字通り乳児に授乳する〔Hewlett and Lamb, 2005〕）。性役割における恣意性は、社会的構築理論の説明の不備を示すどころか、（生得的な心理的差異によって決まるのではなく）協調問題を解決するための文化進化を通じて性役割が創発した結果として生じうるものである。[5] このような主張の中で、社会的構築理論の専門家は、性淘汰についての思索的な憶測に基づいたなぜなぜ物語〔just-so stroy どうとでも言えるような後付けの説明。進化的な説明に対する蔑称として用いられることが多い〕に対抗するために、性役割の創発についての詳細かつ動的な分析を提示することができるだろう。

4-3　タイプの進化

なぜ人間にはジェンダーがあるのだろうか？　多くの理論家は、ジェンダーやその違いは生得的なものではなく、文化的に形成されたものだと論じている。しかし、仮にそうなら、なぜすべての人間の文化が〔ジェンダーという〕概念を発達させるということが起こるのだろうか？　なぜ、ジェンダーの存在しない文化を見つけることができないのだろうか？　〔このような〕ジェンダーの普遍性は、第1章で述べた「ジェンダーは生得的で変わらないもの」だという理解ももたらしている。〔人類に〕普遍的な文化的特徴が形成されるということが、まったくありえないわけではない。しかし、この方向で首尾一貫したストーリーを語るには、なぜその文化的特徴がこれほど頑健なのかについての十分な理由を提示しなければならない。この節では、そのようなジェンダーの物語を語りうるトイモデル〔toy model　単純化したモデル〕を紹介する。

ここまで、人間が補完的協調問題を解決するために利用するタイプ分けとして、ジェンダーがどのように機能するかについて見てきた。しかし、さらなる可能性は、ジェンダーがそのような解決の機会を提供するだけでなく、まさにその目的のために生じたということである。たとえばリッジウェイ（Ridgeway, 2011）は、ジェンダー不平等が現代（ポスト農耕社会）の米国社会にも根強く残っているのは、行為者らが社会的関係を組織化し、協調を達成できるようにする上で、ジェンダーが重要な役割を果たしているからだと論じている。

以下のようなモデルを考えてみよう。補完的協調ゲームを行う同質的な集団があるとする。文化進化はこの集団を、ときどき（つねにではないが）協調に成功するような、多様な形に進化させていくことになるだろう。この集団のうちの二人が戦略を変えることを考えてみてほしい。特に、これらの個体が、自分たちを識別するなんらかの内在的マーカーに基づいて、互いの行動を調整することを始めたとしよう。今、集団の他の個体は以前と同じ程度にはうまくやるものの、この二人が出会ったときには、いつもうまく協調できるように調整するので、平均より少しだけうまく協調できることになる。文化進化の仮定からは、当然、他の個体もこの協調者の行動を真似し始めるだろうとの予測が成り立つ。つまり、他の個体も同じマーカーを認識し、それを使って行動を調整して協調するようになる。いったん多くの個体がマーカーを認識し始めると、対称性の破り方を知っている相手に会うことが多くなるので、それを協調に用いる全員が、以前よりもうまくやれることになる。この過程により、今や個体群はタイプ分けが存在する状態になり、そこでは全員が協調のためにタイプを用いるようになる。つまり、完全に同質な集団から、社会的カテゴリーが内生的に創発する過程が観察できるのである。[6]

なぜジェンダーや性役割がすべての社会で見られるのだろうか？　この分析は、協調を促進する必要があり、また内在的な差異をそのために利用する能力があれば、タイプ分けが創発することを示している。もちろん、この分析は、他の種類のタイプよりもジェンダー〔による区分〕がとりわけ世界中で創発したのはなぜかということを完全には説明しない。この普遍性を説明する助けとなる、いくつかの観察可能な事実はある。ゲーム理論的な視点からは、ジェンダーには、タイプ分けを通じて補完的協調問題を解決するためのほぼ最良の条件が見られる。まず、均等に分布する二つのタイプがある（二つのタイプが混在するモデルでは、50対50で分けることが協調の可能性を最大にする分割であったことを思い出してほしい。それによって異なるタイプが出会う確率を最大化し、カテゴリーを用いた協調が可能になるからである）。さらに、多くの社会では、各タイプの行為者が一人ずつペアになることで世帯を形成する。つまり、男女が完全に分かれていて、協調の観点ではそのことが最大の利得をもたらす。最後に、リッジウェイ（Ridgeway, 2011）が指摘したように、性差は生殖の役割を調整する上でもともと明示的に存在するものであり、ジェンダーを形成する元となる、容易に観察できる身体的な違いとして自然と目立っている。

もちろんジェンダーが調整を促進するために創発した唯一のカテゴリーというわけではないだろう。他にも、少なくともいくつかの例――おそらくは階層差やカーストなど――で、補完的協調のために創発したであろうと思われるタイプを見つけることができる。しかし、すでに言及した通り、細かい部分は、ここで示したモデルのように、ケースごとにモデルの適用可能性の確認と評価を慎重に行わなければならない。たとえばカーストの場合、社会構造上はジェンダーのそれとは異なる――個体群の割合は50対50ではなく、三つ以上のタイプがあり、そしてジェンダーの場合の混合的な環境とは異なり、個人は内集団メンバーのみの環境で育てられる傾向にある（もちろん、個々の文化でジェンダーのあり方が大きく異なることを指摘する人もいるだろうし、ここでの分析が多様なケースについてよく該当したり、あまり該当しなかったりすることは確かだろう。これは完全に正しいが、紙幅の都合上ここではこれ以上詳しく説明しない）。

ある種のタイプ分けが、補完的協調ゲームの解決を目的として創発したものではないことが確かであっても、その中には相関的協調問題を解決するために創発したものもあるかもしれない。特に、タイプを構成する文化的・人種的・宗教的集団を考えてほしい。リチャーソンら（Richerson et al., 2003）は、この種の区分が発生し存続しているのは、個別の集団内において、相関的協調に役立つ慣習を活用するためである可能性があると説得的に主張している。このようなケースでは、タイプ分けは行為者らが同じ協調戦略を用いている個人を認識するのに役立ち、その行為者たちとより多く交流することを可能にする。もちろん、タイプ分けがなんら調整に機能的な役割を果たさず、もっぱら生得的な外集団バイアスの結果として創発する場合もありうる。

4-3-1　不平等の学習？

たった今示したトイモデルの特徴は、これまで見てきたように、不公平の創発を促進する可能性があるタイプ分けを、行為者自身が学習して採用するということであった。そうした〔不公平な〕結末にもかかわらず、個人が自ら好んでこれらのタイプを採用すると考えることは現実的だろうか？

第2章で述べたように、協調を必要とする多くの状況では、それが不平等な帰結をもたらすとしても、やはりそうすることが魅力的であるという意味で、誰にとってもカテゴリーを採用したほうが良いことを思い出してほしい。しかし、いくつかの戦略的シナリオでは、カテゴリーを採用することで、一方のタイプにとっては同質な集団の場合よりもうまくいかなくなる場合がある。これは、図1-5で紹介したタカーハトゲームをプレイする場合はいつでも起こることに注意してほしい。利得を細分化すると、均衡では、ハトはタカよりもハトに出会いやすいことが示されている。このような場合、たった今述べた進化プロセスは実現しえない。しかし、ジェンダーは通常、多くの協調問題を解決し、ただひとつの問題を解決するわけではないことに注意してほしい。進化する集団が、さまざまな協調問題の組み合わせ――タカーハトゲーム、リーダー・フォロワーゲーム、ダンスゲーム、MFEOゲームなどによって良く表される――に遭遇する状況を想像しよう。このような場合、仮にある相互作用がひとつのタイプにとって明らかに不利なものであったとしても、両方のタイプによって獲得された利益により、文化進化の過程は十分にタイプ分けを促進することになるだろう。

この単純な例として、以下のように、行為者がタカーハトゲームで表される問題とダンスゲームで表される問題という、二種類の補完的協調問題で相互作用する状況を考えてほしい。ここでは、ダンス型の相互作用が行為者にとって非常に重要であり、うまく調整できれば利益が5に、できなければ0になる。また、行為者は集団のメンバーとランダムに相互作用し、いずれかのゲームを50%の確率でプレイする。さらに、もし行為者が、あるゲームでタイプに合わせて調整することを選択した場合は、別のゲームでも調整が行われる。つまり、ジェンダーのようななんらかのカテゴリーを認識したら、行為者はすべてのケースでそれを役割分担に用いるような状況である。[7]

この状況で、文化進化はタイプ分けを採用するような圧力を生じさせるだろうか? 均質な集団では、行為者は二つのゲームを通じて平均で2の利得を達成する(機会の半分はタカーハトゲームをプレイすることから平均1.5の利得が期待され、残り半分でダンスゲームをプレイすることから平均2.5の利得が期待される〔図1-5の利得行列を参照。タカはタカと会うと0、ハトと会うと3なので出会う確率が等しければ平均利得は1.5。同様にハトの平均利得も1.5と計算できる。ダンスゲームは協調できると5、できなければ0なので、その確率が等しければ平均利得は2.5〕〕。もし二人がタイプ分けを採用し、それを協調に使用するなら、彼らの利得は少し上昇する。なぜなら、タカ-ハトゲームとダンスゲームの双方で相互作用する際に、ハトとしてプレイするタイプは平均して3の利得を、タカとしてプレイするタイプは平均して4の利得を達成するからである〔ここではタカ-ハトゲームではタカはハトと、ハトはタカと相互作用し、ダンスゲームではタカは前に、ハトは後ろにステップすることを前提としている。したがってハトはタカ-ハトゲームで1の利得、ダンスゲームでは5の利得となるので合計で6、平均で3の利得を達成する。タカはタカ-ハトゲームで3の利得、ダンスゲームで5の利得となるので合計で8、平均で4の利得を達成することになる〕。すなわち、ジェンダーが複数の協調的な相互作用を促進しているとき、そのことから得られる全体的な利益は、それらの相互作用の一部において、あるタイプの被る損害を吸収しうる。

ここに、不公平な社会的役割に従事する女性の選択の合理性についての哲学的研究との興味深いつながりが見られる。カッド（Cudd, 1994, 2006）は、女性は市場労働よりも家事労働を自ら選択することが多いので、結果的に生じる不公平な役割分担によっても抑圧されているわけではないという主張について議論している。カッドは、オーキン（Okin, 1989）を引用し、こうした女性の選択は、社会構造によって制限されているという認識を強調する。したがって、女性は確かに自分の利益のために合理的に行動しているかもしれないが、それでも抑圧されている可能性がある。〔ここまでの〕本書の前半で私が展開したモデルでは、非慣習的な選択をする者が、自分自身の物質的な幸福を明らかに損なうという意味で、社会のすべての構成員が社会的役割の選択において制約を受ける状況が生じることを見てきた。このような配置は不公平である。しかし、どの個人も（自然状態で置かれた状況から）このような社会状況への移行を合理的に望むことが予想される。なぜなら、そうすることが彼らに利益をもたらすからである。[8]

4-3-2 バンドリング

性別とジェンダーに関して言えば、かならずしも一緒にする必要のない要素が、個人の中でセットにされている。たとえば生物学的な性は通常、（男性あるいは女性としての）性自認（gender identity）とセットにされている。[9] これは自己の理解する性的指向ともセットにされている。[10] これらの要素はもちろん、世帯をいかに構成するかとも結びついている。特に、近年の西欧の歴史の中では、多くの世帯が一人の男性と一人の女性によって構成されている。そして、こうしたすべての要素が分業に関する行動の規則とセットにされている。「女性」とは、生物学的に女性であり、女性のジェンダーを受け入れ、女性という集団の構成員であることを発信している人々のことであり、また、性的に男性を好み、男性と家庭を築き、家庭と仕事場において女性としての適切な役割を果たす人々のことである。もちろん、こうした行動を学習する際には、他の女性を社会的学習のモデルとして用いる。男性も同じように定義することができる。

生物学的な性だけ、性役割だけ、あるいは適切な分業の学習だけが、ジェンダーによる協調を促進させるわけではない。このセット全体が促進させるのである。これらの要素がつねに同じタイプの人々に存在しているとき、同じ社会的パターンが、補完的協調問題をうまく解決するだろう。前節での議論は、このセットが協調を目的として進化する可能性を示している。[11]

ヘンリックとボイド(Henrich and Boyd, 2008)は、このアイデアをさらに深めている。彼らは、分業のためにタイプ分けとタイプによる調整を用いる慣習を採用している集団と、採用していない集団の、ある状況での文化的群淘汰について検討している。ここでの文化的群淘汰とは、社会集団間の競争における成功(個人の競争における成功と対比して)が、どの文化的変異が広まるかのメカニズムとして機能する状況を指す。彼らによれば、行為者らが補完的協調ゲームをプレイしている場合、この類いのプロセスは、(ⅰ)行為者が他のタイプの人々とより多く相互作用する集団、(ⅱ)自分のタイプからのみ学習する集団、(ⅲ)互いの役割を採用する集団、そして(ⅳ)成功をベースにした文化的学習を行う集団(つまり、レプリケーター・ダイナミクスで適切にモデル化されうる学習プロセスを採用する場合)を選択する。つまり、セットそのものが進化するのである。

なんらかの社会変化に対して、ジェンダーに基づく規範が障害となる場合を考えるとき、調整を目的としたこれらのセット関係がその理由の一部を語ってくれる。もし、これらのセットの結びつきが簡単にほどかれてしまうなら、社会的機能は遂行されない。社会変化への抵抗の多くが心理的なバイアスによって引き起こされる一方で、社会的協調の成功に関連する力学的要因が働いていることを認識することも重要である。性役割を効果的に変えたいのであれば、この複合体に取って代わる要素を導入しなければならない。

＊＊＊

なぜ、ある文化では男性が縄をなうのだろうか? この章で見てきたように、その答えは男性一般のもつ特別な何かを持ち出す必要はないし、その行動が定着してきた環境から説明する必要もない。性別役割分業は、少なくともある程度は慣習的であり、したがって協調によって十分に説明されるが、かならずしも機能的特徴によってのみ説明されるわけではない。性別役割分業のために生じる不公平に関しても同様である。これらの不公平は、そうならなかった可能性もあるし、先天的な選好や能力の差による説明だけでは正当化できない。

この章ではまた、完全に対称的な役割をもつ均質な集団から、補完的協調問題を解決するために、カテゴリーが自生的に創発することを見てきた。ここまでの数章では、社会的不平等の前提条件としての社会的カテゴリーについて述べた。その中で、この前提条件自体と、協調のために必要な一連の特徴（および、その結果としての不平等）が創発することを確認した。これにより、この種の不平等が文化進化を通じて生み出されるのに必要な前提条件がひとつ減ることになる。（1）補完的協調問題があり、（2）何が自分の利益になるかを学習する個人がいる状況では、結果的に、人々を異なる集団に分ける社会的カテゴリーが成立し、それ以外の面では無関係な差異に基づいて、個々人の取り分が変わるような状況が生まれる、ということが確認された。

それでは、いよいよ第Ⅱ部に移ることとしよう。

〔原注〕

（1）誤解のないように言っておくと、チンパンジーの行動に性差はある。しかし男性（オス）と女性（メス）に割り当てられた、文化的に学習された行動や役割はない。

（2）この指摘については、マイク・シュナイダーとハナ・ルビンに感謝する。

（3）この指標には、ある不思議な特徴がある。吸引域について99％と1％の状態空間に分かれるモデルを考えてほしい。今、1％の領域をさらに小さな領域に分割することを考える。こうするとモデルの慣習性を恣意的に高めることはできるが、99％の均衡が出現する可能性は非常に高いままである。このケースを指摘してくれたニキル・アドルマンに感謝したい。ジャスティン・ブルーナーは、多くの雄鹿のいるスタグハントゲームで、非慣習的な野ウサギ狩りの結果に対する大きな吸引域があるにもかかわらず、慣習性が高くなる可能性を示してくれた。全体の議論のきっかけをくれたアグネス・ボリンスカに感謝する。

（4）もちろん、誰もが特定の分業から恩恵を受ける場合には、人々がそれに従うだろうと推測するのに進化モデルは必要ない。マードックとプロヴォスト（Murdock and Provost, 1973）が指摘しているように、数理モデルを使わなくても、「なんらかの活動が男性に割り当てられる可能性は、その区別が生得的か社会文化的かとは関係なく、その活動が男性に明らかに有利で、かつ／あるいは女性に明らかに不利な特徴を有する程度によって増加する」（211）。

（5）注意すべきことは、性別役割分業を正当化するために心理学／生物学を用いることが誤っているか否かにかかわらず、人は単純にそれを行うということである。そして特に最近の研究では、男性と女性のあいだには決定的な生物学的差異があると信じる男性ほど差別的な傾向にあり、性差別主義的であることが示されている（Keller, 2005; Morton *et al.*, 2009）。このことは、生得的な性差や性役割の進化を研究する人たちが、科学哲学者のいう帰納的リスク――つまり、人々が間違える可能性があり、そして間違えることによって社会悪を引き起こすリスク――に直面していることを意味している（Hempel, 1965; Douglas, 2000, 2009; Elliott, 2011）。性差に関する研究では、研究者はこの帰納的リスクを考慮に入れるべきであろう（心理的な性差を説明するために進化論的物語を展開する場合は特に）。進化心理学的研究は、しばしば比較的貧弱な証拠の上に構築され、そしてしばしば非常に推測的であるため、特に当てはまる。科学には推測的な進化物語が存在する余地はあるが、これらの物語が社会悪を生み出す力をもっている場合には、その提唱者はより厳しい基準に従うべきであろう。

（6）このプロセスは、スカームズ（Skyrms, 2014, 70）で議論されている相関戦略を用いた行為者の侵入と同じである。

（7）この可能性は、人間が多くのゲームを通じて学習を一般化しており、またそのことが進化の結果に影響を与えている可能性を探究している研究といくらか関係している（Bednar and Page, 2007; Skyrms and Zollman, 2010; Bednar *et al.*, 2012; Mengel, 2012）。

（8）「抑圧」についてカッドが与えたもうひとつの条件は、ある集団が他の集団の利益を害しているということであるが、私がモデル化してきた社会的な仕組みがこの基準を満たしているかどうかは不明である。

（9）近年の調査では、米国人のうち0.3％が自分をトランスジェンダーだと捉えている。もちろん、トランスジェンダーに対する社会的スティグマを考えると、これはおそらく過小評価である。

(10) 米国人のうち自分をレズビアン、ゲイ、バイセクシャルと認識しているのはおよそ3.5%である(Gates, 2011)。
(11) 実際、カッド(Cudd, 2006)は、これらの集団が直面している制約の種類によって社会集団を定義している。これが妥当と受けとれるという事実は、これらのセットの連結がいかに強固であるかを際立たせている。

第Ⅱ部　資源分配を通した不平等の進化

本書の第Ⅰ部では、協調問題の解決策としてのタイプ分け、特にジェンダーの役割に焦点を当てた。そこで論じたように、人間が補完的な協調問題に直面したときに、タイプ化とタイプ条件づけは、ある種の対称性を破ることを可能にする。さらに論じたように、タイプ化のこの機能は、ジェンダーのようなタイプ分けが、まさにその機能を目的として、人間集団の中で自然発生的に創発することが予期されることを意味する。そしてその場合、それら〔タイプ化〕は関係する全員にとっての利益を向上させる可能性をもっている。現実の世界では、行動パターンとしてのジェンダーによる分業の多くの側面は、ここで提示された図式に適合しているように見える。つまり、社会進化のタイムスケールにおいて、ジェンダーが対称性を破り、社会的協調を向上させる方法として創発するという図式である。

第Ⅰ部では、人間集団の中でタイプ分けが確立すると現れる不公平な慣習についても議論した。同質な集団の中では、進化する慣習は、関係者全員に等しく利得をもたらすと期待される——そうでなければシステムが均衡状態にならないからである。しかし、個体群が異なるタイプに分けられると、各行為者が異なる利得を達成するような均衡が想定される。指摘したように、これらのタイプに基づく協調システムは、全体的な利得を向上させるし、さらに各人の利得という意味でも改善することが多いが、それと引き換えに、公平性と平等性を犠牲にしていると考えることができる。

本書の後半では、序章で述べたように、あるグループが他のグループよりも優位に立つという、第二の種類の不公平に焦点を当てる。第5章では、まずこの種のタイプ間の不公平な規範について考えるための基本的枠組みを紹介し、特に、集団間の権力の差が文化進化の過程に影響を与え、深刻な不公平をもたらす可能性に焦点を当てる。第6章では、タイプ間で不公平な規範が出現しうる、別の（おそらく直観的にはわかりにくい）可能性に焦点を当てる。特にグループ間の反応性の違いが、マイノリティの地位や、組織に蓄積された記憶（institutional memory）へのアクセスの違いによって、どのように生成されるかに注目する。このような反応性の違いは、「文化的な赤の王」効果と「文化的な赤の女王」効果を介して、一方のタイプに不利益をもたらす可能性がある。第7章では、この種の差別の創発が、相互作用の相手の選択にどのような影響を与えるかを検討するために、社会ネットワーク構造を組み込んだモデルという、やや異なる一連のモデルを扱う。第8章では、より具体的なトピックに転じ、これまで経済学においては合理的選択モデルで説明されてきた家庭内交渉の不公平なパターンを説明するために、本書の進化モデルがどのように利用できるかを示す。この章では、二種類の不公平がどのように相互に関係しうるかを示すために、本書の前半・後半双方から得られた洞察をまとめている。第9章は、ここで使用されている文化進化の枠組みのもとで、不公平な分業の慣習をどのように変えていけるかを検討して締めくくりとする。

この本の第Ⅱ部では、一般的な補完的協調ゲームから離れ、代わりにもっぱらナッシュ要求ゲームのさまざまなバージョンに焦点を当てる。ナッシュ要求ゲームは、行為者間の資源分配の一般的な表現として、非常に柔軟性があることが証明されている。本書で主張してきたように、前半で述べた協調ゲームは資源分配や不公平の状況をモデル化できるが、ナッシュ要求ゲームは他のモデルとは異なり、公平性の可能性を含んでいるため、特に重要なものである。ここでは、協調の結果として不公平が生じる（と同時に利益ももたらす）状況にはあまり焦点を当てないが、その代わりに、既存のタイプ別分業のために、ある集団にとって機能的ではない、永続的な不利益が生じる可能性がある状況に注目する。

なぜ、多くを得る人と少ししか得られない人が存在するのだろうか。近代の人間社会がかかえる巨大な不公平（それも本書における二種類目の、機能的ではない不公平）、ことに個人的な特性と関係のない人種やジェンダーに基づくものを念頭におくならば、この疑問を注視する必要がある。この疑問に対する答えは、人間の内在的な心理によって説明されることが多い。たとえば以下のようなものだ。人間には内集団に対する生得的な選好がある。人間はステレオタイプ化をしたがる。人間はある種の社会的カテゴリーに対して、無意識のものも含めてバイアスを形成し差別を行う。人間はステレオタイプ脅威を経験し、最悪の場合、不利な立場に置かれた人々のパフォーマンスが悪くなることがある。人間のもつ確証バイアスは、ステレオタイプに合致するような出来事の印象を強め、合致しない出来事を無視させる。差別される立場に立たされた人々は、自分はどうあがいても低い評価しか受けられないと信じ、ある意味では合理的な判断の結果として、能力獲得のための投資をせず、したがって、そうした人々には教育も能力もないというステレオタイプ的な信念が再生産されることになる（Ogbu, 1978; D'souza, 1995; Loury, 1995; Stewart, 2010）。

こうした現象は、不公平を理解するために非常に重要であり、この本もまさにそのために書かれている。しかし、これから私が示すのは、これとは異なる説明も可能だということだ。具体的には、モデリングの観点をもつことによって、人間社会において有害な不公平を必然的にもたらす条件はごく少ないということを示していく。こうした最小条件のもとで文化進化のつくりだす道筋が、頑健に不公平なシステムに向かってしまうのだ。こうしたモデルは、現実世界に存在する不公平なシステムが、実際に単純な文化進化の経路によって進化してきたということを証明するわけではないが、それでも、その可能性があることを私たちに教えてくれる。ことに、この推論に基づくなら、仮に不公平をもたらす有害な心理的要因が人間から取り除かれる、あるいは弱められたとしても、それでも不公平な慣習は生じうると予測されるのである。[1][2]

本章でのメッセージのひとつは、もし私たちが社会から不公平を減らすことを望むなら、無意識のバイアスといった心理的要因の影響を排除する努力だけでは不十分かもしれない、ということである。不公平が頑健に創発するという事実は、それがくりかえし直面しなければならない問題だということを意味するのかもしれない。われわれは不公平を、克服して終わらせるものとしてではなく、根気強く闘い続ける必要があるものとして認識を改める必要があるのかもしれない。

以降ではまず、本書の後半で用いられるナッシュ要求ゲームを紹介することから始める。次に、おそらく読者にとっては予想外のトピックとなる、公正性の進化に話題を移す。以降で見るように、これまでのナッシュ要求ゲームの進化モデルは、人間集団では公正な交渉こそが期待されるべきだと主張するために用いられてきた。しかしここでは、いったんタイプ分けが関与すれば、進化の結果として公正性が期待されるとは限らないという根拠を示す。そして次に、交渉慣習の進化において権力（power）が果たす役割に話題を移す。合理的選択モデルを用い、一回限りの相互作用における個人間の交渉結果に権力が影響することは、長いあいだ議論されてきた。ここでは、集団間における交渉規範の創発に対しても権力がどう影響するのかに関して、いくつかの可能性を示す。最後に、あるタイプのメンバーにとっては、ある相互作用での権力が、その後の相互作用でも有利に働くモデルを提示する。〔それによれば〕初期のタイプ間のわずかな違いでさえも、結果として大きな違いを生み出すことがあるのだ。

5-1 ナッシュ要求ゲーム

ナッシュ要求ゲームは、行為者が資源を分配するときの相互作用モデルとして広く用いられている[3] (Young, 1993b; Axtell et al., 2000; Stewart, 2010)。このゲームには二人の行為者が存在し、それぞれが資源全体のうちのある部分を要求する。要求した分が全体を超えない場合、それぞれが要求した分を受け取る。そうでない場合は、多くの場合ゼロに設定される「決裂点 (disagreement point)」と呼ばれる報酬を受け取る。これは、考え方としては、相互に合意可能な分割方法に落ち着くことができなければ、双方の行為者にとって悪い結果につながる、ということを意味している[4]。

図5-1はこのゲームの二つのバージョンを示している。基本的には、ナッシュ要求ゲームの行為者は、全体の資源に対して任意の配分（たとえば53%）を要求することができるが、実際には、限られた数の選択肢の中から選択することが多い。シグムンドら (Sigmund et al., 2001) はこうしたゲームを「ミニゲーム」と呼んでいる[5]。図5-1の（a）では、行為者は10の全体資源に対して低（3）、中（5）、高（7）のいずれかの要求が可能となっている。（b）ではここから中要求の選択肢が除去され、行為者は低要求か高要求のどちらかしか選

(a)

		プレイヤー2		
		低要求	中要求	高要求
プレイヤー1	低要求	3,3	3,5	3,7
	中要求	5,3	5,5	0,0
	高要求	7,3	0,0	0,0

(b)

		プレイヤー2	
		低要求	高要求
プレイヤー1	低要求	3,3	3,7
	高要求	7,3	0,0

図5-1　二つの単純化したナッシュ要求ゲームの利得表

べなくなっている。この二番目のゲームは、本書の第I部で紹介した補完的協調ゲームと同じ構造になっていることに注意してもらいたい。

これらのゲームにおいて、ナッシュ均衡は、行為者がすべての資源を余すことなく分割する（合計がもっとも大きな値となる）戦略のペアになる（低要求対高要求、高要求対低要求、中要求対中要求）。仮に、この状態からどちらかがさらに多くを要求すれば、（決裂点になり）どちらも何も得られなくなる。仮にどちらかがより少ない資源を要求すれば、単純に得られる資源が少なくなる。

特筆すべき点は、公正な要求におけるナッシュ均衡には、補完的および相関的な協調ゲームの、どちらの特徴も存在していることである。このゲームにおけるほとんどの均衡は80％と20％、あるいは63％と37％という、補完的な要求の組み合わせになっている。一方、行為者どうしが同じ行動をとると協調が成功するという意味で、公正な要求には相関関係がある。このことは、個体群レベルにおいて、そして進化の観点で見たときに、公正な要求を特別なものとするが、これについて詳細は後ほど説明する。

多くの経済学者がナッシュ要求ゲームに対して、交渉過程における重要な要素を欠くと考えていることについて、少しだけ紙幅を割いて説明したい。たとえば、大きな影響力をもつルービンシュタイン（Rubinstein, 1982）のモデルのように、交渉の行為者は合意に達するまで、交互に要求を提案することが多い。本書では、進化の文脈に焦点を当てることから、ここで提示するミニゲームは、複雑な対人関係のダイナミズムから生じるすべての種類の交渉結果を表現する可能性があると考えられる。この表現は大まかなものだ。交渉の結果につながる過程がどうであれ、その結果が一方のプレイヤーにとって、他方にとってよりも望ましいのであれば、彼らは高要求対低要求の均衡に達していることになり、その逆もまた然りである。ほぼ平等な分割であれば、彼らは中要求対中要求の結果に達していることになる。交渉が決裂するほど激しく対立する場合は、彼らは決裂点に達したことになる。

5-2　公正の進化と不公正の進化

交渉の進化に関する多くの哲学的・経済学的研究は次の説明から始まる。すなわち、人間はお互いを公正に扱う。あなたとドウェイン・ジョンソン〔米国のプロレス選手・俳優。非常に逞しい体つきをしている〕がひとつのパイを分けることになり、どちらもできるだけ多くのパイを食べたいと思ったとする。どう分けるか？　直観に従って、パイを正確に二つに分け、それぞれがひとつずつ取るとうまくいくだろう。[6]一般に、人間は集団内で何かを分けるとき、平等に分配する傾向がある。この直観を裏付ける実証研究がある。人間は資源を公正に分配する規範をもち（Yaari and Bar-Hillel, 1984）、ナッシュ要求ゲームを含む実験状況でも、プレイヤーは半々の分割に至る傾向が強い[7]（Nydegger and Owen, 1974; Roth and Malouf, 1979; Van Huyck et al., 1997）。このため経済学者は、交渉モデルに公正に対する「他者を考慮する選好」を組み込むことがある（Fehr & Schmidt, 1999; Camerer, 2003）。

この現象を説明するため、スカームズ（Skyrms, 1994）は、単一集団内のナッシュ要求ゲームにおける交渉の創発について検討している。彼の研究の結果、いくつかのモデルで生じる確率がもっとも高い結果（最大の吸引域をもつ均衡）は、個体群のすべてのメンバーがつねに半々の分割をするというものであった。本書の言葉で解釈するなら、半々の分割は、根本的な協調問題に対して、補完的な方法ではなく、相関的な方法を含む唯一の均衡であるから特別なのである。互いに50%の分割を要求する個体群では、交渉が行われればつねに調整が成立する。一方、異なる分割パターンの要求をもつ個体群では、他の補完的協調問題と同じ理由で、調整に失敗することがある。一部の行為者が低要求をする個体群では、他の低要求をする行為者に出会うと、資源が余って無駄になる。一部の行為者が高要求をする個体群では、高要求の行為者どうしが出会うと決裂点に至ってしまう。

異なる結果になることもある。特に、一部の行為者が高要求をし、別の行為者が低要求をするという「不安定な」結果が生じることもある。哲学者は、公正という現象を説明するために、こうした不安定な結果が消失する条件を探してきた。スカームズ（Skyrms, 1994）は戦略間の相関、すなわち高要求は高要求と、中要求は中要求と、低要求は低要求と組み合わされやすくすることが、個体群内での公正性を促進すると指摘している（この相関は補完的な結果、すなわち、高要求が低要求と組み合わされるのを妨げ、それによって行為者が高要求や低要求を行うメリットを減らす[8]）。アレクサンダーとスカームズ（Alexander and Skyrms, 1999）は、こうした相関が、人々が隣人とくりかえし出会うようなネットワーク構造をもつ相互作用関係によって生じると指摘する。そしてアレクサンダー（Alexander, 2007）は，そのくりかえし生じる隣人どうしの相互作用が，公平な交渉を生み出すと広範に論じている。最後に，スカームズ（Skyrms, 2014）が指摘するように，隣人間のコミュニケーション，つまり情報を伝達するという単純な能力が，公正な要求を生み出す傾向がある。さらには，ナッシュ要求ゲームにおける公正要求は唯一のESS（Evolutionary Stable Strategy 進化的安定戦略）であり（Sugden, 1986），また唯一の確率的安定均衡（stochastically stable equilibrium）でもある[9][10]（Young, 1993b）。

それにしても，仮に公正性を押し進めるような進化的淘汰圧が存在するならば，なぜ不公平が存在するのか。一例を挙げると，女性は交渉の場面で獲得する利益が少なく，高い要求は罰せられるのが常である[11]（Bowles et al., 2007; Babcock and Laschever, 2009）。なぜ〔モデルからは〕公平な結果が予測されるのにもかかわらず，こうした不公平な結果が生じるのか。ここでタイプ分けとタイプ条件づけがかかわってくる。本書の前半で明らかにしたように，タイプを持つ個体群は，異なるタイプの行為者と出会った場合に用いられる特別な情報が存在するため，タイプを持たない個体群とはまったく異なるものである。本書の前半では，タイプが持つ特別な情報が協調を促進する機能に焦点を当てた。しかし，交渉の場面になると，この特別な情報が不穏な役割を果たす場合もある。以下では，こうした情報によって，ナッシュ要求ゲームにおいては本来起こりえないような不公平な解決策が，ふつうに採用されてしまうようになるという問題を検討していく。タイプ化は，単一の個体群では達成しえない新たな均衡を達成し，その均衡下では，集団によって得られる資源量に差が生まれる。その結果，ある外集団の利益を引き下げるように，外集団と内集団を区別して扱うようになることから，アクステルら（Axtell et al., 2000）はこの結果を，二つのタイプを持つモデルにおける「差別的な」帰結と呼んでいる。交渉の進化モデルにタイプを導入すると公正が達成されなくなるという，この単純な観察から導かれる洞察を軽視することはできない。公正の代わりに、不公平と差別が出現するのである。[12]

これまでにも多くの研究者がこの事実を用いて、2集団モデルにおける不公平、階級の階層化、人種差別のモデル化を行ってきた。経済学では、アクステルら（Axtell et al., 2000）が2集団におけるナッシュ要求ゲームでの不公平の創発を検討している（後続研究を行ったポーザ Poza et al., 2011 も同様）。ボウルズとナイドゥ（Bowles and Naidu, 2006）やファン（Hwang et al., 2014）は、2集団モデルにおいて、両集団の行為者が自分たちに利益をもたらす慣習に向かおうとする場合に、不公平な慣習が安定する条件に着目している。ホフマン（Hoffmann, 2006）はタカ－ハトゲームをプレイする個体群の進化におけるタグの効果を検討し、そのモデルによって社会階層の存在を説明しようとしている。スミスとチェ（Smith and Choi, 2007）は、タイプを持たない行為者が、初期の資源格差に基づいて上層階級と下層階級に分かれるという、やや複雑なエージェント・ベースト・モデルを提示している。社会学の領域では、スチュアート（Stewart, 2010）が、行為者がタイプ化やタイプ条件づけを時おり用いるような交渉モデルにおいて、少数の差別主義者が人種間の不平等なシステムを恒常的に生じさせるメカニズムを示している。これらのモデルはすべて、不公平の出現を可能にする基本的な条件――行為者がタイプ別に分かれ、交渉し、なんらかの動的なプロセスを通して自己に利益をもたらす行為を採用するという仮定を採用している。

進化する個体群にタイプ分けを追加しただけの、もっとも単純なモデルにおいても不公正な結果が一般的に見られることを示すため、いくつかの進化モデルの結果を見ることにしよう。**図5－2**は、二つのカテゴリーが存在する集団に属する行為者が、交渉を学習した場合に生じる結果を示している。[13] ここでは、低要求・中要求・高要求の三つの戦略があると仮定し、低要求と高要求の値を変化させている。この図では、それぞれの棒

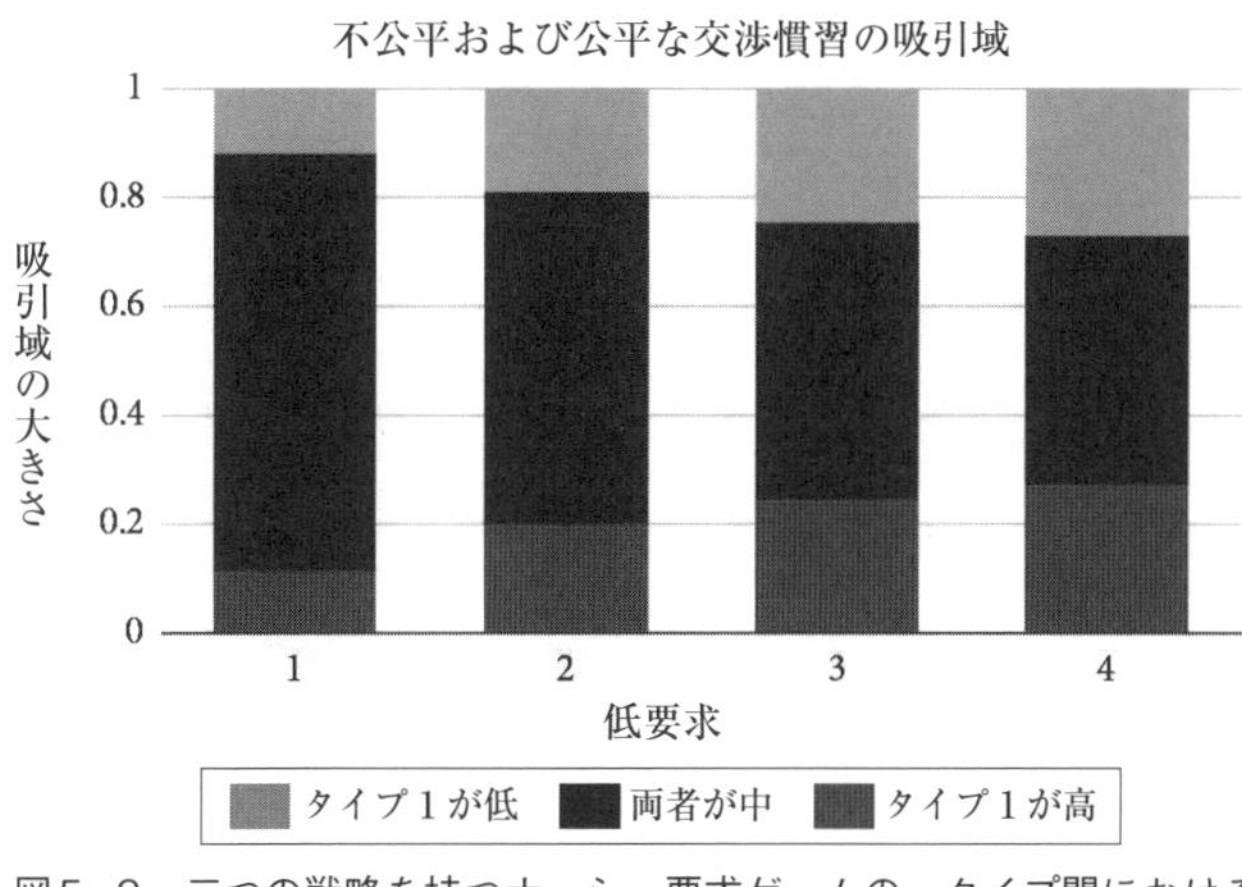

図5-2　三つの戦略を持つナッシュ要求ゲームの、タイプ間における公正および不公正な結果の吸引域

グラフの色分けは、あるタイプによる差別的な結果、公正な結果、そしてもう一方のタイプによる差別的な結果という、三つのありうる均衡の吸引域の大きさ（シミュレーションがそれらの結果に到達する割合に対応する）を表している。低要求と高要求の差が大きい場合（たとえば低要求が1で高要求が9の場合）、公正な結果が比較的大きな吸引域を占めるが、不公平な二つの結果も依然として生じている。低要求と高要求の差が小さくなると、個体群が差別的な交渉結果に終わる確率がかなり高くなる。[14] 低要求が4の場合、個体群が不公正な慣習のいずれかで終わる確率は55％だが、これはタイプ間で完全な対称性が存在するにもかかわらず、シミュレーションの半分以上の結果が不公正な慣習で終わることを意味している。どちらのタイプがより多くの利益を得るかを決める要因は、偶然で決まる初期条件のみだが、タイプとタイプ化という単純な事実が、不公平を生じさせているのである。これらのシミュレーションでは、二つのタイプのあいだには完全な対称性があり、どちらのタイプが差別する側になるか、その確率は等しいことに注意しな

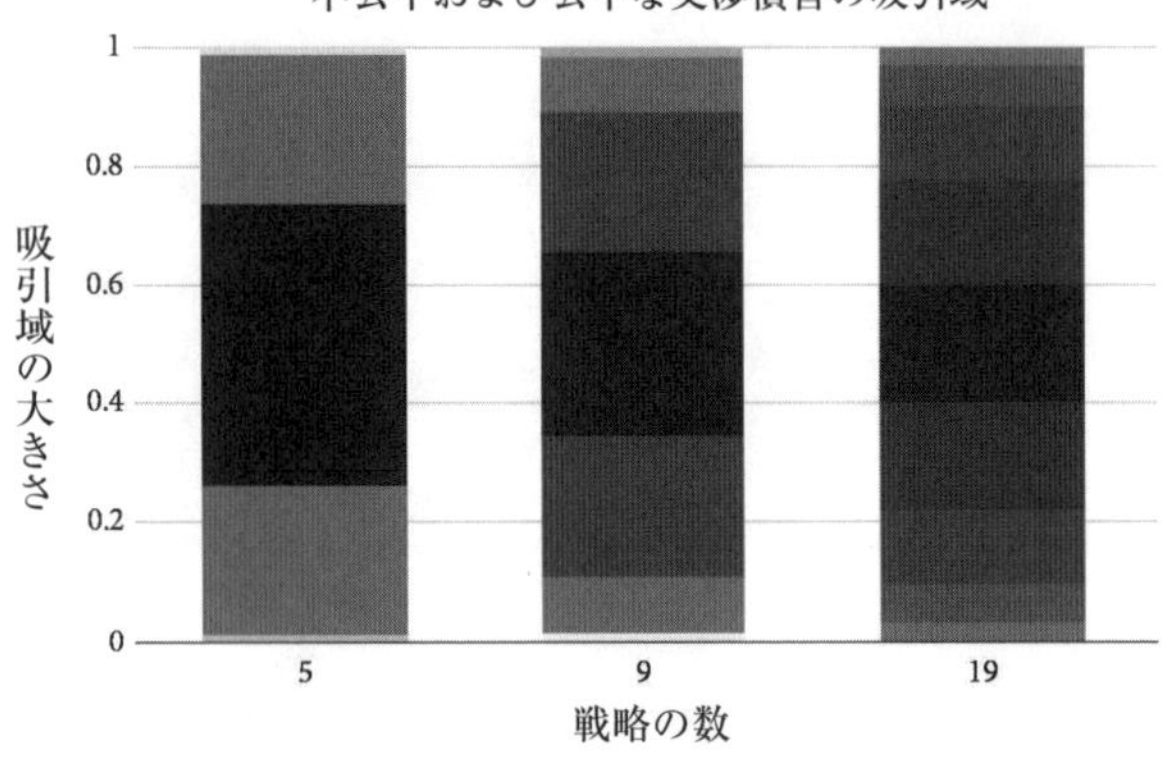

図5－3　戦略の数が連続的に変化するナッシュ要求ゲームの、タイプ間における公正および不公正な結果の吸引域

ければならない。

もうひとつの結果を見てみよう。ナッシュ要求ゲームをプレイする二つのタイプが存在する個体群を想定した上で、今回は資源分配をより細かくできる戦略状況だったとする。具体的には、要求する値がより細かくなっていく三つのモデルを想定する。ひとつめでは、行為者は10の価値をもつ資源から1、3、5、7、9の五つの要求を選択することができる。二つめは九つの選択肢（1、2、3、4…）、そして三つめは19の選択肢（0.5、1、1.5…）がある。これら三つのモデルのそれぞれの均衡は、〔5対5の〕公正な結果と、たとえば0.5と9.5、3と7といった組み合わせのように一方が低要求をし他方がそれに補完的な高要求をするような不公正な結果に対応することになる。このことは、進化によって生じる不公平には、非常に深刻なものからさほど深刻でないものまで、さまざまなレベルがあることを意味している。**図5-3**は、三つのモデルのそれぞれの均衡の吸引域の大きさを示している。三つのケースのすべてで、黒い部分は公正な結果が達成される吸引域の大きさを

示している。やや明るいグレーは不公正な規範の吸引域を示しており、色が明るければ明るいほど不公平が大きい場合の吸引域を示している（19の戦略が存在するモデルでは10もの均衡が成り立ちうるため、図には凡例を載せていない）。注意したいのは、公正な均衡がつねに最大の吸引域をもつ均衡となっており、不公平が小さいほど大きな吸引域を持つという点である。しかし、三つのモデルすべてにおいて、不公平な慣習は半分を超える割合で出現している。さらに、選択肢が細かく分けられているほど、個体群が公正な結果で終わる確率は小さくなっていく。要求に19の選択肢があるモデルでは、個体群が公正な結果で終わるのはわずか19％である。もちろん、現実にも資源は細かく分割することが可能である[15]。

本章の冒頭で示したように、二種類目の不公平は、最小限の前提条件で生じることが明らかになっただろう。先ほど検討した交渉モデルでは、一方だけが不利な状況に陥ることを説明するような集団間の非対称性は存在しないにもかかわらず、また、公正な慣習が生じる可能性が同じくらいあるにもかかわらず、集団間には不公平な慣習が生じると予測される。不公平な慣習が生じる前提条件とは、（1）交渉ゲームによってモデル化される戦略的な状況、（2）自分自身と他者がうまく機能するよう、くりかえしゲーム内の戦略を学習する行為者、そして（3）タイプ化とタイプ条件づけ、である。これらは現実の人間集団で広く見られる条件である。

5-2-1　公正は公正か？

次節では、交渉規範によって社会集団が不利な状況に陥りやすい条件を明らかにするため、集団間になんらかの非対称性があるモデルの検討に進む。その前に、まずは交渉モデルにおける公正とは何かについて簡単に議論しておこう。

これまでに紹介したモデルにおいて、中程度の要求とは、正確にはいったい何を意味しているのだろうか。もちろん、ここで表現しようとしているのは、現実世界において行為者がケーキ（あるいは他の資源）を正確に等しく分割するようなケースだけではない。むしろ、なんらかの資源を分配する際に考えうる公正とはどういったものかを捉えようとしているのである。もちろん、公正な分割とは何かということは、ゲームがプレイされる背景文脈に依存して大きく変わるだろう。ビッキエリ（Bicchieri, 2005）は「公正、互酬性、信頼などは、その解釈や、それをとりまく期待や規定が、それが適用される対象、人々、そして状況によって異なるという意味でローカルな概念である」(76) と述べている。私が材料を買ってきて、手間暇かけてケーキを焼くあいだ、あなたが何もせずにのんびりしていたとしよう。この場合、私があなたとケーキを半々に分けるとは誰も思わないだろう。私にとってはケーキを全部もらうのが公正であり、あなたに一部でもあげるのは寛大ということになる。この場合、半々に分けるということはあなたにとって非常に有利な配分になる。ここで強調したいのは、「中要求対中要求」の分割が現実社会では何に対応するかというのは、それ自体が文化的に進化した概念の問題だということである。われわれの社会では、自分で購入したものや製作したもの（あるいは焼いたもの）は、その人が所有すべきだと考えられている。しかし、何が公正かという規範は社会によって異なるだろうし、実際に多くの社会で異なる規範が存在する[16]（Henrich et al., 2001）。非対称交渉ゲームのひとつである**最後通牒ゲーム**（ultimatum game）の実験では、何が公正な分配とみなされるかについて、驚くほどの文化差が見られる。さらに、公正信念の文化内差異を生み出すフレーミング効果も見られる（Bicchieri, 2005）（たとえば一方のプレイヤーがそれに〔大きな分配に〕ふさわしいことを示唆する要因が加わると、そのプレイヤーに有利なように公正の認識が歪む傾向がある。Hoffman and Spitzer, 1985; Frey and Bohnet, 1995; Falk et al., 2008）。進化によって生じたこれらの基準が重要な役割を果たしていることに注意が必要である。この基準がなければ、公正な結果をもたらす、ある意味で特別な協調は不可能である。公正を特別なものとするには、何が公正かに関して皆が同意している必要がある。

しかし、ここでは、社会には社会的カテゴリーに関係する公正規範があるとしよう。誰もが（明示的にも暗黙的にも）「公正」の基準に同意している社会において、交渉の場面では、たとえば、移住者はより少なく、もともと住んでいた住民はより多くを得ることになるだろう。そうした社会では、代表的なモデルにおける中要求は、たとえば、ある集団が資源の60％を要求し、他の集団が40％を要求することに相当するかもしれない。この解釈によるならば、上述のナッシュ要求ゲームでの公正な分割を支持する多くの知見は、かならずしも文化普遍的に公正性が出現することを示しているわけではないということになる。もし、非対称性によって「公正」を再定義するならば、公正による利得はある程度回復することになる。行為者は依然として相関的な方法で協調問題を調整しようとするが、社会的カテゴリーによってもたらされる追加の情報が、協調を非対称な結果へと導くことになる。

セン（Sen, 1987）はこれと同様の議論として、経済学における家庭内交渉モデルは、功績の「知覚」と彼が呼ぶものを無視していると主張している。客観的には公正とは言えない分配や分業の仕方でも、社会的な慣習の結果、当事者間ではそれが公正だと判断される場合があると彼は指摘する。[17] もちろん、「公正」自体が創発的な、慣習的社会規範であるならば、公正の客観的な基準とは何なのかと問うのは当然かもしれない。セン（Sen, 1987）はジェンダー間の不公正を、死亡率、疾病率、健康状態、所得などの指標や「……個人の機能と能力、すなわち、その人ができること、あるいはなれるもの」と彼が記述する「福利（well-being）」の指標における差異として示している。財の家庭内分配や労働の家庭内分業の結果としてそうした差異が見られる場合、彼はその分配や分業のあり方を不公平と呼ぶ。これはもちろん、ジェンダーや人種のような要因によってその人の功績を評価すべきではないという、われわれの社会が表明している（つねに実践されているわけではないが）社会規範を前提としている。

これは、タイプとタイプ化が不公平な規範において果たす役割について、二つの異なる考え方があることを意味している。それは、（この章で議論したモデルのように）タイプ分けが不公平な分配や分業の発生を可能にする非対称性をつくりだすと考えるか、あるいは、タイプによって異なる扱いをするような文化的に進化した公正の概念の発生を可能にする非対称性をつくりだすと考えるか、である。本書では、この二番目の可能性について明示的にモデル化することはしない。

5-3 権力

ナッシュ（Nash, 1950）は、ナッシュ要求ゲームと似た交渉問題を、その有名な解決策とともに最初に導入した人物である（これについては後で詳しく説明する）。そのわずか数年後、彼はまた少し違った方法で、自分の交渉モデルについて考察した別の論文を発表した（Nash, 1953）。交渉に入る前に、二人の行為者がそれぞれ、交渉が決裂した場合に相手を脅す機会をもっているとしよう。たとえば、あなたとドウェイン・ジョンソンがパイを分けあうとき、交渉がうまくいかない場合には、あなたは彼を苛立たしい眼差しで睨むかもしれないし、彼はあなたの背骨を折ると脅すかもしれない。これらの脅しはモデルの決裂点として捉えることができ、この解釈では**威嚇点**（threat point）と再定義される。

このバージョンのゲームでは，交渉を行うエージェント間の力の差異が明確になる。理由は何であれ，一方のプレイヤーが他方のプレイヤーに対して確実な威嚇をすることができたとする。力の弱いプレイヤーは，交渉の失敗によってより多くを失う立場に立たされるので，力の強いプレイヤーが有利になる。

ナッシュによる交渉問題の解は，彼が交渉問題の解法がもつべきとする四つの公理から始まる。[18] そこからナッシュは，プレイヤーは $(v_1 - t_1)(v_2 - t_2)$，つまり，各プレイヤーの期待利得（v_i）から決裂点（威嚇点）（t_i）を差し引いたものの積を最大化すべきという独自の分配〔の定式〕を導出した。この定式化では，他の要因を固定したならば，より確実な威嚇の能力を持つ，つまり高い決裂点を持つプレイヤーは，より高い利得を達成することになる。ここで，本書の議論の枠組みから考えると次のような疑問が浮かぶ。つまり，権力は一回限りのゲームにおける個人の交渉結果に対してだけでなく，社会集団間における交渉慣習の創発に対して，どのように影響するのか？　本章の以降の部分では，この疑問に焦点を当てる。

上記の疑問に答えるためには，権力とは何かという，別の質問に答えなければならない。個人が他の個人に対して力を持つ方法には多くの種類があるし，ある社会集団の構成員が他の社会集団の構成員に対して力を持つ方法にも多くの種類がある。本書での目的に鑑み，ここでは権力の概念の分析や詳しい説明ではなく，文化進化の枠組みの中で，権力の概念を操作可能にするいくつかの方法を見ていくことにする。後で述べるように，われわれが権力と関連づける社会集団の特性の，少なくともいくつかに，この操作可能化〔概念など直接観察できないものを間接的に測定し数量化すること〕はよく適合している。そして，ある社会集団が交渉規範において不利益を被る可能性に，この操作が影響を与えるさまざまな場合があることを見ていく。本書のこの部分は，ジャスティン・ブルーナーとの共同研究に拠るところが大きい。

われわれが検討しようとしているモデルは、以下の理由で特に重要である。すなわち、ほとんどのケースにおいて、二種類の社会的カテゴリーの構成員の状況は非対称になりがちである。ジェンダーに関していえば、労働の分業が、男女が社会的な役割に関してつねに非対称な位置を占めることになる重要な理由のひとつを見てきた。以降では、ジェンダー間の小さな不公平が、より深刻な不公平につながっていく進化プロセスを見ていく。一般に、対称性よりも非対称性のほうが、社会的領域における基本原理である。あるひとつの集団に対して他の集団がまったく同等になるパターンはひとつだが、異なるものになる方法は数え切れないほどある。以下で見ていくように、これらの差異は不公平な慣習が出現する確率を高める。

5-3-1　威嚇をともなう進化

ある社会集団の構成員が、他の社会集団の構成員に対して、交渉が失敗したときに実行される確実な威嚇を発することができるとする。この仮定に当てはまる例としては、体格差によって女性に対する暴力が深刻となるような男女間の家庭内交渉、ある社会階級が他の社会階級よりも大きな経済的・政治的権力を持つ場合の階級間交渉、あるいはこれと同様の経済的・政治的格差が存在する場合の人種間交渉などがあるかもしれない（人種と階級がそうした役割を果たす例としては、アメリカ南北戦争後に南部の地主と小作人のあいだで行われた交渉を考えてみるとよい）。ブルーナーと私が、はじめて集団間で権力の差異がある場合の進化的交渉モデルを検討した研究では（Bruner and O'Connor, 2015）、モデルを使って、ある集団（ここでは大学教授）の構成員が他の集団（ここでは大学院生）のキャリアに深刻な影響を与えられる状況という、大学内に存在する階層間の交渉を表現

		プレイヤー2		
		低要求	中要求	高要求
プレイヤー1	低要求	4, 4	4, 5	4, 6
	中要求	5, 4	5, 5	t, T
	高要求	6, 4	t, T	t, T

図5-4　威嚇点のある３戦略ナッシュ要求ゲームの利得表

した。これらの例では、身体的な強さ、経済的優位性、非対称な労働条件など「権力」の源は異なるものの、いずれの場合も権力の差は、一方が他方の利得を下げる可能性を生み出していることに注意したい。

図5-4はこうした状況を捉えるようなゲームを表現している。これは低・中・高の要求があるナッシュ要求ゲームだが、以前のように両行為者が決裂点において同じ0点を受け取るのではなく、威嚇点tとTを受け取る。ここでは（一般性を失うことなく）$t \leqq T$とする。言い換えれば、交渉が失敗した場合、片方のプレイヤーは他方のプレイヤーよりも、より効果的に相手の利得を下げることができるのだ。

すでに見たように、$t = T = 0$の場合は、不公平が生じる可能性はあるが、それぞれのタイプにとって有利な均衡で終わる可能性も等しく存在する。しかしtとTの値を変化させると、このような対称性は見られなくなる。$t = 0$とし、Tの値を0から3.5のあいだで変化させてみよう。**図5-5**はこの場合のモデルでの進化の結果を示している。前述の結果のように、このモデルでも一方が高い要求をし、もう一方が低い要求をする二つの差別的な結果と、ひとつの公正な結果という三つの結果が考えられる。しかし今回のモデルでは、Tの値が増加すると（つまり、二つの集団間の威嚇点の差が広がると）、三つの帰結が生じることがわかる。第一に、公正な結果が得られる可能性が低下する。第二に、権力の強い集団が高い要求をする確率が高まる。そして最後に、権力の弱い集団が高い要求をする確率が低下する。$T = 3.5$

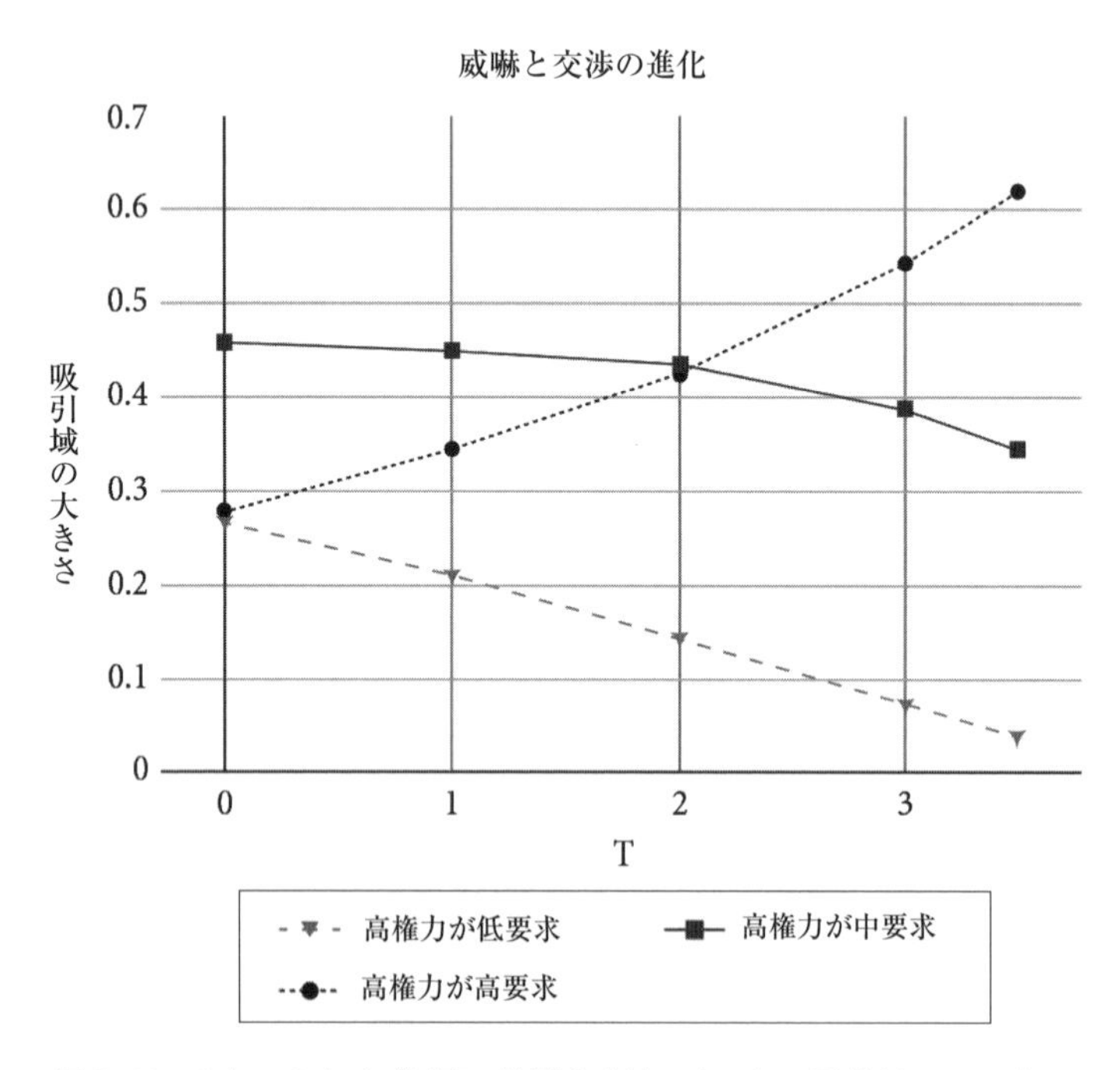

図5-5　ひとつのタイプが高い決裂点を持つナッシュ要求ゲームモデルの吸引域

プレイヤー2

プレイヤー1		低要求	中要求	高要求
	低要求	4, 4	4, 5	4, 6
	中要求	5, 4	5, 5	0, 0
	高要求	4, 4	-2, 0	-2, 0

図5-6　一人のプレイヤーが高要求に対して威嚇を発することができるナッシュ要求ゲームの利得表

の場合、シミュレーション結果の61％で権力の強いタイプが差別的にふるまう結果になり、権力の弱いタイプが差別する結果になるのはたったの４％であった。

ナッシュの観点では、威嚇点が高いと個人間の駆け引きが有利になる。しかし、なぜ高い威嚇点が、社会集団間での交渉慣習の出現においても有利になるのだろうか？　この現象は、行為者がさまざまな戦略を学ぶインセンティブによって説明できる。高い威嚇点を持つ行為者にとっては、低要求の値と威嚇点の値の差が小さいため、低要求をすることを学習する誘因はほとんどない。その一方で、高要求をすることはリスクのある選択にはならず、同等の報酬を得ることができるため、高要求をすることを学ぶ誘因が大きい。この非対称性によって、権力の強い集団ほど高要求を行うという淘汰環境が生まれる。この場合、ゲームの詳細はそれほど重要ではない。異なる要求度であったり、より細かい区分で要求を行ったりするナッシュ要求ゲームの場合でも、同じ理由で同様の効果が見られるだろう[19]。

これとは異なる威嚇によって、ある社会集団の構成員が利得構造を変化させ、権力の強い集団を有利にする方法があることにも注意が必要である。交渉が決裂した場合に威嚇を発するのではなく、相手の高い要求に対して、単純に罰による威嚇をするという場合を仮定する（たとえばボウルズら Bowles *et al.*, 2007 は、女性が高い要求をすると罰せられるという現象を明らかにしている）。権力の強い行為者が、相手が高い要求をした場合に、その相手の利得を2減らすことができるとする。これによって生じる利得構造は**図5-6**に示すような利得表になる。モデルの威嚇点を変更するのとは異なり、この種の威嚇は、ナッシュ均衡のひとつを崩壊させることに注意しなければならない。つまりこの場合、プレイヤー1が高要求を選びプレイヤー2が低要求を選ぶ戦略の組み合わせは、もはや均衡ではない。進化モデルにおいては、この戦略の組み合わせは個体群での安定した慣習として生じない。この種の威嚇が行われる状況では、一方の側が威嚇によって不利な結果で終わる可能性を完全に排除することができる。

これらのモデルは、なんらかの理由で、ある社会集団の構成員が、他の集団の利得を実際に変更できる場合にのみ適用可能であることに注意しなければならない。これは、標準的なゲーム理論モデルで威嚇が果たす役割とは重要な違いがあり、それについてこれから詳しく見ていくことにする。

多くのゲーム理論分析において、威嚇点が結果に影響するのは、プレイヤーの信念や期待利得の計算を変化させるためである。重要なのは、威嚇は実際に行使されなくても、交渉の結果に影響を与えるということなのだ！　もちろん、威嚇には信憑性がなければならない。相手が〔実際に行使されると〕信じなければ、威嚇が結果に影響を与えることはない（たとえば、あなたがドウェイン・ジョンソンに「お前の背骨を折ってやる」と威嚇しても、自分の取り分を増やすことはできないだろう）。実際、多くの経済学者は、威嚇を実行するには（時間やエネルギー、社会的立場などの意味で）コストがかかることが多いと指摘しており、いったん交渉が終了すると威嚇を履行する誘因がなくなってしまう。これは、事前に威嚇にコミットしている〔何があっても威嚇を行うことをなんらかの方法で自分に課している〕場合にのみ威嚇が機能することを意味している。ナッシュ（Nash, 1953）は「……Bが従わない場合、Aが威嚇Tを実行するよう強制されることは、威嚇の成功のために不可欠である。そうでなければ、威嚇はほとんど意味を持たない。一般的に、威嚇を実行することそれ自体はAが望むことではないからである」（130）と述べている。[20]

このことは、威嚇を進化モデルに組み込むときに問題となりうる。合理的選択モデルとは異なり、進化状況では、実際にそれが実行されない限り威嚇点には何の意味もない。実際、文化的集団で生じる学習に影響を与えるためには、威嚇点は一部の行為者の利得を低下させなければならない。しかし、この威嚇点の進化モデルの良し悪しを評価する際には、罰を与えることが合理的か否かではなく、現実世界において身体的に強い行為者が（あるいは経済力や政治力を持つ者が）、実際に威嚇を行使するか否かを考慮しなければならない。

では、人間は実際に威嚇や罰を行使するのだろうか。客観的証拠は「イエス」だと言っている。それは、短期的な利得の観点からは明らかに不合理な場合があるにもかかわらず、である。この主張を支持する証拠は実証研究から得られている。たとえば、家庭内暴力（DV）の被害者はそのほとんどが女性であり、この種の暴力が男性の交渉力を高めるために用いられることが多いのは、社会学者や経済学者にとって周知の事実である。[21] グード（Goode, 1971）は、男性は家庭内で資源を獲得するために身体的な威嚇を用いると主張している。エスワランとマルホトラ（Eswaran and Malhotra, 2011）は、インドの男性が、家庭内交渉を有利に進めるために、女性の自律性を阻害しようとして家庭内暴力を用いると実証データから主張している（ラオ Rao, 1998 は、家庭内暴力がどのように交渉力を高めるかをモデル化している）。

実験研究でも、人間は交渉場面において、たとえコストがかかっても実際に威嚇や罰を行使するという強固な証拠が得られている。グースら（Güth et al., 1982）はその画期的な研究において、実験参加者に最後通牒ゲームを行わせている。行為者たちが資源を分割するため、このゲームは非対称な交渉ゲームと解釈されることもある。一番目の行為者が資源の分け方を二番目の行為者に提案し、二番目の行為者はその提案を受諾するか拒否するかを選択する。二番目の行為者が拒否すると、両者とも何ももらえない。ナッシュ要求ゲームとは異なり、意思決定に順序があるという最後通牒ゲームの特徴は、このゲームに唯一の**部分ゲーム完全均衡**（subgame perfect equilibrium）が存在することを意味している（この概念はナッシュ均衡とは少し異なり、順序つきのゲームに適用される。この概念はすべての**部分ゲーム**、つまり順序つきゲームの一部において、行為者がナッシュ均衡をプレイすることを前提としている)。提案を受けたら、たとえその提案の内容が何であれ、二番目のプレイヤーは受諾することがもっとも良い行動となる。このことを知っている一番目のプレイヤーは、可能な中でもっとも小さい配分の提案を行うことになる。したがって、このゲームにおける唯一の均衡は、一番目のプレイヤーがほぼすべての資源を取るという結果になる。

グースら (Güth et al., 1982) は、実験参加者が、部分ゲーム完全均衡の概念が予測するような行動をまったく示さないことを発見した。ほとんどの場合、一番目のプレイヤーはかなりの量を提案したのである。重要なのは、二番目のプレイヤーが多くの場合、低すぎる提案を拒否したということである。著者たちが指摘しているように、「被験者は、相手が『多すぎる』配分をねだってきた場合に罰することを躊躇しない」(384)。この実験で行為者は、相手の利得を減らすために、提案された分け前を放棄したり、あるいは相手を罰するために自分のコストを受け入れたりする。その後の実験では、最後通牒ゲームでの行動に文化差が見られたが、それでも、行為者が自分のコストを顧みず規範逸脱者を罰することが確認されている (Güth and Tietz, 1990; Henrich et al., 2006)。ヘンリックら (Henrich et al., 2006) は、さまざまな文化圏において、たとえ被験者が第三者の傍観者的立場であっても、最後通牒ゲームにおいて低すぎる提案を行う者に対し、金銭を払ってでも罰することを厭わないことを発見した[22]〔これは最後通牒ゲームそのものではなく、最後通牒ゲームに似たゲームを行っている二者に対して、第三者として罰を与えうるという第三者罰ゲームのことを言っている〕。

人間が、たとえコストがかかるとしても罰することを厭わないのであれば、威嚇点モデルは、タイプ間での交渉行動の出現についてなんらかの説明を与えてくれるだろう。特に、ある社会集団の構成員が確実な威嚇を使用することができ、少なくとも時には実際にそれを行使しうる場合、そのメンバーたちは交渉慣習の形成に際して優位に立てることを示唆している。

5-3-2　威嚇なしの威嚇点

ここまで、権力を持つ社会集団が威嚇や罰によって交渉上の優位性を得る現実の可能性を擁護してきたが、重要なのは、多くの現実世界の状況では、威嚇は必要なく、権力の差がそのまま優位性につながることだ。これは、さまざまな社会的カテゴリーに属する人々の集団においては、経済的、政治的、社会的領域の差異が直接、決裂点に影響することが多いからである。

その古典的な例が家族の経済学であり、これについては第8章でさらに詳しく論じる。ある社会において、男性が女性よりも経済的に恵まれているとする。男女二つの集団は大きく異なる決裂点を持っており、家庭内交渉が決裂した場合、男性は女性に対して威嚇を発する必要はない。家庭が崩壊した場合に、女性は貧困とそれにともなう不快な状況に陥るリスクに晒される傾向があるが、男性の場合はそうではないという現実の経済状況が存在する。[23] これは先ほど説明した威嚇点モデルによってうまく表現される状況を生み出す。すでに議論したように、決裂点のポイントが高いことによって、そうした状況では男性がより有利な結果に終わることが予測される。

こうしたタイプ間の非対称性は、現実世界において非常に広範に見られる現象である。二つの集団が交渉を行い、一方が一般的により良い代替選択肢を持つ場合に、こうした状況が生じる。特に関連しているのは、社会集団間で異なる経済状況が交渉規範に与える影響である。ある社会集団の構成員がすでに多くの資源を持っている場合はつねに、文化進化の結果としても、彼らがより多くを獲得する可能性が高いことを意味する。この洞察は、タイプ間の初期の差異が、複合的な要因によって大きな差異へと発展する可能性があるという、本章の冒頭の主張を理解する助けとなる。交渉慣習の出現によって、今日の経済的優位性が明日の経済的優位性を生む可能性がある。本章の後半で主張するように、このことは、深刻で恒常的な集団間の不公平につながるランナウェイプロセス〔いったん不公平が生じてしまうと、不公平があるという事実だけでさらに不公平が拡大してしまうプロセス〕を生み出しうる。

前に簡単に述べたこの種の構造的な力の非対称性について、注意すべきもう一点は、それが性別（あるいは階級や人種）による役割分業によって生じる可能性があるという点である。ある社会において、タイプによる分業がいずれのタイプにも利益をもたらすが、それが不平等な形であるとしたらどうだろう。たとえば、ある社会において女性は作物の生産を管理するため、食糧供給に直接アクセスできるとしよう。もし女性がこの慣習的な分業によって大きな経済的利益を得るならば、彼女たちは他の分野の交渉でも好ましい結果を得ることが期待される。このような非対称性は、以前には平等主義的な体制であった社会にも生じ、技術革新にともなって新しい権力の不均衡をもたらす可能性がある。たとえば、鋤がはるかに効率的な道具になったとする。これは、鋤を使う農業社会の男性が持つ決裂点を急激に押し上げることを意味することになるかもしれない。

先に進む前に、頑健性のチェックとして、ヤング（Young, 1993）のモデルについて議論してみよう。ヤングの枠組みは、交渉の場で相互作用する二つの階級の行為者を想定していたということを思い出してほしい。行為者は過去の行動情報に基づく反応として、もっとも高い期待利得を生むような戦略をつねに選択する。これはレプリケーター・ダイナミクスモデルによく似た交渉の慣習を出現させるが、その変化のプロセスは行為者の限定合理性に基づくものであり、文化的な模倣や個人的学習によるものではなかった。このまったく異なる進化モデルでも、高い決裂点はある社会集団を有利にするが、それはナッシュによるオリジナルの発見に近いものである。ヤングは、これらのモデルにおける確率的安定均衡は、行為者にナッシュ均衡をプレイさせるものであるため、決裂点におけるあるタイプの優位性は、個体群がプレイするように進化する固有の慣習における優位性へと変換されることを見出している。ビンモアら (Binmore et al., 2003) はこれらの結果を、異なるバージョンの最適反応動学や関連する協調ゲーム群へと拡張している。これらの結果は、決裂（威嚇）点が交渉慣習の創発に文化進化的影響を与えるという、われわれの主張を強固なものにすることを示している。まったく異なる仮定のもとであっても、交渉に臨む社会集団にとって、高い決裂点が利益をもたらすことは頑健に示されている。

ラクロワとオコナー (LaCroix and O'Connor, 2017) は、高い決裂点を持つのが一人ないし二人であっても、一方の集団が交渉を有利に終わらせる確率が上昇することをシミュレーションによって示した。さらに、個体群における決裂点の分布を検討したところ、決裂点の平均値が高い集団が有利になりやすいことが示された。二つの個体群に異質性を導入したこれらの結果は、交渉規範の出現に関しては、集団全体の平均的な権力のほうが、個人が持つ権力よりも重要であることを示している。経済的に有利な女性が、依然として家事労働を多く分担することがある。なぜならば、彼女は「女性」という社会的カテゴリーに属しており、この一般的に権力の弱いカテゴリーは慣習的に不利な立場に置かれてきたからである。

5-3-3　外部オプション

この節の最初に述べたように、交渉慣習への権力の影響を検討するために、ここではいくつかの方法で権力を操作的に定義する。ここまでは、権力を威嚇点、あるいは高い要求をする行為者の利得への影響力として操作的に定義してきた。また権力は、社会集団間に非対称性が存在する状況から生じる決裂点としても解釈されてきた。ここからは、特に経済的あるいは社会的非対称性がつくりだす権力の差異が、交渉慣習に影響を与える別のメカニズムを検討する。

ゲームにおける**外部オプション**（outside option）は、行為者が戦略的状況から離脱することを可能にするものである。交渉ゲームにおける外部オプションは、行為者が〔他の行為者との〕交渉ではなく、一定の利得を得られる単独作業に従事することを意味する。ブルーナーとオコナー（Bruner and O'Connor, 2015）では、複数の集団のメンバーそれぞれが異なる外部オプションを持つ場合、交渉結果の吸引域に大きな影響を与えることを示した。再び、男性が女性よりも多い賃金を稼ぐ社会での家庭内交渉を考えてみよう。この場合、男性は家庭をもたなくても十分に生きていくことができるかもしれない。家庭をもつ代わりに、彼らは自身の収入で自活することができる。一方、女性にはそのような選択肢はないだろう。地主と小作人の場合、土地を所有する地主はその土地を交渉に依存しないさまざまな用途に使用できる一方、小作人は生計を立てなくてはならないため、地主との交渉に依存する。

図5-7は低・中・高の三つの要求に外部オプションを加えたナッシュ要求ゲームを表している。このケースでは、単独作業によってプレイヤー1はXを、プレイヤー2はYを得ることができる。単純化のために、

		プレイヤー2			
		低要求	中要求	高要求	外部
プレイヤー1	低要求	4, 4	4, 5	4, 6	0, Y
	中要求	5, 4	5, 5	0, 0	0, Y
	高要求	6, 4	0, 0	0, 0	0, Y
	外部	X, 0	X, 0	X, 0	X, Y

図5-7 それぞれのプレイヤーに異なる外部オプションがあるナッシュ要求ゲーム

Y≦Xと仮定しよう。[24] この図は外部オプションにおける非対称性と決裂点との違いを明確にするのに役立つ。決裂点はプレイヤーが交渉を行って失敗した場合に実行されるが、外部オプションはプレイヤーが交渉しないと決めたときにのみ実行される。もちろん多くの状況において、高い決裂点を持つ行為者はまた有利な外部オプションを持つだろうし、その逆もまた然りである。これはたとえば、ある階級の行為者はより良い職に従事する可能性をもっており、それによってより有利な交渉外の外部オプションや、交渉が失敗したときでもより良い代替選択肢を持つような場合を示している。

このゲームにおける外部オプションの値を変えると、ナッシュ均衡も変わる。なぜか？ 仮に、ある行為者が交渉において低要求しかできないと期待され、それよりも外部オプションのほうが良い利得になる場合、その行為者は一方的に戦略を切り替えることによって、より良い結果を得ることができる。もし外部オプションが低要求よりも高い値であれば、その行為者が低要求の資源を受け取る均衡は成立しなくなる。もし中要求よりも外部オプションが高い値の場合は、公正な均衡は成立しなくなる。

単純化のためにY＝0とし、Xを0から6まで変化させてみる。X≦4の場合、三つの交渉結果はすべてナッシュ均衡のままである。4＜X≦5の場合、プレイヤー1が中要求あるいは高要求の場合のみがナッシュ均衡のままとなる。5＜X≦6の場合、プレイヤー1が高要求をする交渉結果のみがナッシュ均衡となる。それら他の均衡が成立しなくなるということは、それに対応した結果が進化プロセスにおいて、もはや出現しないことを意味する。より高い外部オプションを持つタイプは、まさにその選択肢を持つことによって、有利な交渉結果が期待されるということが重要である。地主と小作人の例に戻ると、所有地にヤギを放牧することで得られる利益よりも低い金額の収穫高（の上納）を、地主が受け入れるとは期待できない。家庭内交渉の場合は、男性は単身で完全に自活できるが、女性にはそれが無理である場合、男性が単身世帯でするよりも多くの家事労働をする慣習が成立することは期待できない。

5-4 複合的な権力

前節では、文化進化の時間軸において、タイプ間の力の差異が交渉の優位性に変換される可能性を見た。この知見は、本節で展開していくストーリーの始点である。そもそも経済的な力は、交渉の成功を通して得ることができる。これは、経済的な優位性がより良い交渉結果につながり、より良い交渉結果が経済的優位性につながるという循環過程が生じうることを意味する。セン（Sen, 1987）は似た現象に着目し、これを合理的選択モデルの文脈で「フィードバック伝達（feedback transmission）」と呼んでいる。彼は「目先の利益に非対称性があることが、将来の性的分業の非対称性を支える」と述べている(27)。彼の指摘する、権力と交渉の優位性のあいだの累乗性は、家庭内の個人間の交渉において社会的慣習がより有利な結果をもたらす場合に起こりうるが、彼は当初の社会的慣習の創発そのものは分析していない。

この種のフィードバック・ループ〔循環〕が成り立つ可能性を、トイモデルを用いて検討する。ここでのトイモデルは、ある社会集団に権力が蓄積するプロセスが、どのように生じうるかについてのモデルである。決裂点の高低によって権力の強弱を操作された二つのタイプが、ナッシュ要求ゲームを行う場面を想定しよう。それぞれのタイプが相互作用の慣習を構築する複数の交渉場面があると仮定する。そして、それぞれの交渉場面では、それぞれのタイプの決裂点が以前の交渉の成果によって決まると具体的に仮定しよう。

このモデルを説明するために、図5－4に表されるゲームを用いる。双方の要求はそれぞれ4、5、6であり、決裂点はTとtである。過去の交渉の成果が現在の権力に影響するという上述の仮定を例示するために、まずは$T=t=2$とするシミュレーションから開始する。慣習が構築された後では、あるタイプが高い要求をした場合、そのタイプの決裂点は上昇し、もう一方のタイプの決裂点は低下する[25]。双方が同じ要求をした場合、決裂点はそのまま維持される。ここでは以下のような問いを検討しよう。交渉結果が将来に持ち越されることは、一方の側が権力を独占する傾向があることを意味するのだろうか？

このモデルのシミュレーションを、決裂点の調整なしで実行したとしよう。その場合、多くの交渉の場を経て、双方がそれぞれ高要求をして終わる確率は等しく（それぞれシミュレーション結果の約25％）、一方、公正な結果になる確率がもっとも高くなる（シミュレーション結果の約50％）。しかし、上述の調整を加えると結果は変わる。シミュレーションのかなり早い段階で一方が優位になり、それを維持する傾向がある。双方は同等の確率で優位となるが、いったんどちらかが優勢になると、優勢になったほうはシミュレーション結果の大きな割合（約70％）で高要求を行い、公正な要求は少なく（約30％）、基本的に低要求はほとんどしない（1％未満）。

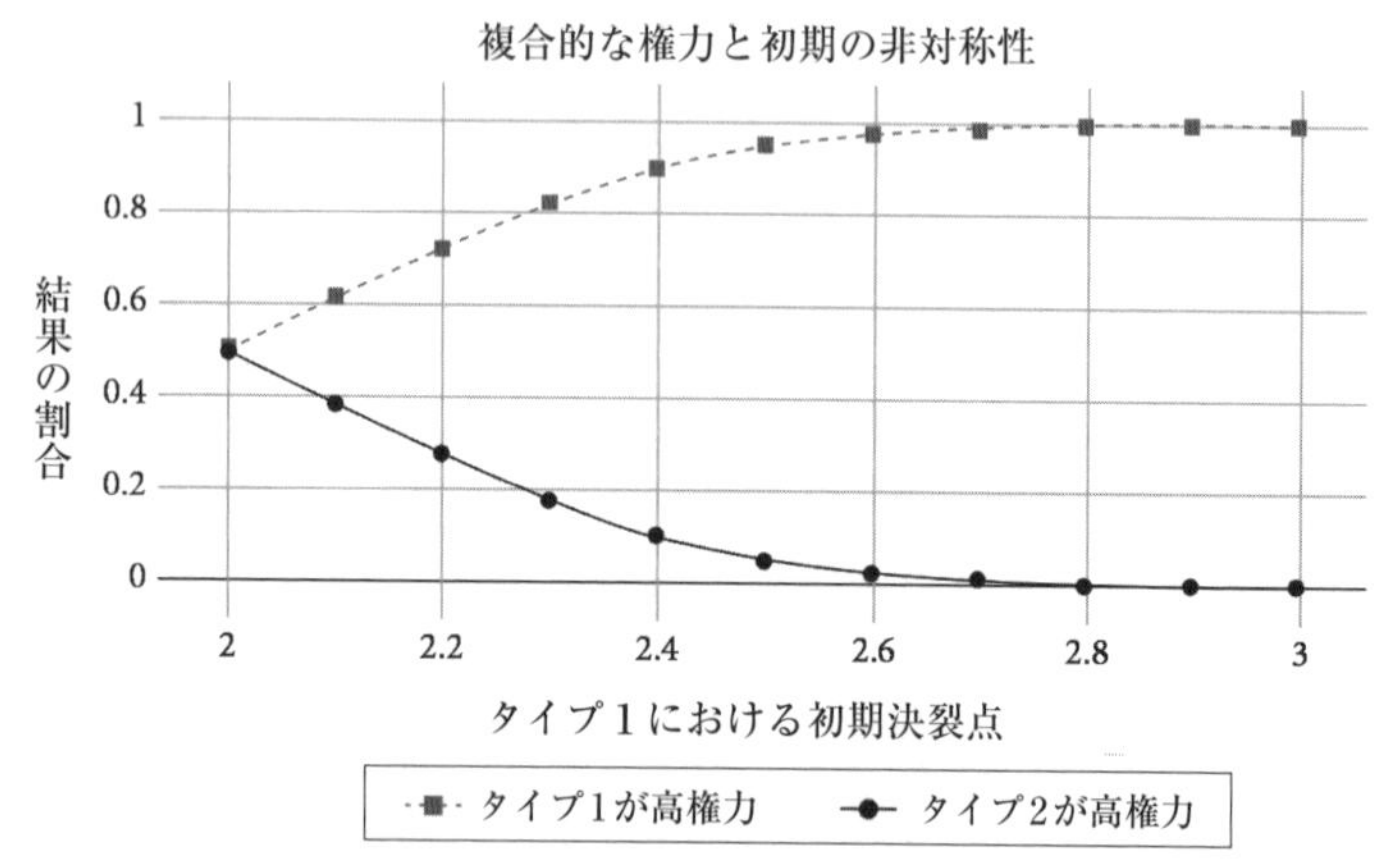

図5-8　決裂点が過去の成功によって決まる状況で、初期に権力を持つ集団が権力を維持するときのナッシュ要求ゲームの結果の割合

言い換えれば、ある時点での権力が交渉慣習を生み出すプロセスによって、ひとつの集団の権力が、さまざまな交渉場面を通じて長期間にわたり維持される可能性があるということになる。

もうひとつ注目したい点がある。それは、集団間に生来の非対称性が存在する場合についてである。これは特に、ジェンダーと権力を理解する上で有益であり、男女間の力の差が初期の非対称性として働き、男性が社会間の差異や時代の違いを超えて一般に大きな権力を持つことを許した可能性がある。さまざまな文化で、それぞれのジェンダーが社会的な状況の違いや時代の違いを超えて交渉習慣を構築し、過去の交渉における成功が後の交渉に強い影響を与えたとしよう。ただし、当初は一方が権力を持つ傾向はわずかだったとする。この可能性を捉えるために、前記のようないくつかのモデルのシミュレーションを何度も実行し、毎回どちら側が権力を持って終わるかを観察する。そしてモデルの初期の決裂点を、平等（2と2）から非常に不平等（3と1）へと変えていった。

図5－8に示されるように、モデルに初期の非対称性を導入すると、一方が権力を獲得し、長期間維持する可能性が高くなる。決裂点における初期の非対称性が大きければ大きいほど、権力を持つ側がその位置にとどまる確率が高くなる。

これらのモデルは、ある集団が他の集団よりも有利になるような初期の出来事が偶発的に生じることで、集団間の継続的な権力の差異が結果的に生み出され、権力を持つ集団の経済的な優位性が永続化することを示している。この結果は、集団間に持続的な不公平が見られるとき、かならずしもその集団の特殊性にその理由を求める必要はないということを示唆する。偶然に、ある集団が他の集団よりも優位になり、そして交渉慣習のダイナミクスがその優位性を永続させるのである。

このモデルは社会学の概念である蓄積的優位性（cumulative advantage）、つまり「現在の蓄積の程度が、将来の蓄積の程度に対して直接的な因果関係を持つ」（DiPrete and Eirich, 2006, 272）という考えと関連している。たとえばグールド（Gould, 2002）やリンら（Lynn et al., 2009）は、現在の地位が他者から受ける敬意の程度を決定するため、他者に敬意を示すことが、実態に基づかない階層構造を形成するモデルを構築している。マートンら（Merton et al., 1968）やマートン（Merton, 1988）は、過去の成功を将来の生産性の指標として使う学界では、実力に基づかず、偶然の初期条件に強く影響されるような階層が構築されると説明している。これらの研究のいくつかは、異なる社会集団に所属する人々のあいだの地位や富の違いを扱っている（DiPrete and Eirich, 2006）。ティリー（Tilly, 1998）は社会的カテゴリーに着目し、ある集団の構成員が権力を利用して、資源の面で複合的な優位性を獲得する因果過程を詳細に記述しており、これは先ほど説明したモデルのプロセスと非常に似ている。オーキン（Okin, 1989）は、結婚の文脈におけるジェンダー間の不公平性が、女性の権力獲得を妨げる循環的なプロセスを導くことを明らかにしている（Cudd, 1994も参照）。これらのアプローチは、社会集団への所属によって生じる条件の違いが、どのようにして個人間の不公平につながるかに注目しているが、本章のモデルとは異なり、単純なタイプの存在がどのように不公平の創発の因果要因となるかに焦点を当てているわけではないことに注意が必要である。

権力の累乗性に関するこれらの知見は、不平等や生来的な能力に関するメタ的なレベルでの含意をもつ。ジェンダーや人種間の不平等の存在は、特定の人種や女性が、他の人種や男性よりも生来的に劣った能力を持つことの根拠として扱われることがある。しかし、仮にカテゴリー化が不公平を生み出し、不公平がさらなる不公平を生み出すと予想しうるならば、そもそも、それらの不公平を説明するのに生来の能力を持ち出す必要はない。そうした不公平は容易にもたらされるのだ。[26]

＊＊＊

この章では、二番目の、より悪質な種類の不公平のダイナミクスを検討した。議論されたモデルにはいくつかの重要なメッセージがある。ひとつめは、従来の交渉の進化モデルは公正性を説明することに焦点を当てていたが、進化モデルにタイプ分けが導入されると、不公正も同様に結果として現れる可能性が高いということである。この種の不公平が生じるためには、集団におけるタイプ化だけでほぼ十分である。さらに、社会集団の有する権力が交渉慣習においても優位性をもたらすことを見てきた。権力を持つ集団は資源を手に入れる可能性が高く、権力を持たない集団は手に入る資源も少ない。そして最後に、こうしたプロセスは権力と資源を同じ集団に集中させる働きがあり、同様の不公平が持続することになる。

次の章では、異なるタイプにおける学習環境の非対称性という、不公平に強く影響を与えうる別種の因果変数について見ていく。その前に、本章と次章で紹介するモデルの認識論的役割について述べておきたい。これらのモデルはすべて、現実世界で見られる現象を模倣した因果変数を例示している。この理由から、これらのモデルで示されるプロセスは、集団が資源分配を学習する際に現実に生じていることに対して、なんらかの示唆を与えうるだろう。これらのモデルは「いかにありうるか」を示すモデルである。同時に、これらのモデルは「いかに最小限の要因で」説明できるかを示すモデルでもある。たとえ、それらのプロセスが不公平な分業を生み出す現実のプロセスと完全に適合してはいないとしても、その種の不公平がどれだけ容易に生じうるのかに関する反実仮想を提供してくれるため、後の第9章で詳述するように、介入を考える際に役立つ可能性があるのだ。

〔原注〕

(1) この種の説明は、人種間の不平等に対する構造的説明とある種の類似性をもつ。スチュワート (Stewart, 2010) はそうした理論を「構造的な観点から見れば、人種は私的な報酬と公的な特権を分配する社会装置に不可欠な部品である。それは単に支配的な集団の人たちが公然と人種差別的な態度や行動を示すこと以上のことなのである」(5) と記述している。

(2) ホフマン (Hoffmann, 2006) は本書で紹介しているモデルと似たモデルを提出している。そこでは、経済的階層における人間の認知の役割が注目されている。しかし、彼のモデルでは、人間の行動を制約する型としてのみ認知の役割を認めている。カテゴリー化や一般化は非常に一般的な認知であり、それゆえに人間が特別に進化させた認知メカニズムだとは、私にはとうてい思えない。私が提案する最小限の説明では、人間が社会的カテゴリーを使用・形成する心理傾向に依拠しているが、しかし、特に問題とされるような心理傾向には依拠していない。

(3) このゲームには長年にわたってさまざまな名前がつけられてきた。たとえば、ナッシュ交渉ゲーム、交渉ゲーム、金銭分割、パイ分割、ケーキ分割などである。

(4) より純粋な協調ゲームと同様に、ここでは0という数値に特別な意味はない。これは調整に失敗した場合に行為者が得るベースラインの利益を示す数値であり、協調が成功した場合の利益との比較で意味をもつ。

(5) ミニゲーム版のナッシュ要求ゲームの進化については以下の論文を参照。ヤング（Young, 1993b）、スカームズ（Skyrms, 1994, 1996）、アレクサンダーとスカームズ（Alexander and Skyrms, 1999）、アレクサンダー（Alexander, 2000）、ビンモア（Binmore, 2008）、スカームズとゾルマン（Skyrms and Zollman, 2010）、ガロ（Gallo, 2014）。これらの論文では区切られた有限の要求量が扱われている。

(6) まさか！ 間違いなくあなたはドウェイン・ジョンソンにパイを全部渡すだろう。

(7) ミナ・ペダースン以外は。

(8) しかし、反相関戦略が不公正な規範の進化をもたらす可能性があると反論するダームスら（D'Arms *et al.*, 1998）を参照すること。実際、反相関は完全に分割された個体群に近い個体群をつくりだす。もし二つの交渉戦略がその個体群で進化し、それぞれの戦略が反対の戦略にしか出会わないならば、異なる戦略にしか出会わずに、異なる戦略をプレイするように進化した行為者で構成される個体群と同じ状況が生まれることになる。

(9) メイナード＝スミスとプライス（Maynard-Smith and Price, 1973）は、突然変異の侵入に対して安定する戦略として進化的安定戦略の概念を導入した。ゲーム状況におけるESSは利得行列のみで識別できる。ESSは動的概念であるが、動的概念の選択には依存せず、より高い利得をもたらす戦略の割合を増加させるダイナミクスによって安定している。x_iがESSであるとは、x_iの戦略がx_jとプレイするときの利得を$u(x_i, x_j)$とすると、(1) $u(x_i, x_i) > u(x_j, x_i)$ または (2) $u(x_i, x_i) = u(x_j, x_i)$ そして$u(x_i, x_j) > u(x_j, x_j)$ ただしすべてのx_jはx_iではない、という場合である。

(10) 確率的安定均衡は、経験的確率（probability of experimentation）がゼロになるようなシステムの限界挙動（limiting behavior）を見出すことによって得られる（Foster and Young, 199; Young, 1993a, b）。

(11) ボウルズら（Bowles *et al.*, 2005）は、女性が他人のために交渉する場合には、攻撃的で強い要求を示すという重要な研究を報告している。これは言い換えれば、女性はある交渉場面においては非攻撃的な規範的行動に従うが、異なる交渉場面では適切に攻撃的にふるまえるということであり、女性と男性の違いは能力にではなく、選択する行動の違いにあることを示している。

(12) ジェンダーと交渉に関して、これまでにナッシュ要求ゲームにおけるジェンダーの効果について検討した実験研究はほとんどないようだが、デクセルら (D'Exelle *et al.*, 2017) は、ウガンダの農村部の女性が、女性よりも男性に対して低い要求を行うことを報告している。しかし、こうした非対称交渉ゲームの実験的知見に関しては、そもそも社会集団間での不公平がありふれていることに注意が必要である。最後通牒ゲームでは、一方のプレイヤーが他方のプレイヤーに自分とその相手との資源配分を提案する。二番目に意思決定するプレイヤーはその提案を受け入れるか、あるいは拒否して二人ともまったく資源を受け取らないかを決める機会が与えられる。独裁者ゲームでは、二番目のプレイヤーは一番目のプレイヤーの提案を無条件に受け入れなければならない。ソルニック (Solnick, 2001) は、同時に決定する最後通牒ゲーム (二人の行為者が同時に戦略を決定する) では、女性は男女双方から少額の提案を受けやすく、男性に対しては多額の提案をすることを報告している。順番に決定する最後通牒ゲームでは、女性は男性よりも少額の提案を受けやすく、少額の提案を受け入れる (Eckel and Grossman, 2001)。さらにエッケルとグロスマン (Eckel and Grossman, 1998) は、独裁者ゲームで女性は男性よりも多額の提案を行うことも報告している (ただし、独裁者ゲームで性差が見られないことを報告しているフレイとボーネット Frey and Bohnet, 1995 やボルトンら Bolton *et al.*, 1998 も参照)。

(13) これらの結果は離散時間のレプリケーター・ダイナミクスと完全に分割された個体群を用いているが、二つのタイプが混合した個体群でも類似した結果になる。本書の他の部分で報告されているものと同様に、ここでは1万回くりかえしたシミュレーション結果を示している。

(14) これはヘンリックとボイド (Henrich and Boyd, 2008) の結果とやや類似している。彼らは、補完的協調ゲームの二つの均衡が不公平であればあるほど、タイプに基づく不公平な慣習が出現する確率は低く、不安定ではあるが公平な結果が出現する確率が高くなることを報告している。ボウルズとナイドゥ (Bowles and Naidu, 2006) やファンら (Hwang *et al.*, 2014) も同様に、慣習自体が不公平なものでなければ、進化モデルにおいて不公平な慣習が確率的安定均衡になる確率が高いことを報告している。

(15) もちろん、戦略の選択肢の数を多くすると、実現しうる結果の中で公正に近いものが増えることも指摘できる（たとえば一方が4.5の資源を受け取り他方が5.5の資源を受け取るといった場合）。その代わりに、二つの集団間の期待利得の差を考慮して、選択肢が細かくなるにつれて不公平な結果が増えるかを見ることもできる。この見方では、図5－3のモデルでは実際のところ、選択肢が細かくなるほど不公平は深刻なわけではない（図5－2については、直接的な傾向はないが、低要求が2の場合に最悪の不公平が生じる）。これは、このモデルでは不公平を測定する方法がいくつかあることを意味しているが、ポイントは、いったんカテゴリーが追加されると、なんらかの不公平が当たり前のように生じるということである。

(16) フィスク（Fiske, 1992）は、権威の順位づけが、客観的には一方向的な行動（集団成員から単に資源を奪うような行動）を公正だと知覚させるケースについて述べている。

(17) 彼はこれと関連して、女性は家庭内で不釣り合いなほど多くの仕事をしているが、にもかかわらずその貢献は相対的に低いものと認識されていると指摘する。

(18) これらの公理の詳細については、本書の議論の範囲を超えている。（簡単に紹介するならば）これらの公理は、パレート効率性、つまり基本的に資源を無駄にしてはならないこと、対称性、つまりプレイヤーが完全に対称的な位置にいるならば等しい資源量を得ること、アフィン変換への不変性、つまりプレイヤーの利得のアフィン変換が結果に影響してはならないこと、そして無関係な選択肢からの独立性、つまり基本的には選択されない選択肢を除外しても期待される結果が変わらないということ、である。

(19) たとえばブルーナーとオコナー（Bruner and O'Connor, 2015）を参照。ラクロワとオコナー（LaCroix and O'Connor, 2017）では、異なるダイナミクス、有限の個体群、および集団間で決裂点が異なる場合のモデルにおいても、この効果が頑健に見られることを報告している。

(20) 同様に、シェリング（Schelling, 1960）は「威嚇の特徴は、不測の事態において自分がしたくないことを、実際に不測の事態が発生したときには実行すると断言することにある」と述べている。

(21) ブラッドとウォルフ（Blood and Wolfe, 1960）は、その後の研究に強く影響を与えた家族研究において、「結婚生活における男性の優位性はほとんどの場合、身体能力に原因があるとみなされている。確かに男性のほうが筋力があるとはいえ、純粋に生物学的に作用する要因は、文化普遍的な効果が予測される。発達した筋力が男性優位の唯一の理由であるならば、男性があらゆる場所で、あらゆる時代で優位に立つと予測されるだろう。しかし、実際にはそうではない。この事実は、少なくとも他の要因がこの現象に影響していることを意味する」と述べている（Blood and Wolfe, 1960, 15）。この著者たちは、家庭内の男性優位が普遍的とは言えないことから、生物学的要因が男性優位性の原因であるとは言えないと主張している。前章で論じた社会的構築理論のように、文化進化のプロセスは決定論的である必要はないということを彼らは認識していない。ここで紹介しているモデルは、たとえその結果が決定論的ではないとしても、身体的優位性が交渉の結果に有利に働く可能性があることを示している。

(22) 公共財ゲームのような他の多くの実験パラダイムにおいても、コストのかかる罰が生じることが確認されている（Fehr and Gächter, 1999）。レプリケーター・ダイナミクスのもとで、最後通牒ゲームにおけるコストのかかる罰が進化しうることが示されている（Gale *et al.*, 1995; Harms, 1997; Skyrms, 2014）。ペイジら（Page *et al.*, 2000）は、ネットワーク上で学習する行為者において、同様の結果を導き出している。

(23) セン（Sen, 1987）もまた、家庭内交渉の決裂に際して、妊娠という生物学的要因が女性と男性の決裂点の違いを生み出し、その妊娠という身体的な事実によって女性の決裂点が低くなることに焦点を当てている。

(24) ワグナー（Wagner, 2012）はこのゲームを使って、最初はスタグハントゲーム、次にナッシュ要求ゲームによって労働の成果を分割する行為者をモデル化した。この研究の解釈としては、外部オプションは野ウサギを狩る選択肢、つまりそこそこの利得をもたらす個人的作業のことを指している。もうひとつの選択肢は、より大きな共同の報酬を得るために共同で働くような選択肢だが、この選択肢における行為者は、明示的あるいは暗黙的に、集団の成果を分配するための交渉を必要とする。この解釈について詳しくは第7章を参照されたい。

(25) モデルでは、4（低要求）と、より高い現在の決裂点との差分によってこれを計算する。そして、この差の10％分だけ決裂点を増減させる。よって、男性が現在 $T = 2.2$ を持ち女性が $t = 1.8$ を持つ場合、もし男性が高要求をして終わった場合は $4-2.2 = 1.8$ と計算し、決裂点を０・１８分だけ変更し $T = 2.38$、$t = 1.62$ とする。この方法はやや恣意的である。これは決裂点が低要求を超えたり、0以下になったりしないようにするために用いた。低要求をする結果がつねにモデルにおいて均衡点であるので、権力を持つ側が多くの権力を持ちすぎないようにするためである。一方で、決裂点の差が大きくなると変化は緩やかになり、権力を持たない側がその地位を回復するのが難しくなることを意味する。

(26) たとえば、『種の起源』においてダーウィンは「二人の男女の知的能力における主な違いは、深い思考や理性あるいは想像力を必要とする場合も、単に五感と動作を扱うだけの場合も、男性のほうが女性よりも何をするにしても高みをめざすことによって示されている。詩、絵画、彫刻、音楽(作曲と演奏の両方を含む)、歴史、科学、そして哲学の分野でもっとも著名な男性と女性の二つのリストを作り、それぞれの分野の下に6人の名前を挙げたとしたら、この二つのリストは比較にならないだろう」と述べている(361)。言い換えれば、ダーウィンは男性の「高潔さ」を、女性が男性よりも劣る証拠としているのである。われわれのモデルは、〔現実の〕社会的な地位が、権力を持つ人の資質や能力に関しては何の根拠にもならないことを示している。

第6章　「文化的な赤の女王」と「文化的な赤の王」

生物学の「赤の女王（Red Queen）」仮説によれば、速く進化することは有利だ。この効果をはじめて述べたヴァン・ベーレン（Van Valen, 1973）は、ルイス・キャロルの『鏡の国のアリス』の中で赤の女王がアリスに言う台詞、「いいかい、ここでは同じ場所にとどまるためには全力で走らなければならないんだ」（Caroll, 1917, 46）にちなんでこう命名した。たとえば捕食－被食の相互作用においては、相手よりも速く走れるよう急速な進化を遂げた種のほうが有利だし、同様に寄生者－宿主の相互作用においては、寄生者は宿主を有効に利用できるように、そして宿主は寄生から逃れるように、それぞれが急速に進化することが利益となる。

この直観に反して、バーグストロームとラックマン（Bergstrom and Lachmann, 2003）は、相利的関係では、状況によってはより遅く進化することで利益を得ることが起こりうることを、進化ゲーム理論を用いて示した。彼らはこの効果を「**赤の王効果**（Red King Effect）」と名付けた。この効果を説明するには、シェリング（Schelling, 1960）によって説明された合理的選択のシナリオが役に立つ。二人（たとえば、あなたとドウェイン・ジョンソン）がチキンゲーム型のタカ－ハトゲームをプレイしていると考えよう。このゲームに勝つひとつの方法は、窓から車のハンドルを投げ捨てる、つまり自分がもはや戦略を変えることができないと示すことである。もしあなたがそうしたならば、まともな相手なら、あなたを避けようとするだろう。赤の王効果のもとでは、速く進化する種のほうが、進化的時間で見たときには避ける側になるのだ。避ける側は、短期的には高い利得をあげられる戦略を選択するが、究極的には相手の種のほうが得をする。(1) これとは反対に、バーグストロームとラックマン (Bergstrom and Lachmann, 2003) で示されていることだが、相利的関係においては、速く進化する種が最終的に高い利益をもたらす戦略に速くたどり着けるがゆえに有利になることもあり、このことはゴーパールとトラウルセン (Gokhale and Traulsen, 2012) やガオら (Gao et al., 2015) でも詳しく述べられている。このもうひとつのシナリオは、「**赤の女王効果** (Red Queen Effect)」と呼ばれる。

本章の目的は、これらの効果が生物学的文脈ではなく文化的文脈で、いかにして起こりうるかを詳しく解説することだ。複数の文化的集団が異なる速度で進化、もしくは適応したとき、あるいはより一般的には、相手集団に対して反応する速度が非対称なとき、この非対称性の結果として、文化的な赤の女王ないしは赤の王効果が観察される (Bruner, 2017)。一見これは、実世界でよく起こることではないように思われるかもしれない。ある社会的カテゴリーに属する構成員が、他のカテゴリーに属する構成員よりも速く進化するのはなぜだろう?

そのような非対称性が考えられる重要な状況は実際にいくつか存在する。ひとつめは、少数派集団が多数派集団と相互作用するとき、多数派よりも少数派のほうがはるかに高い頻度で外集団と出会うという事実であり、これはブルーナー (Bruner, 2017) によって見出された。この結果として、少数派集団のほうが多数派集団との相互作用を速く学習するようになる、とブルーナーは論じている。このような非対称性の別の例は (ブルーナーの論文で述べられているように)、タイプに関する「組織に蓄積された記憶」と広く呼びうるものにおける差異と関係する。ヤング (Young, 1993b) は、交渉における規範の出現において、過去の交渉に関する情報をより多く持つ側が有利になることを示した。同様にガロ（Gallo, 2014）は、近隣の行為者とより強固なつながりを持ち、それがゆえに過去の相互作用に関する情報を多く持つ行為者の集団が交渉で有利になることを示した。これらの結果は「文化的な赤の王」効果と深くかかわっている。というのも、これは二つの集団における反応性の違いによって生み出されているからである。本章の最後には、権力の操作可能性のひとつである集団の背景利得の高さも、「文化的な赤の王」効果を通じて、権力のある集団をより有利にする可能性が存在することを示そう。

本章で議論される一連の結果は、片方の社会集団が交渉の慣習において最終的に有利になる状況を明らかにすることで、前章の結果を補完することになる。ある意味では、これら二つの結果をもって、われわれの進化ゲーム理論モデルにおいて集団間の非対称性を生み出す二つの要因を検討したといえるだろう。前章では、二種のタイプによってプレイされるゲームにおける非対称性を検討した。本章では変化の速さにおける非対称性、もしくはタイプごとの学習の状況（の非対称性）について見ていく。[2] ここまで議論されてきたように、差別と不公平にはさまざまな複雑な側面があるが、われわれの簡略化されたモデルの枠組みにおいては、この二つの領域が不公平のもっとも重要な因果的要因となる。

本章の末尾では、前章と本章の両方の結果を用いたモデルを紹介し、不公平のダイナミクスが現実の集団にどのような影響を与えるかを見ていく。特に、アイデンティティの交差性（インターセクショナリティ）がある集団において、文化的な赤の王効果や、さまざまな権力の効果が合わさって、交差性のあるタイプに深刻な不利益をもたらすことを示す。オコナーら（O'Connor et al., 2017）で議論したように、これらのモデルは、交差性によって生じる不利に関する特定の仮説を提供してくれる。

6-1　赤の王と赤の女王

「赤の王」効果と「赤の女王」効果、そしてそれらの仕組みについて十分に理解することから始めるのがよいだろう。この節の内容は技術的なものなので、読者によっては読み飛ばしても構わない。

まず理解したいのは、赤の王や赤の女王効果が、そもそもどのような条件下で生じるかについてだ。これらの効果のもとでは一方の種、本書での文化的な解釈においては一方のタイプが有利となる。それは、他方のタイプの構成員に比べて、特定のタイプの構成員のほうが最終的に望ましい慣習にたどり着くという意味である。このようなことが可能になるのは、二つのタイプのあいだに異なる慣習の選好が存在するような戦略的状況、つまり複数の均衡があり、少なくともなんらかの対立がプレイヤー間に存在するゲームにおいてのみである。

バーグストロームとラックマン（Bergstrom and Lachmann, 2003）は、この性質を備えた一般的な2プレイヤー2戦略ゲームを調べた。**図6-1**は彼らが考えたゲームの利得表である。[3] このゲームはまさに、われわれが本書で考えてきたゲームの類いそのものに対応していることに気づいてほしい。$x<1$のとき、これはリーダー・フォロワーゲームであり、$x=1$のときは2プレイヤーナッシュ要求ゲームであり、$1<x<2$のときはタカ－ハトゲームである。これらの2戦略ゲームに加えて、どんな数の種類の要求があるナッシュ要求ゲームでも、赤の王効果や赤の女王効果が起こりうる性質を備えている。その性質とは、複数の均衡が存在し、プレイヤー間で均衡をめぐる対立があるというものである。

さて、これで、本書で考えてきた戦略的状況が、まさに赤の王効果や赤の女王効果が進化的過程に影響を及

	プレイヤー2	
プレイヤー1	A	B
A	x, x	1, 2
B	2, 1	0, 0

図6-1　赤の王効果もしくは赤の女王効果が見出される可能性のある一般的なゲーム

	プレイヤー2	
プレイヤー1	低	高
低	4, 4	4, 6
高	6, 4	0, 0

図6-2　要求4と要求6のあるナッシュ要求ゲーム

ぼしうる状況であることがわかった。ここでは、タイプ間の不公平な資源分配を理解することが主な目的なので、特定の交渉の慣習の創発に対してこの効果が与える影響に絞って見ていくことにしよう。そのために、**図6-2**に示される2戦略ナッシュ要求ゲームから検討することにしよう。

ご存知のように、二つのタイプが進化しながらこのゲームがプレイされる場合には、タイプ1が高い要求をしタイプ2が低い要求をする場合と、その逆という2パターンの帰結が成立しうる。標準的なモデルでは、これら二つの帰結の起こりやすさは同等であり、レプリケーター・ダイナミクスにおいて等しい大きさの吸引域をもつ。**図6-3**にはこのモデルの相図が示されており、二つのタイプは完全に対称である。二つの均衡点は、この図の右上と左下の黒丸で表されていたことを思い出してほしい。この図には、右上の休止点の吸引域が暗色で、左下の休止点の吸引域が明色でそれぞれ示されている。右上の領域は集団1が最終的に高い要求をして有利になる領域であり、反対に左下の領域では集団2が高い要求をする帰結がダイナミクスによってもたらされる。二つの吸引域のあいだの黒い線は**セパラトリックス**（separatrix）

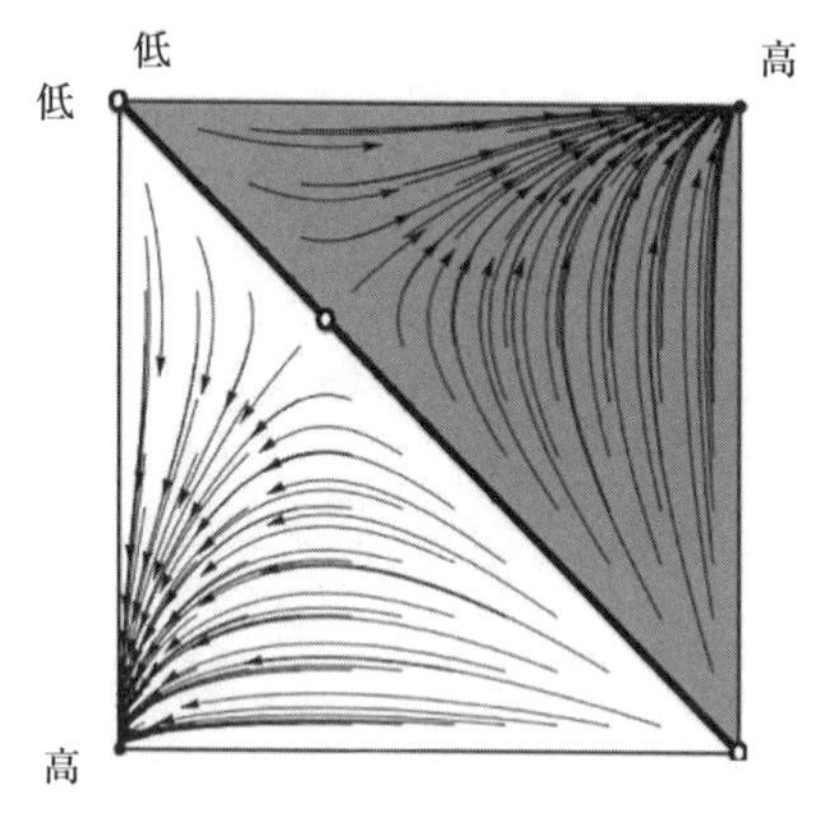

図6-3　2集団が2戦略ナッシュ要求ゲームをプレイする場合の相図

と呼ばれる分水嶺で2領域を分けるが、これは後の議論で重要になる。

このゲームでは、片方の集団が最終的に高要求に至りやすくなるという意味で、進化の速度がどちらかの集団を利するときに、赤の王もしくは赤の女王効果が起こったことになる。一般的にこれがどのように起こるかを理解するためには、集団1のレプリケーター方程式にmを乗じて、片方の集団の進化を他方に対して加速するだけでよい。$m = 1$のとき両集団は同じ速度で進化する。$m > 1$のときは集団1のほうが集団2より進化が速く、$0 \leqq m < 1$のときは集団2のほうが速い。**図6-4**は、$m = 3$と$m = 1/3$のときに何が起こるかを示している。

$m = 3$である図6-4の（a）を考えよう。図からわかるように、二つの吸引域を分かつセパラトリックスはもはや直線ではなく、左や右に曲がりくねっている。その理由は、集団1の進化速度が速まったために、集団の変化の軌道がx軸（横）方向に伸長したからである。結果として、右上に収束していたはずの集団状態が左下に収束したり、その逆が起こったりしている。しかしながら、重要なのは、進化速度が二つの吸引域に影

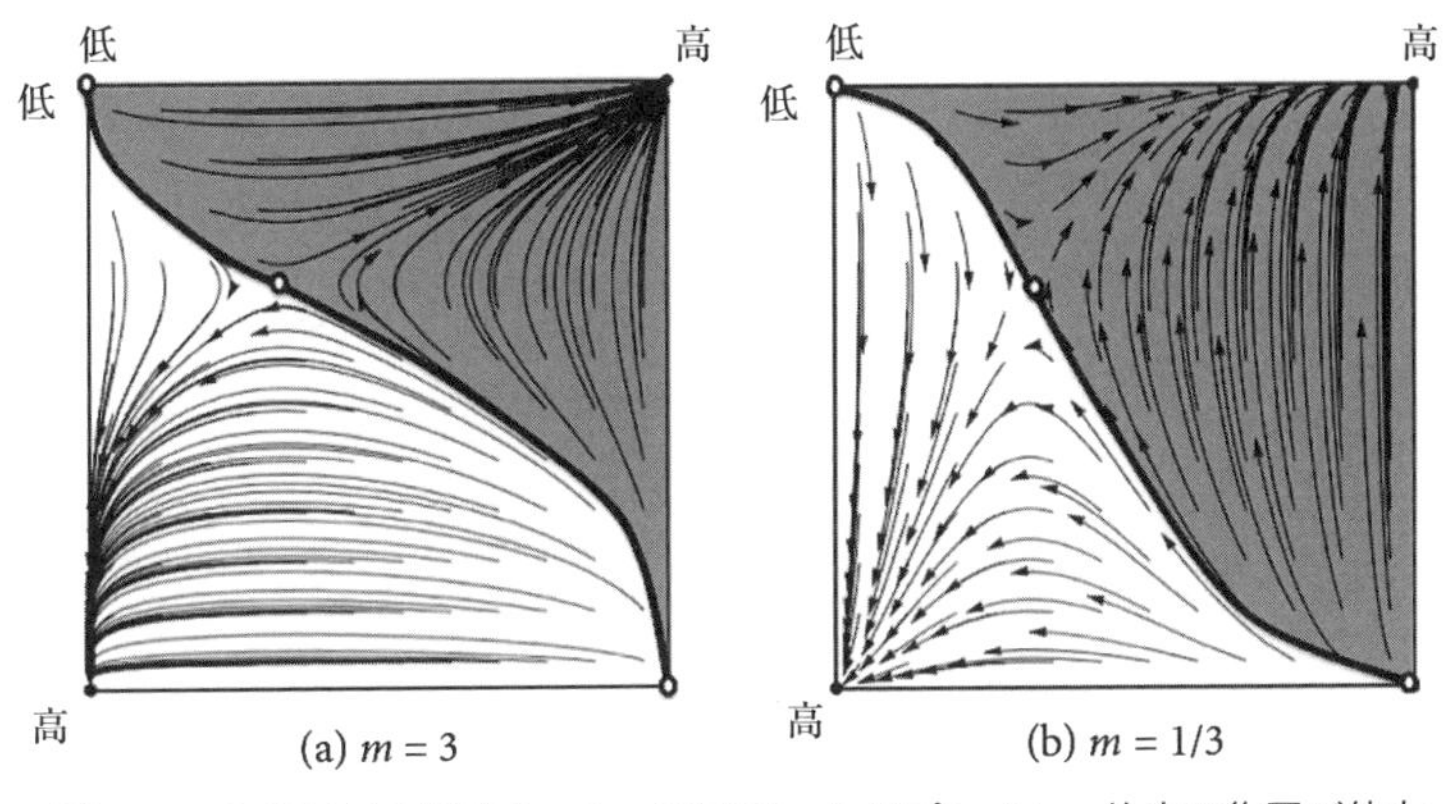

図6-4　2集団が2戦略ナッシュ要求ゲームをプレイし、片方の集団が他方よりもm倍進化が速いときの相図。赤の王効果が見てとれる

響する仕方に非対称性があるということだ。図では左下の吸引域のほうが、右上のそれよりも大きくなっている。これはつまり、より多くの初期値から、集団2が高要求をする点に向かう収束が起きているということだ。言い換えれば、ゆっくり進化する集団のほうが、最終的に望ましい均衡に到達しやすいという意味で有利になっている。これは赤の王効果である。

図6-4の（b）を見ると状況は逆転している。ここでは集団2のほうが速く進化しており、軌道はy軸（縦）方向に伸長している。これにより再びセパラトリックスが変化するが、今度は右上の均衡点がより大きな吸引域を有している。われわれはここで再び、赤の王効果を目にする。ここでも、より遅く進化する集団（今度は集団1）が高要求をする状態に行き着きやすくなっている。

図中の白丸で示された不安定な内部休止点が、進化速度がモデルの帰結を変える程度を制限していることに注目してほしい。内部休止点から見て一方の側では、ある集団の進化の速さが一方の均衡を実現しやすくし、休止点から見てもう一方の側では他方の均衡が実現されやすくなっている。このバランス効果に

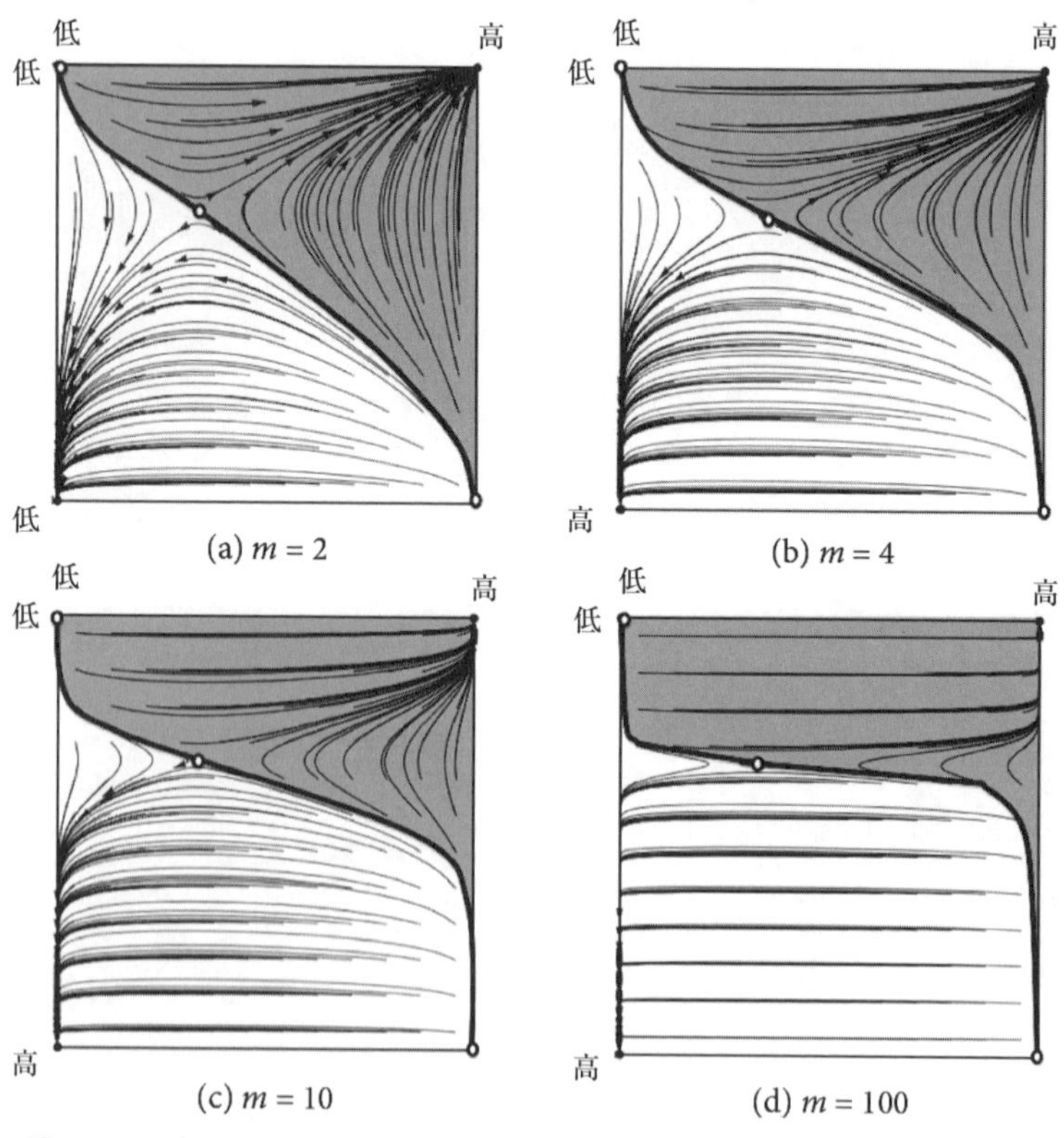

図6-5　２集団が２戦略ナッシュ要求ゲームをプレイし、片方の集団が他方よりもm倍進化が速いときの相図。mが大きくなると赤の王効果はより大きくなるが、その程度には上限がある

よって、状態空間全体では、ひとつの均衡の吸引域はその範囲内でしか大きくなれない（これは、今までわれわれが見てきたモデルでは、利得を変化させることで一方の均衡の吸引域を際限なく大きくできたのとは異なる）。**図6-5**では、このモデルでmを2から100まで変化させたときの相図を示している。図から明らかなように、mが非常に大きくなっても、赤の王効果の影響には上限がある（しかし後に見るように、この上限はモデルの選び方によって変化する[4]）。

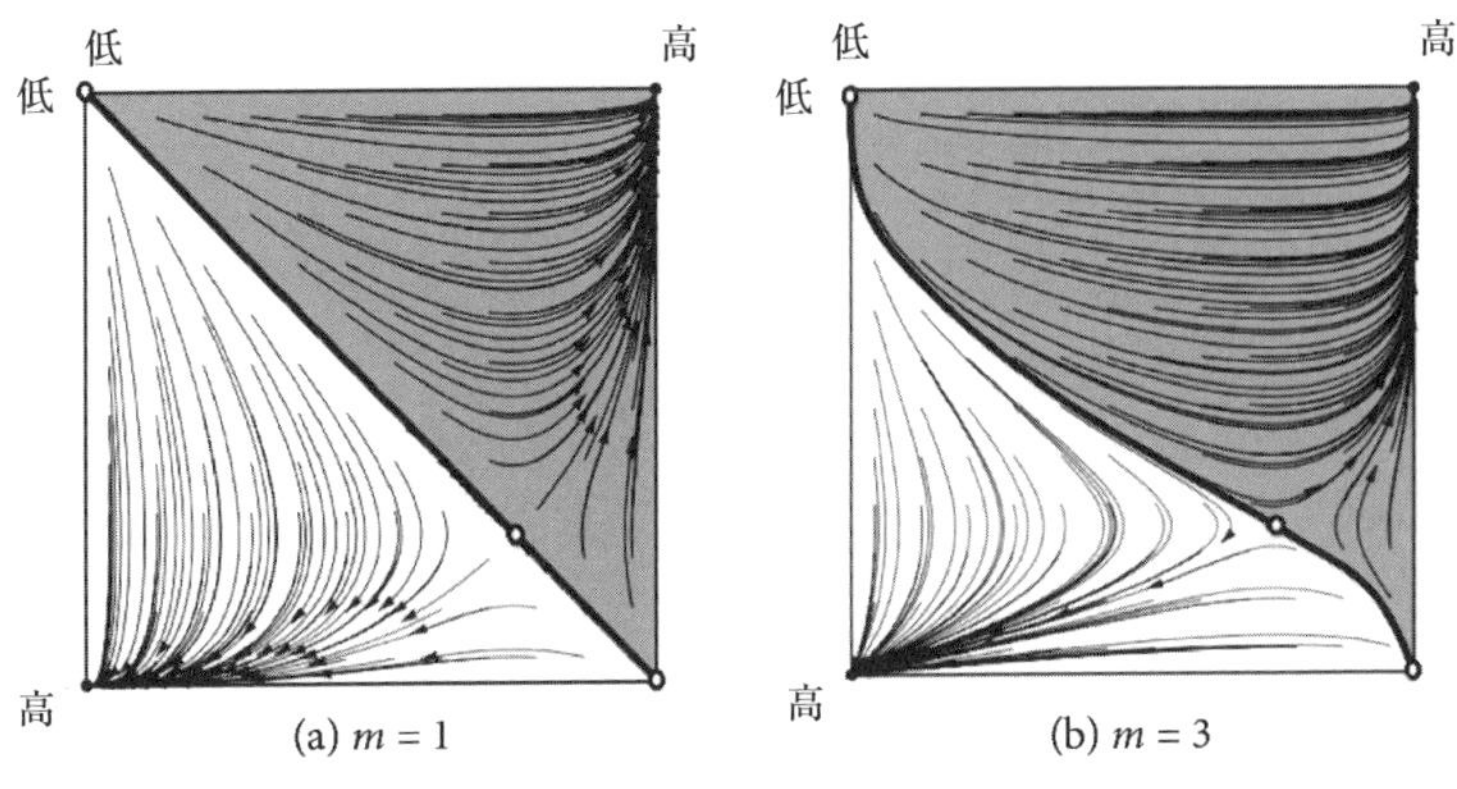

図6-6　２集団が２戦略ナッシュ要求ゲームをプレイし、片方の集団が他方よりもm倍進化が速いときの相図。赤の女王効果が見てとれる

赤の女王効果はどうだろうか？　内部休止点の位置は、進化速度が集団を利するか不利にするかをも決定する。先ほどの例では、速く学習する集団は不利な均衡へと導かれた。しかし、要求量が2と8であるナッシュ要求ゲームを考えてみよう。**図6-6**では、このモデルでm＝1とm＝3の場合が示されている。m＝1である（a）を見ると、先ほどと同じように二つの吸引域の大きさは完全に同じである。しかし、内部休止点が相図の右下方向に移動していることに注目してほしい。m＝3のとき、セパラトリックスは前と同様に曲がりくねっており、x軸方向に伸長しているが、この曲がり具合では、右上の吸引域のほうが左下の吸引域よりも大きくなっている。ここでは、進化の速い集団である集団1が、この速度の結果として最終的に高要求に行き着きやすくなっており、遅い集団2は最終的に低要求に行き着きやすくなっている。

では、これらは現実の集団において何を意味するのだろうか。まだ十分には明らかにされていないが、以降では、ここまで見てきた理論的枠組みを用いて、実際の交渉における慣習の創発に、文化的な赤の王および赤の女王効果がどのような影響を与えるのかを説明していく。これから見ていくように、交渉場面では、赤の王効果が重要であると考えられる特別な理由があり、このことが少数派の地位にある集団や、組織に蓄積された記憶を用いることができない集団に影響を与える。

6-2 少数派と赤の王／赤の女王

本章ではここまで、2タイプからなる非常に単純化されたモデルにおいて、つねにこの2タイプは同じ数だけ存在すると仮定してきた。しかし本章の最初で少し述べたように、ブルーナー（Bruner, 2017）は、この仮定を緩めることで進化モデルの帰結に驚くべき効果がもたらされることを示した。当然のことながら、あるタイプが多数派で、他のタイプが少数派であるようなモデルは多くの現実の状況に対応する。たとえばビジネスや学術コミュニティにおいては、一方のジェンダーが少数派（マイノリティ）であることはよくある。同様に、そしてより広くあらゆる文化において、ほとんどつねに人種、文化、宗教などに関する少数派集団が存在する。

ここでの解析にとって重要な事実は、少数派や多数派といった地位によって、異なるタイプの人々に非対称的な学習環境が生み出されることだ。たとえば、90％が白人で10％がラテンアメリカ系からなる会社にあなたがいるとしよう。そしてモデルと同様に、あなたは相互作用する相手のタイプに応じて学習や行動を変えるとしよう。もし、あなたがラテンアメリカ系で、社内の人とほぼランダムに相互作用するならば、あなたは90％の場面で外集団のメンバーと出会うが、内集団のメンバーとはたった10％の場面でしか出会わないことになる。

今度はあなたが白人であるとしよう。すると同じ状況下で、あなたは90％の場面で内集団のメンバーに出会い、10％で外集団のメンバーと出会うことになる。言い換えれば、ラテンアメリカ系であれば、白人に比べて9倍も多く外集団の人物と出会うのであり、内集団の人物に対してはその逆が成立する。この事実は当然、二つの集団に属するそれぞれの人が、いかに速く相手との相互作用の仕方を学ぶかに影響を与える。ラテンアメリカ系の人にとって、戦略的観点からは外集団がきわめて重要になる。というのも、自己の利得の90％は外集団との付き合いによって決まるからだ。逆に、白人にとってラテンアメリカ系は相対的に重要ではない。これは、自集団が少数派であるという、ただそれだけの結果として、文化的な赤の王や赤の女王効果が生じうることを意味する。単に集団の大きさだけが、交渉の社会的ダイナミクスの結果としての不利益を導く非対称性として働くのだ。

このことをより詳細に調べよう。赤の王および赤の女王の少数派／多数派モデルにおいて、われわれはもはや片方の集団に対する速度乗数 m を必要としない。代わりに各タイプの存在比を表す変数 p_i を導入する。$p_1 \geqq p_2$ かつ $p_1 + p_2 = 1$ と仮定しよう。つまり集団には2タイプしか存在せず、多数派が p_1 であるとする。そのような集団に対して、レプリケーター方程式のあるバージョンをつくりだすことができる。それは2タイプ混合の場合の方程式に似ているが、各タイプの利得は、両タイプと出会う頻度によって重み付けされている点で異なる（詳しくは付録を参照）。先の例のように、これは少数派タイプの利得に外集団の行動がより重大な影響を与え、外集団に対処する方法を少数派がより速く学ぶことを意味する。[5]

公平な結果と二つの不公平な均衡が存在する、3戦略ナッシュ要求ゲームをプレイする個体群を考えてみよう。少数派と多数派の集団があり、それぞれが交渉慣習を学習する。戦略が多すぎるため、このモデルの相図

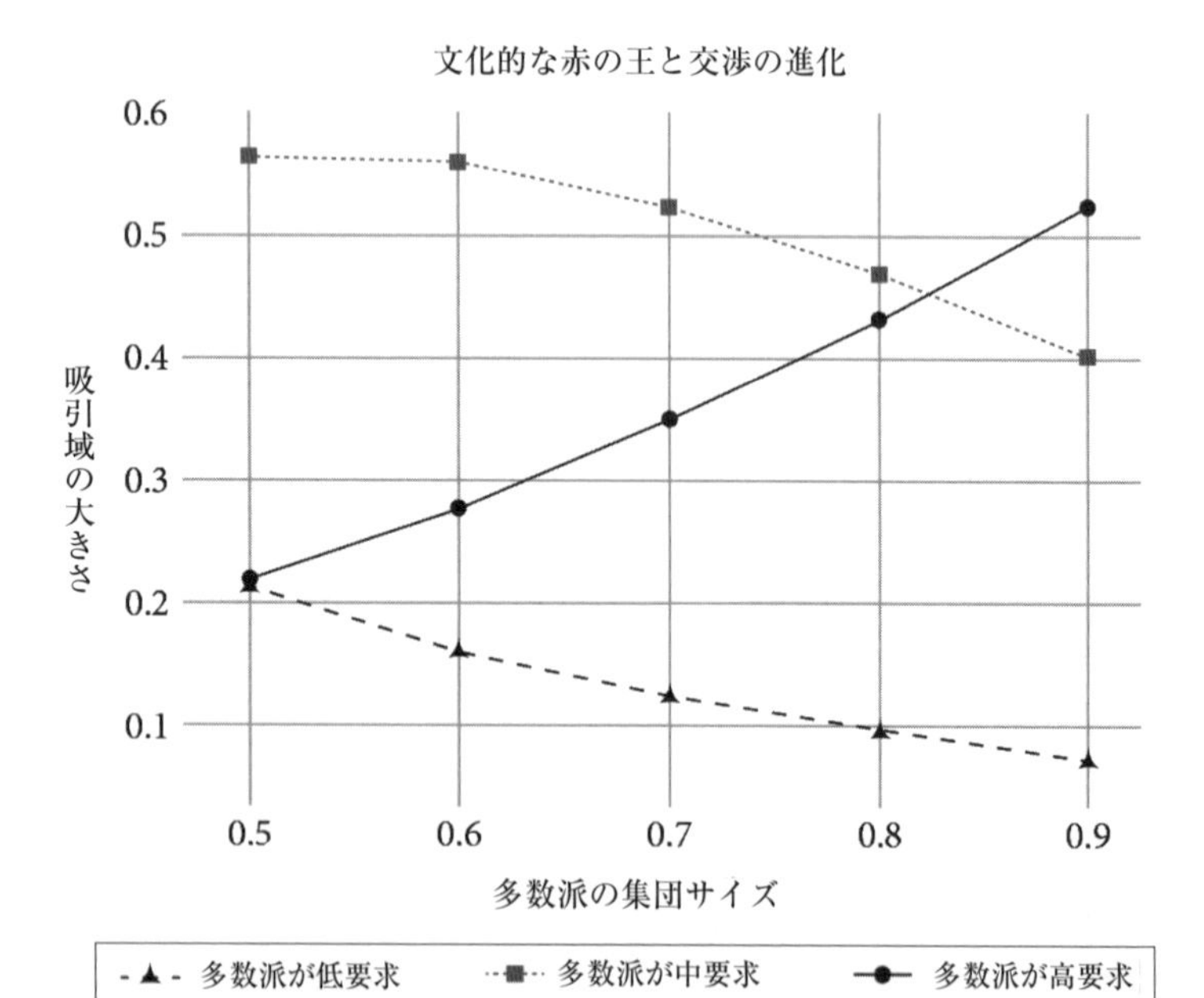

図6-7　少数派集団がある場合のナッシュ要求ゲームを2タイプでプレイしたときの吸引域

を描くことはできないが、**図6-7**は低要求が4で高要求が6であるときの結果の比率を示している[6]。

この図からわかるように、多数派集団の大きさであるp_1を増加させると三つの結果の吸引域の大きさに影響が出る。これはまさに前節で述べた理由による。つまり、少数派が速く進化し、吸引域を分けるセパラトリックスの位置が変化したのだ。今は三つの戦略からなるナッシュ要求ゲームを考えているから、その大きさが変わりうる三つの吸引域がある。このシミュレーションでは、第一に、公平な結果が導かれる割合は減少する。第二に、多数派タイプが高要求をして差別的にふるまう結果の割合が劇的に上昇する。そして最後に、少数派が高要求をする結果の頻度は0に近くなる。多数派が集団の90％を占める場合、もっとも起こりやすい結果は、彼らが差別的にふるまうことなのだ。

前章で私は、そこで述べた不公平に関する説明が、人間の心理に関する最小限の仮定のもとでも成り立つことを指摘した。ここで示した結果もまた、特に少数派が不利になることに関して、類似の説明を提供する。ここでもわれわれは、外集団バイアスや無意識のバイアスといった〔心理的〕効果を無視できる。そしてまた、二つのタイプの個体が能力や選好に関して完全に同一であると仮定することができる。不公平はモデル中で内生的に生じ、しかも少数派であるという事実のみによって、相互作用の力学の結果として不利が導かれるのである。

現実の人々のあいだで、集団サイズのみが本当にこのような効果を導くかを調べるため、モフセニら(Mohseni et al., 2018)において私たちは、人を対象とした実験を行った。実験室に集まった参加者を二つのグループに分け、参加者はランダムに選ばれた外集団メンバーと多数回にわたってナッシュ要求ゲームをプレイした。私たちは、少数派グループのメンバーは低要求を、多数派グループのメンバーは高要求を、それぞれ有意にしやすいことを見出すことができた。またこの違いは、実験の最中に生じたのである。言い換えれば、参加者はこの行動を実験の中で学習したのだ。重要なことは、私たちは参加者に、自身がどのグループに属しているかに関して何の情報も与えなかったことである。そもそもグループが存在することすら伝えなかったのだ！なぜそんな設定にしたのかと奇妙に思うかもしれないが、参加者側の期待ではなく、少数派／多数派のダイナミクスそれ自体が〔不平等な〕結果を生み出すことを確認したかったからである。この実験結果は強固なものではないが、本章で述べたモデルの結果と合わせると、文化的な赤の王効果が実際の交渉行動に影響を与えている可能性があるという証拠となるはずだ。

6-2-1 文化的な赤の女王

ナッシュ要求ゲームでは、文化的な赤の女王効果もまた見出すことができる。3水準の要求があるゲームでは、これは低要求の値が（おおよそ）$L<3$であるときに起きる。ここでも、二つの効果が切り替わるのはモデルの内部休止点の位置によるものだが、もっと直観的な説明もできる。Lが比較的高いときは、シミュレーションの当初では低要求を選ぶほうが集団にとってより良い結果になりがちである。なぜなら、低要求をするとある程度まともな利得が得られるし、高要求よりもリスクが小さいからだ。速く進化する集団は低要求に進化しがちなため、最終的には不利を被る。Lが十分に小さい場合、低要求の戦略はよりリスクが低いのだが、同時にシミュレーションの初期に高要求をする戦略に高い利得を与えがちであり、その結果、速く進化する集団が高要求をする戦略を学び、有利になることを意味する。

図6-8は$L=2, H=8$〔低要求が2で高要求が8〕であるモデルの結果を示している。文化的な赤の女王効果が見て取れる。p_1の値が上昇すると公平な結果の頻度は減少し、少数派集団が高要求に至る結果が多くなる。しかしながら、文化的な赤の女王効果の強さは、先ほどのモデルで見た文化的な赤の王効果よりも相対的に小さいことに注目してほしい。これは、低要求と高要求の差がより大きくなると、交渉モデルが公平な結果に進化しやすいからであった。このモデルでは、少数派集団が非常に小さくなっても、公平な要求は引き続き非常に生じやすいので、赤の女王効果の影響は比較的小さい。多数派集団が90％を占めていても、公平な要求は抜きん出てもっとも起こりやすい結果である。

もっと要求の値を細かくしたナッシュ要求ゲームではどうだろうか？　今回は2タイプからなる集団が、1、

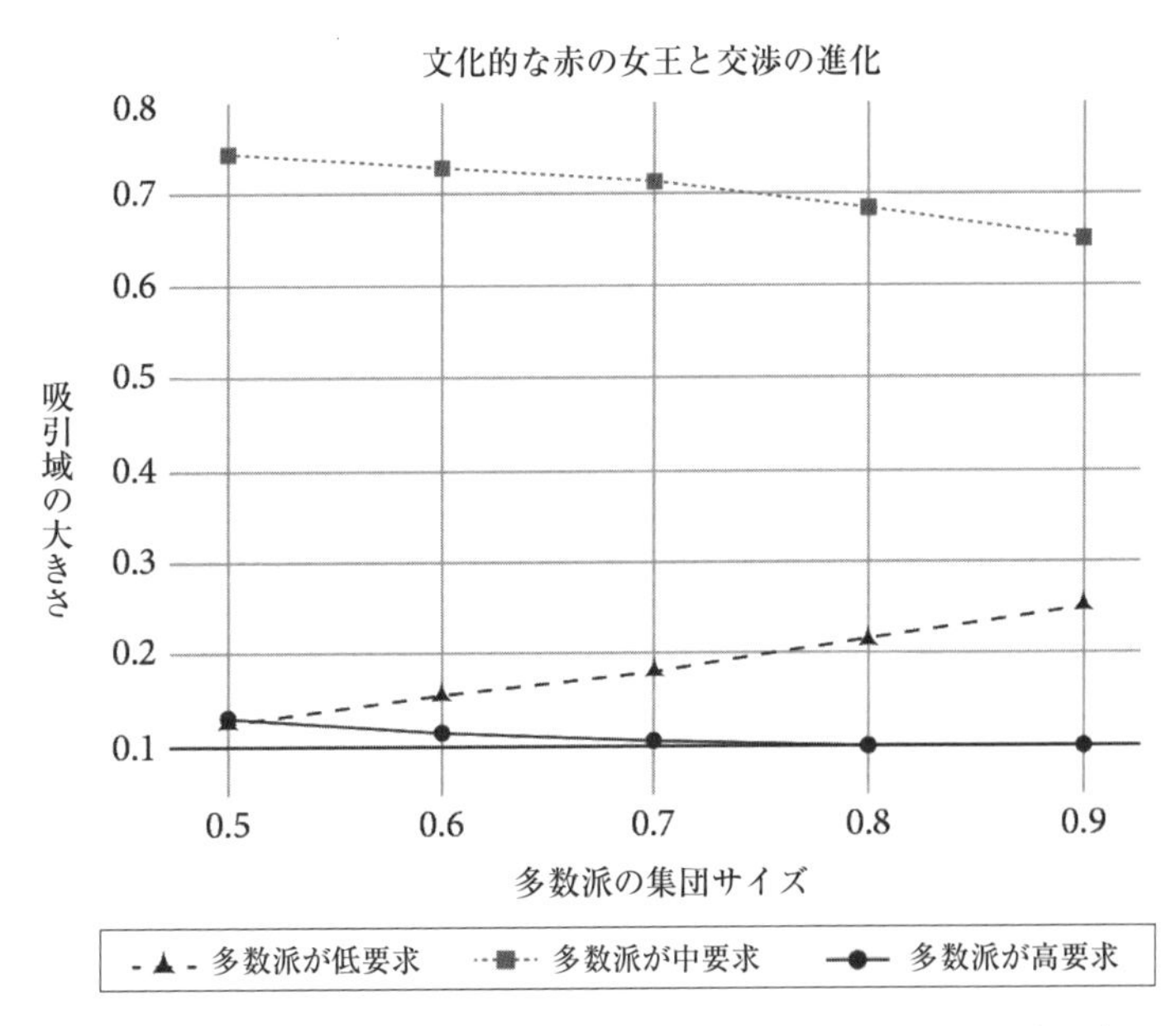

図6－8　少数派集団がある場合のナッシュ要求ゲームを２タイプでプレイしたときの吸引域

3、5、7、9の要求を選べるゲームをプレイして進化するとしよう。要求の値を細かくすると、再び赤の女王効果が見られ、少数派集団が有利になる。**図6－9**でこのモデルのシミュレーション結果を示す。折れ線グラフではなく棒グラフを用いて、五つの可能な均衡の頻度をよりわかりやすくしている。明るい色は多数派が有利になっている領域である。図からわかるように、多数派集団が大きくなると、多数派集団のメンバーが有利になる結果は起こりにくくなる。9種もしくは19種の選択肢など、さらに選択肢を細かくしたナッシュ要求ゲームでも、同じような小規模な赤の女王効果が見出せる。これらのゲームでは、平均的にはシミュレーションの初期に高要求をすることが有利であり、したがって集団規模が小さく、速く進化する集団のほうが最終的に有利になりがちだ。

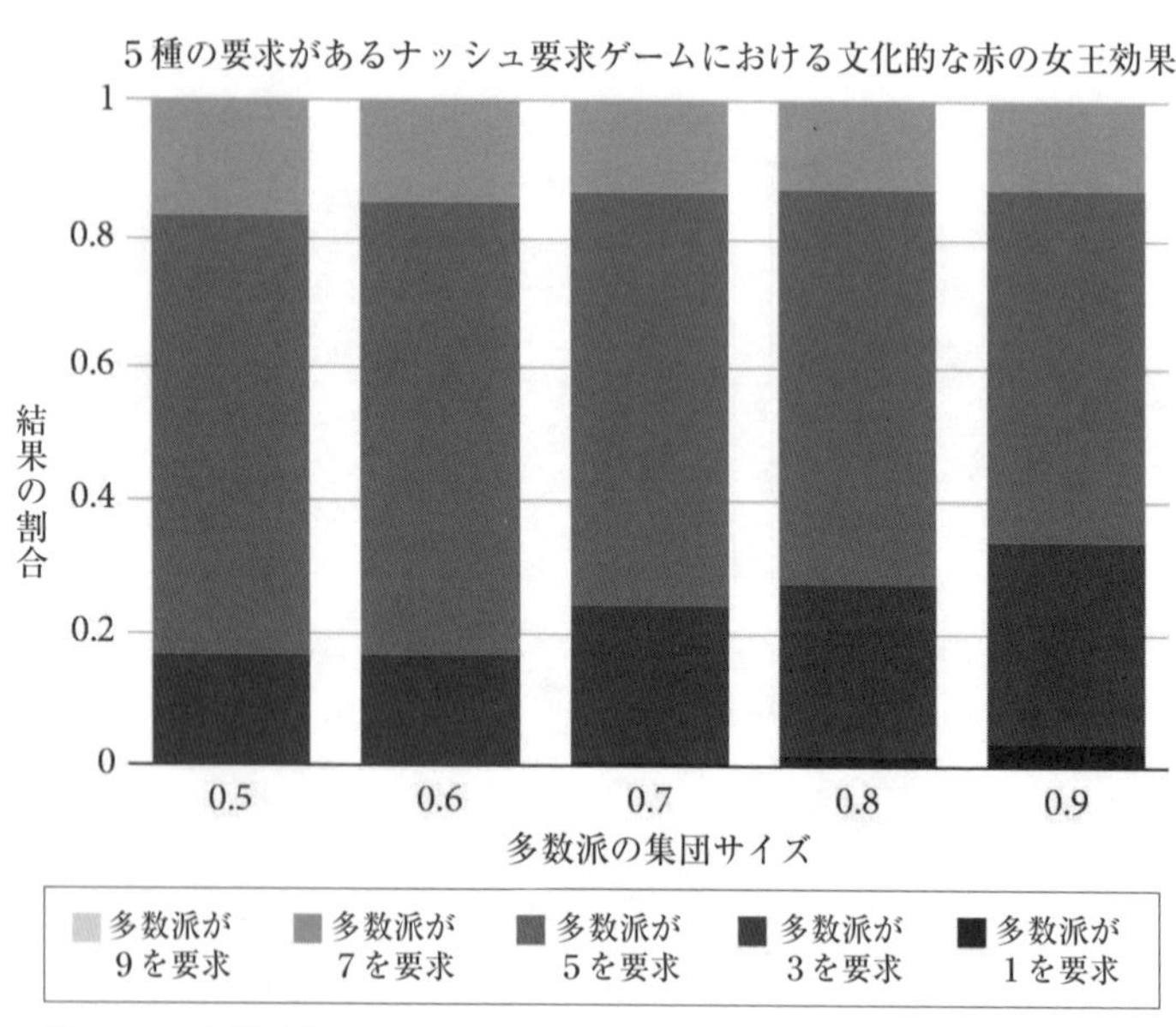

図6－9　少数派集団がある場合のナッシュ要求ゲームを２タイプでプレイしたときの吸引域

この最後の点、つまり要求の値をより細かくしたモデルにおいて赤の女王効果が生じることによって、文化的交渉のシナリオにおいては、赤の女王のほうがより重要な効果だと信じてしまう人もいるかもしれない。もしくは、異なる交渉ゲームでは異なる効果が生じるのだから、交渉規範の創発に関して、これらのモデルはあまり一般的な説明力や予測力をもたないと結論づけてしまうかもしれない。次の二つの小節では、こうした結論があまりに拙速である理由を説明し、文化的な赤の王効果が、特に現実世界の交渉の慣習に非常に大きな影響をもちうることを説明する。

6－2－2　初期位置

文化的な赤の王／赤の女王効果モデルに関係する重要な舞台のひとつは職場である。これには二つの理由がある。第一に、これらの効果は少数派／多数派集団が存在するときに意味をもち、多くの職場ではジェンダーや人種に関してこれが当てはまるからだ。第二に、ジェンダーや人種における少数派集団が、伝統的に白人男性の多い職場に加わった際、もしくは伝統的に女性の多い職場に男性が加わった際、初期にはこの二つの集団は、大きさの面で非常に偏りがある。集団のほとんどすべてが特定のジェンダーや人種で占められており、ごくわずかの割合で別のタイプが存在する。つまり、これらの2集団は、極端な少数派と多数派集団からなるモデルによって表現される状況から始まるのだ。そして、いったん交渉の慣習が成立してしまうと、少数派集団に属するタイプがさらに加わったとしても変化は起こらない。なぜなら集団はすでに均衡状態にあるからだ。言い換えれば、交渉の慣習が、赤の王／赤の女王効果が最大限に働く状況になっているのだ（この種の条件は移民集団が社会に参入する際にも当てはまる。これは文化的な赤の王／赤の女王モデルが対象とする別の重要な例である）。

このような規範が生じる条件について、もう少し付け加えておこう。少数派集団に対する差別の度合いは職場によって大きく異なる。これは、異なる職場では行動に関して異なる慣習がつくられることを意味するが、このような過程は何もない空間から生じるのではない。今までわれわれのレプリケーター・ダイナミクスモデルでは、集団の初期点はランダムに選ばれ、それらの初期点に対してその結果が測定されてきた。言い換えれば、少数派の多くが高要求をする点からシミュレーションが開始される場合と、多数派の多くがそのような要求をする点から開始される場合とでは、どちらも同様に起こりやすかった。現実世界では、少数派集団がすでに差別されている文化的文脈の上で、職場のダイナミクスが動き出すことがほとんどだ。

そこで、集団の初期点を状態空間のすべての点から同様の確率で選ぶのではなく、多数派集団が差別をしている状態空間の領域から初期点を選ぶ確率が高いようなモデルを考えよう。これは、大きな集団から選ばれた

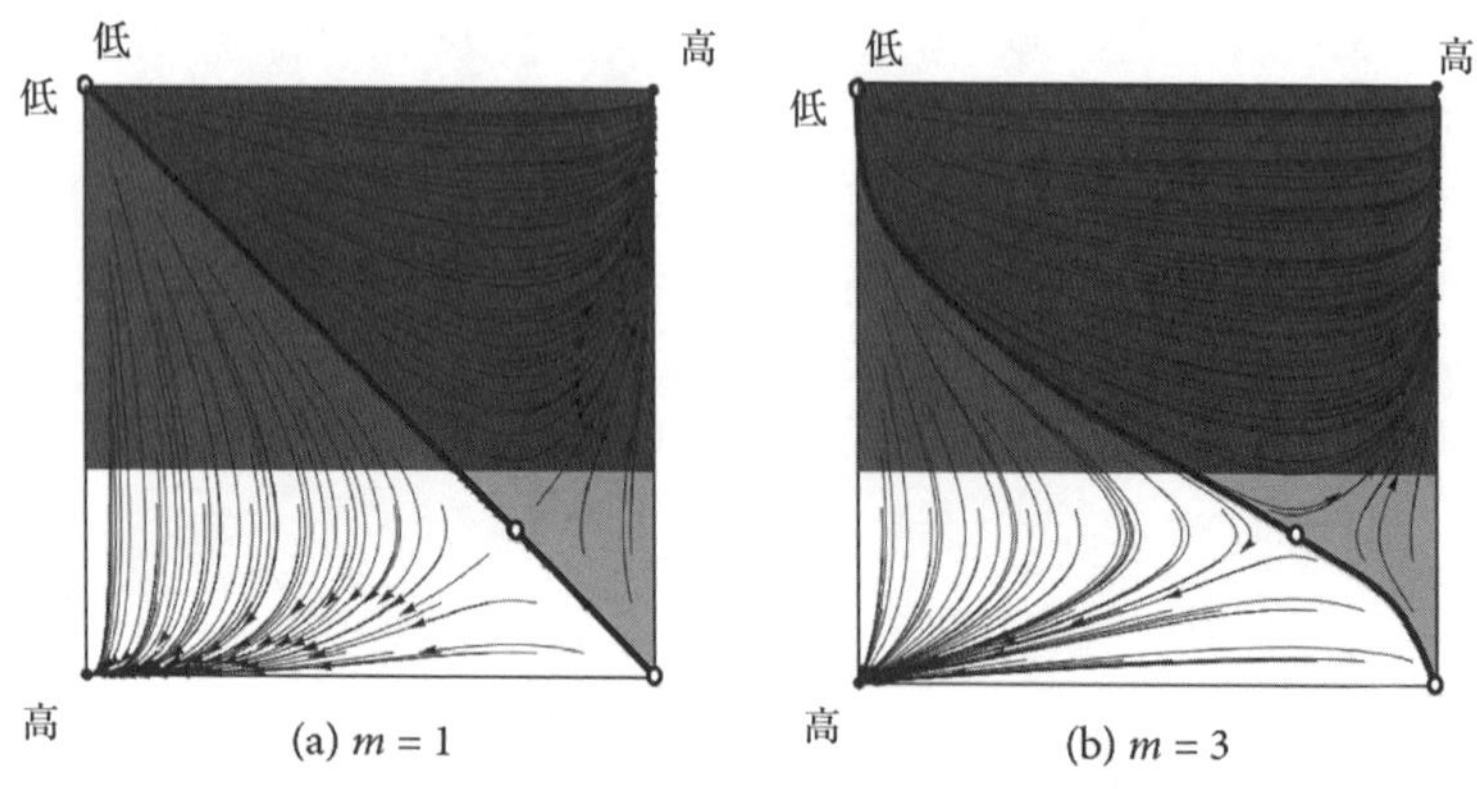

図6-10　2集団がナッシュ要求ゲームをプレイしたときの相図。初期点を制限することにより、一般的な赤の女王効果は赤の王効果へと変わる

個体の多くがすでに差別的な慣習に従っているという仮定の反映であり、多数派の個体は、この学習によって得た行動を新たな文脈においても用いる。[7] この仮定のもとでは、少数派集団が相対的に速く適応することは自身にとって不利に働く。これらの場合では、相互作用の戦略的構造自身は赤の女王効果をもたらしたとしても、文化的な赤の王効果が生じる（O'Connor and Bruner, 2017; O'Connor, 2017a）。

この主張をもっと明確にするために、図6-6から作られた相図である**図6-10**を考えよう。これは$L = 2$である2戦略ナッシュ要求ゲームであり、赤の女王効果が起きる。しかし、集団は相図中で影がつけられていない領域のみから開始すると想像してみよう（この領域では多数派集団が高要求をしがちである）。空間全体では赤の女王効果があるが、この限られた領域では赤の王効果が起きている。少数派の規模が小さければ小さいほど、少数派は最終的に低要求をするように進化しやすい。

この主張は、少数派／多数派の議論においては直観的にうなずける。強い要求をしがちな多数派に対して少数派集団が反応する場合には、少数派は素早く反応し〔進化し〕、調和の道に

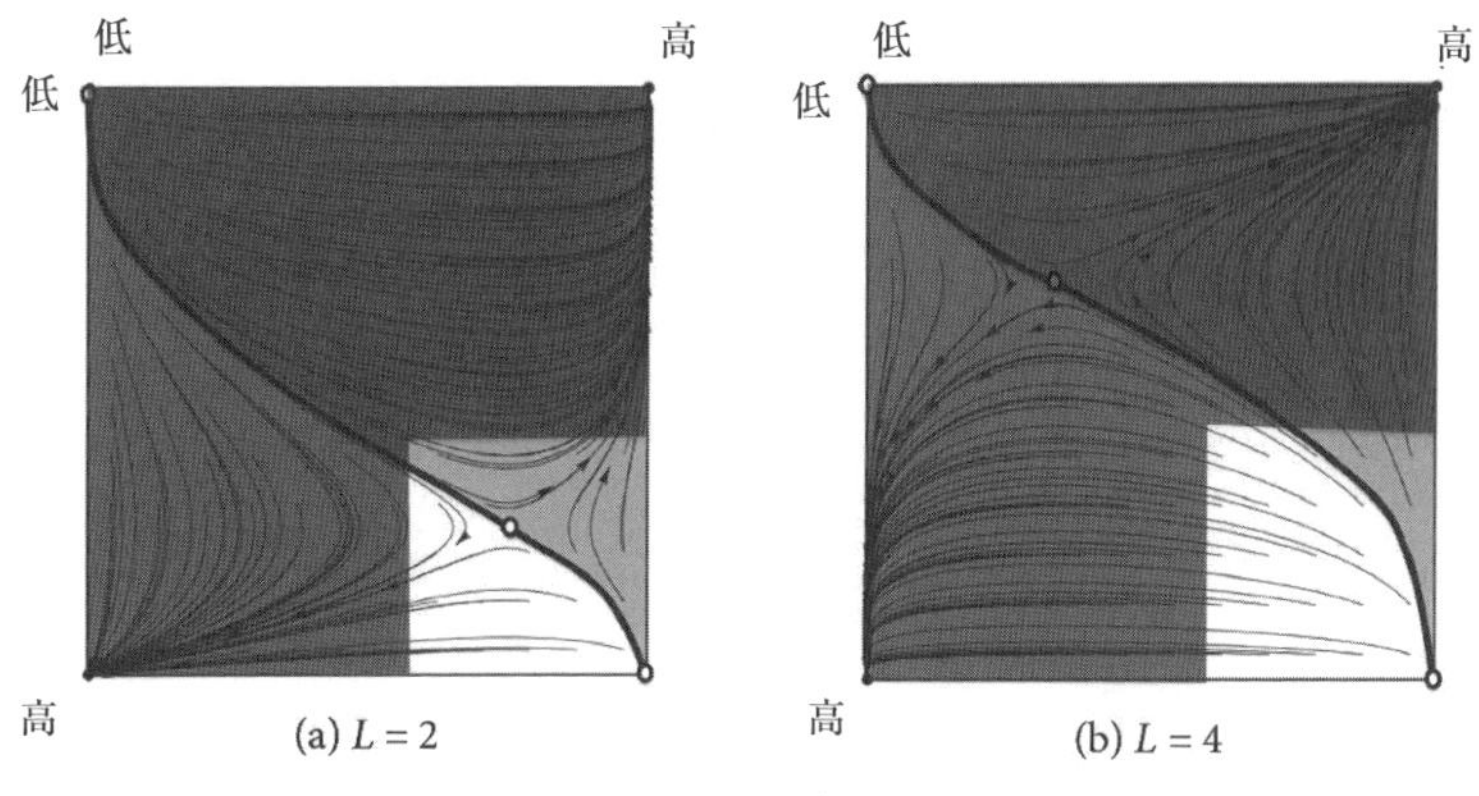

図6-11　2集団がナッシュ要求ゲームをプレイしたときの相図。個体が内集団ひいきを示すと赤の王効果が強化される

向かう。しかし、もしも少数派の反応が鈍ければ〔進化の速度が遅ければ〕、多数派のほうがその要求を調和の方向へ更新するかもしれない。差別の大きな文脈の中で交渉の慣習が生じるときは、少数派という地位がつねに不利をもたらす。〔結果、〕赤の王効果がはびこると予想されるのである。(8)

私（O'Connor, 2017a）が議論したように、個体がごくわずかでも内集団選好を示すならば、非常に一般的に、文化的な赤の王効果が起こることが予測できる。社会の中で少数派と多数派集団が交渉規範を成立させており、それぞれの集団には外集団を差別する傾向がいくらかあるとしよう（今まで無視してきた心理的な内集団ひいきの可能性を、ここでは仮定することにする）。別の言い方をすれば、相図上の集団の初期点は、両集団ともしばしば高い要求をする領域であるとする。この状況下でもやはり、文化的な赤の王の力によって少数派集団は不利になる。**図6-11**はこの点を強調している。最初の図（a）は$L=2$のナッシュ要求ゲームであり、赤の女王効果がある。次の図（b）は$L=4$のナッシュ要求ゲームであり、赤の王効果がある。もし集団が、ともに外集団を差別する状態空間の領域（影のついていない領域）から始まるならば、どちらのモデルでも赤の王効果が生じる。やはりこれも直観的に納得できる。もし両者が高い要求をしているのならば、より反応の速いほうが屈服しやすいということだ。

これらの文化的な赤の王／赤の女王効果が起こる文脈の検討が、なぜ赤の女王ではなく赤の王が交渉慣習の創発を形成すると考えられるかに関する、ひとつめの説明である。次節では、この主張をさらに補足しつつ、文化的赤の王／赤の女王効果に関する頑健性の確認を行う。

6-2-3　頑健性とリスク回避

本書で私は、ペイトン・ヤングによって定式化されたモデル、特にアクステルら（Axtell et al., 2000）のモデルを用いて、私が示した結果についての頑健性の確認を行ってきた。彼らのモデルでは、無限集団、決定論的動学、文化的模倣や学習に代わって、有限集団、確率的動学、限定合理的な最適反応が仮定されていることを思い出してほしい。しかしながら、数多くの重要な結果、つまりこれら二つのモデルの帰結は質的には非常に類似している。ここでは、文化的な赤の王／赤の女王効果がこのモデルにおいても再現されることを示していこう（O'Connor, 2017a）。相互作用する個体の数を〔多数派／少数派の〕いずれかの集団で変化させると結果も変わり、その変わり方はまさに、レプリケーター・ダイナミクスの結果から予測されたものである。そしてまた、次に見るように、おそらくより重要な点として、このモデルの枠組みから、確立された経済学的現象――すなわちリスク回避が、われわれの結果に与える影響も読み取ることができる。これから見るように、個体がリスク回避傾向を示すと、赤の王効果はますます重要になる。

二つのタイプからなるN人の個体がいるモデルを考えよう。タイプ1の割合をp_1とする。各ラウンドで2

個体がランダムに選ばれ相互作用をする。各個体は、２タイプの相手それぞれとの過去の相互作用に関する有限の記憶を持つ。個体は、覚えているそれぞれとの過去の相互作用で、用いていればもっとも高い利得を生み出したであろう戦略を選択する。

時間とともに、このモデルの個体たちは、モデルの均衡点に対応する吸収状態、つまり慣習に向かう。それらは両者に公平な要求か、もしくは不公平ではあるが両立しうる要求である。[9] 二つのタイプ群が同じ大きさならば、有利になる可能性は互いに等しい。しかし、あるタイプの数のほうが多ければ、先のモデルと同様に、文化的な赤の王／赤の女王効果が生じる。これらのシナリオでも、少数派が多数派に対して出会う確率はその逆を上まわる。このモデルで少数派は、多数派に会った際の記憶を、多数派が少数派に対してするよりも格段に速く更新する。結果として少数派の戦略はより速く変化する（この結果のより詳しい紹介は O'Connor, 2017a を参照）。

したがって、文化的な赤の王／赤の女王効果は、かなり違ったモデルを採用した場合でも頑健である。この事実によって、これらの効果は真に現実世界の事象に影響を与えているであろうという確証が高まる。そして、これから示すように、このモデルの一群には新たな仮定を付け加えることもでき、結果としてこれらの効果のより深い理解につながる。

6-2-3-1　リスク回避

交渉の慣習の創発に関する同様のモデルで、ヤング（Young, 1993b）は、個体がリスク回避性を示すと仮定した。これは、個体が財に対して抱く価値が財１単位ごとに逓減するというものである。もし仮に、財を単に x

単位受け取るか、期待値が$x+\varepsilon$であるくじを引くかの選択肢を与えられると、期待利得はより小さいにもかかわらず、確実なほうを選択するような正のεが存在する。[10] リスク回避は多くの状況での人間の実際の選好を反映しているので、経済学における一般的仮定とされる（Kahneman and Tversky, 1984）。

そこで、今までのモデルに、個体がリスク回避の選好を持っているという仮定を加えよう。有限の記憶に対する最適反応を選択する上で、各個体は、利得は大きいがリスクも高い結果よりも、利得は小さいがリスクは低い結果に対して選好をもつ。[11] この変更は、これらのモデルの赤の王／赤の女王効果に大きな影響を与える。

1から9までの九種類の要求のあるモデルを考えよう。レプリケーター・ダイナミクスでそうであるように、このモデルは赤の女王効果を示す。p_1が大きくなればなるほど、多数派のメンバーはより小さな要求をしがちになる。これらの結果は**図6-12**に示されている。p_1が大きくなると明色の領域が少し大きくなることに注目してほしい。これは多数派集団が不利になりやすくなることを示す。[12]

しかし、リスク回避をモデルに加えると結果は逆転する。タイプ1の割合が増すと、タイプ1は最終的には高要求をするようになりやすい。**図6-13**はリスク回避選好を加えたモデルの結果である。図からわかるように、多数派の集団が増加すると、多数派がより有利になる。$p_1=0.9$のとき、60％以上の頻度で多数派集団が差別的になり、少数派集団はシミュレーションのわずか15％のみで差別的にふるまった。

では、これらの結果は何を意味するのだろう？　個体がリスク回避の傾向を示す限り、創発する交渉慣習において、文化的な赤の王効果は少数派集団を不利にするはずだ。ここでの直観的な説明は、低要求の戦略は、規模は小さいが確実な利得を保証する一方、高要求は交渉不成立のおそれがあるので、リスク回避傾向によって、すべての個体にとって低要求が望ましくなるというものである。各個人は低要求に惹きつけられるものの、

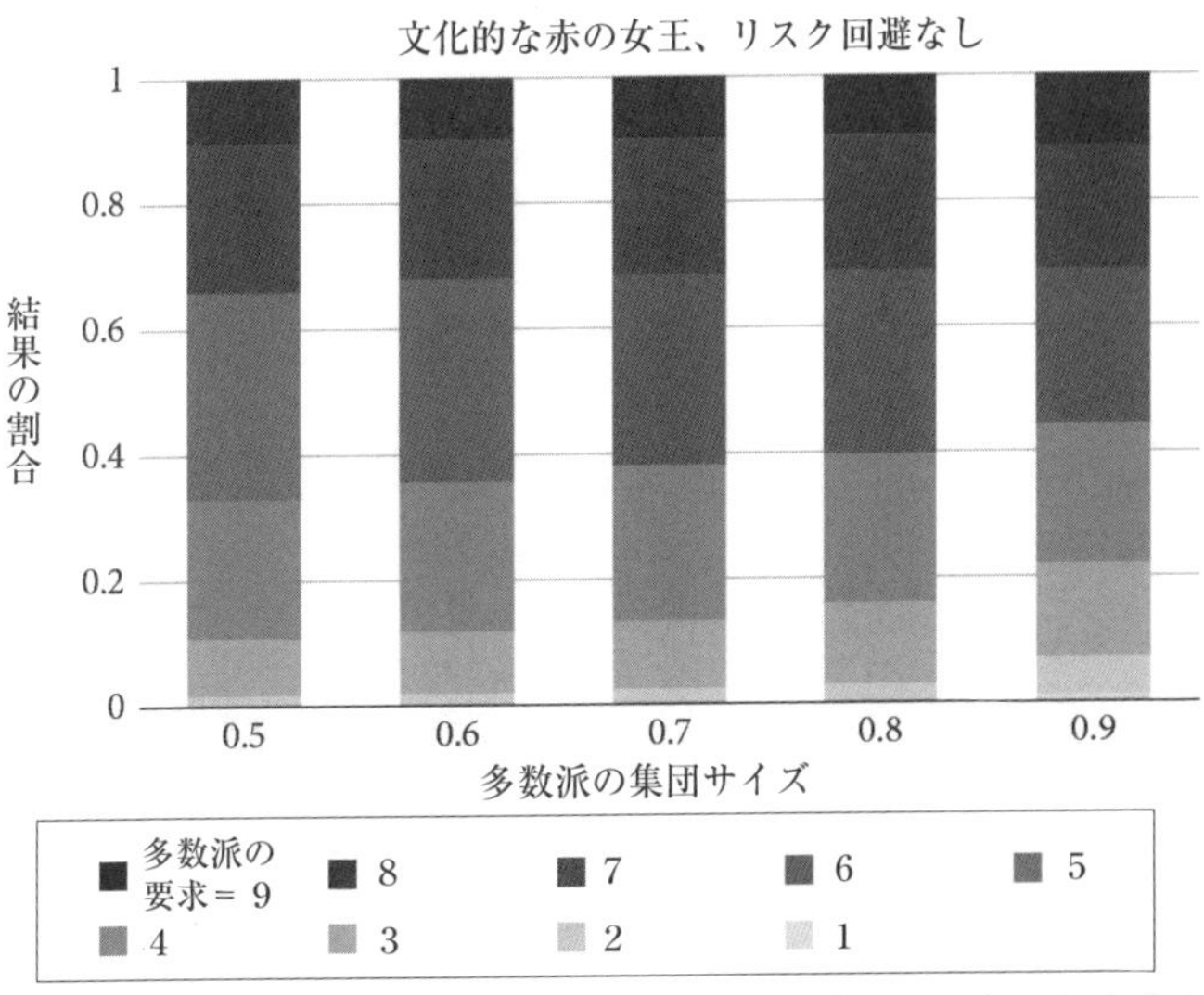

図6-12　少数派集団がある場合のナッシュ要求ゲームを２タイプでプレイしたときの吸引域

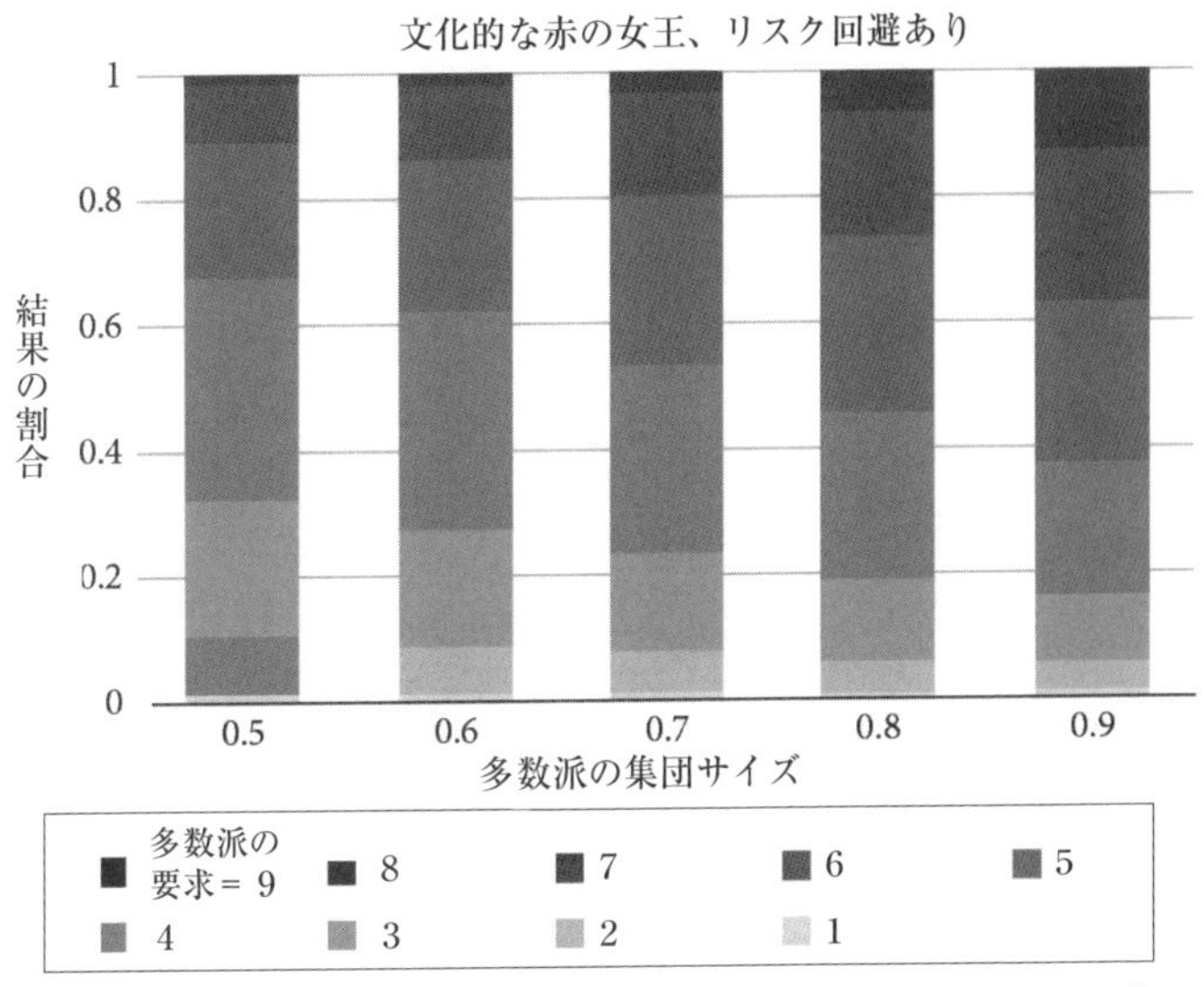

図6-13　少数派集団がある場合のナッシュ要求ゲームを２タイプでプレイしたときの吸引域

少数派集団のほうがより素早く反応するので、そのことによって多数派集団が高要求をして有利になる状況が生まれる。要求の選択肢がより少ない場合や多い場合、もしくはリスク回避のレベルを異なるようにした他のモデルでも同じ論理が当てはまり、一般的にリスク回避傾向は赤の王効果を強め、赤の女王効果を弱める。このことは、少数派集団が最終的に不利に陥ることを意味する。(13)

特に、少数派と多数派の相互作用の場面においては、この結果に注意すべきいくつかの理由が存在する。ギソとパイエラ（Guiso and Paiella, 2008）は、資産の少ない者に比べて資産の多い者はリスク回避的になりにくいこと、そして将来のリスクを予期する回答者はよりリスク回避的であることを発見した。言い換えれば、赤の王効果は、貧困層と少数派の共通部分において、とりわけ強いかもしれない。経済的に不利な少数派集団が、さほど不利でない多数派集団と相互作用する場合、赤の王効果は強く現れるだろう。経済的に安定した少数派集団が、恵まれない多数派集団と相互作用するときは、この効果は弱められるだろう。

まとめると、交渉の慣習の創発に関して、赤の王効果は、少数派集団が単に少数派の地位にあるという理由のみで、彼らを不利にする可能性が確かに存在する。差別的な規範の存在、不利な集団に特に見られるリスク回避傾向、そして内集団ひいきなどのいくつかの現実的条件は、この効果をさらに悪化させる。

この主張の頑健性を支える結果は他にもいくつか存在する。次章で説明するように、ルビンとオコナー（Rubin and O'Connor, 2018）において私たちは、エージェント・ベースのネットワーク交渉モデルで、文化的な赤の王の類似物を発見した。ブルーナー（Bruner, 2017）はオリジナルの研究で、この効果はさまざまな動学にわたって頑健であり、内集団における正の同類性はこの効果を妨げないことを発見した。オコナーとブルーナー（O'Connor and Bruner, 2017）で私たちは、個体が外部オプションを持つときですら、この効果が起こることを示した。おそらく驚くべきこれらの一連の発見は、偏見によって少数派集団が直面する一般的な問題に加えて、単純に動学的な効果によっても、より多くの不利に晒されるリスクを彼らがかかえていることを意味している。

6-2-4　倍化効果

話を続ける前に、少数派／多数派モデルに関して、もうひとつ言及しておくべきことがある。計算機科学者のカレン・ペトリーは、男性と女性が異性に関する同数の性差別的発言を行ったならば、一人の男性あるいは一人の女性が受ける差別発言の数は、ジェンダー比に対して指数的に増加すると指摘している。だから、たとえば女性と男性のジェンダー比が1対2ならば、女性は男性よりも4倍の性差別的発言を受けることになる。もしジェンダー比が1対5に高まると、女性は25倍もの性差別的発言を受ける。

このいわゆる**ペトリー乗数**（Petrie multiplier）は、われわれが調べてきた種類のモデルにおいて、少数派集団が被る追加的な不利益と似たところがある。少数派／多数派の非対称性が、異なるタイプの人々に異なる学習環境を与えるだけでなく、いったん交渉の規範が成立してしまうと、異なった相互作用環境をも生み出してしまう（O'Connor and Bruner, 2017）。90%が白人で10%がラテンアメリカ系である会社の例に戻ろう。もしラテンアメリカ系の人々を不利にする規範がタイプ間で発達すると、ラテンアメリカ系の人々は、相互作用の90%で低要求をするようになる。〔逆に〕白人を不利にする規範が発達しても、白人は相互作用の10%で低い要求をするのみである。別の言葉で言えば、不利な交渉の慣習は、少数派集団の人々に特に損害を与える。なぜなら、彼らはより頻繁に外集団と出会うからだ。もちろんこうした非対称性は、有利な慣習を手に入れた少数派が、結果として大きな利益を得ることも意味するのだが。

6-3 組織に蓄積された記憶

2タイプの個体が交渉を学ぶが、一方がより**「組織に蓄積された記憶」**とも呼ぶべきものを利用しやすい状況を考えてみよう。具体的には、彼らは自身の内集団における過去の交渉の経験をより良く思い起こすことができるとする。このような状況は、たとえば社交クラブで過去の交渉の経験を共有できたり、過去の相互作用についての情報交換ができる同窓ネットワークがあるなど、一方のグループが人脈に優れている際に現実社会でも起こりうるだろう。ファンら（Hwang et al., 2014）が家庭内の交渉の例で指摘したように、「他の男性との社会的な交遊の機会のある男性は、家庭での役割と親族関係のネットワークに制約される女性に比べて、情報上の有利さを持つ」（34）のである。

ヤング（Young, 1993b）は、このような状況においては、より情報を持ったタイプが交渉の慣習において有利であると議論している。彼のモデルは、私が先ほど検討したモデルとは少しだけ異なる。各個体は私的な記憶を持つのではなく、過去m回起きた交渉の相互作用のうちの、ひとつのランダムサンプルを持つ。これは、各ラウンドで個体が、自分に起きたことだけでなく、他者に起きたのを目撃したことに対しても最適反応をとることを意味する。ヤングはこのモデルを解析し、確率的安定均衡を求め、集団間で公平な要求に行き着くだろうと予測した。しかしながら、もし一方の集団が、組織に蓄積された記憶をより長く持つならば、この予測は変わってくる。（他方に比べて）一方の記憶が長ければ長いほど、その側が均衡ではより多くの資源を得るのだ。ガロ（Gallo, 2014）は非常に類似した証明を与えたが、そこでは記憶に関する違いは、具体的にはネットワーク構造から生じるものだった。彼は、一方の集団のメンバーのほうがより強固なネットワークに属し、その結果として過去の相互作用に関するより多くのサンプルを自分の周囲から得た上で反応するという状況を検討した。この文脈では、予測される交渉の慣習に関して、ネットワーク密度が高いことが有利に働く。ボウルズとナイドゥ（Bowles and Naidu, 2006）とファンら（Hwang et al., 2014）は、個体が異なる最適反応ダイナミクスを用い、彼らが「契約ゲーム contract game」と呼ぶ、基本的にひとつの結果は公平で、他方の結果は不公平である協調ゲームをプレイするモデルを考察した。彼らもやはり情報が有利さをもたらすことを発見した。彼らの例では、一方が他方をより観察できると、最終的に有利な慣習を獲得しやすい。

なぜこのような結果が生じるのだろうか？　どちらが多くを得るかに関して、なぜ記憶の長さやネットワークの密度が大切なのか。実は、これらの結果は、ある種の文化的な赤の王効果である。三つの例のすべてにおいて、一方が多くの事例を観察できることで、〔個々の結果に対する〕反応性が弱まり、戦略を頻繁に変えにくくなる。ファンら（Hwang et al., 2014）の言い方によれば、「裕福な者は広い視野を持つことで、貧しい者たちの特異な行動に対する反応性が低くなる」(6)のだ。この点をさらに明確にするために、一方は過去1回の相互作用の記憶しか持たず、もう一方は10回の相互作用の記憶を持つような2個体を、ヤングやガロのタイプのモデルで考えてみよう。1回分の記憶しか持たない個体は、もっとも直近に経験したことに対してつねに最適反応をとるので、別の相手に出会えば毎回戦略を変化させる。10回分の記憶を持つ個体は、複数ラウンドにわたってある程度の〔戦略の〕定常性をもつ。1回限りの相互作用の結果は、おそらくこの個体の最適反応には影響を与えないだろう。ヤングもガロも、個体はリスク回避的選好を持つと仮定したので、組織に蓄積された長期的な記憶を持ち、したがって〔相手の戦略に対する〕反応性の低い側が有利となる。反応性の高い側は、より良いネットワークを持つ個体に比べて低い要求に変わっていくことが多く、結果として創発する慣習においては低要求をするように進化する[14]（ボウルズとナイドゥ Bowles and Naidu, 2006 とファンら Hwang et al., 2014 の例では、個体が犯すエラーは自分に有利に働くので、相手に対して反応性が低いことにつねに有利さが存在する）。

6-4 権力と学習

前章では、交渉の慣習に関し、権力がいかにしてある社会集団のメンバーを有利にするかを詳細に議論した。ブルーナーとオコナー（Bruner and O'Connor, 2015）で具体的に例示したもうひとつの権力の姿は、まだ議論していなかった。なぜなら、この力が赤の女王／赤の王効果によって機能するからである。

2集団がある交渉をしているが、一方の集団にとっては、この交渉は現在行っている多数の交渉のうちのひとつでしかない状況を考えよう。もしくは、この集団が、不動産や信託資金の運用、なんらかの労せず稼げるような仕事といった他の収入源から利益を得ていると考えよう。つまり、一方の集団にとってはこの交渉が唯一の利得源であるが、もう一方にとっては相対的に重要でない相互作用であるとする。このようなモデルの現実の例は、地主と小作人のあいだの交渉や、一方の性別がより賃金を稼げる場合の男女間の交渉だ。図6-14でこのシナリオの利得表を示した。ここでbは、より権力のある側が余分に得る背景利得である。

これが追加されることで、一方が他方との相互作用をどれだけ速く学ぶかに影響が出る。直観的には、より権力のある集団の構成員にとって、この相互作用はあまり重要でなかったり、惹かれるものでなかったりする

プレイヤー2

		低	中	高
プレイヤー1	低	4＋b, 4	4＋b, 5	4＋b, 6
	中	5＋b, 4	5＋b, 5	0＋b, 0
	高	6＋b, 4	0＋b, 0	0＋b, 0

図6-14　一方の個体に背景利得があるナッシュ要求ゲームの利得表

ので、彼らのほうが戦略の更新が遅くなる。そして、この利得表への変更が具体的に、少数派という地位や、組織に蓄積された記憶における非対称性と同様、赤の王／赤の女王効果を誘発する。ここでの結論は、経済的な権力がそのタイプの反応性に影響するがゆえに、この差異によって交渉における有利さがもたらされるということである。

6-5　交差性（インターセクショナリティ）による抑圧

本章と前章では、二種類目の不公平である、ある集団が別の集団を搾取する状況の進化について扱ってきた。特に、交渉の慣習に関する限り、集団間の差異によって一方が有利になるさまざまな過程を見てきた。ここまで見てきたように、いろいろな意味での権力（ネットワーク力や組織に蓄積された記憶も、ここでの広義の権力に含まれる）や多数派という地位は、特定のグループを有利にする。これらの効果を用いて、各個人が社会的アイデンティティに関して複数の側面を持ちうる場合に、社会集団の交差する部分においてはどのような類いの不公平が生じうるかを検討しよう。

なぜこれを考えるかといえば、二元的な社会カテゴリーのみを通して不公平を理解しようとするアプローチは視野が狭いと主張する、**交差性（インターセクショナリティ）**理論家からのインスピレーションによる。交差性の理論家たちが指摘する通り、われわれが抑圧を理解するためには、さまざまな人口カテゴリーの交差する部分を見なければならない場合がある。たとえば、黒人女性であることが、個人の期待しうる給料水準に与える影響は、「女性であること」と「黒人であること」の影響の単なる組み合わせではないかもしれない。コリンズとチェップ（Collins and Chepp, 2013）は、「交差性の知的プロジェクトのひとつめの中心的考え方は、権力のシステムは……それぞれ単独では理解できないという点にある。その代わりに、権力のシステムは、互いと交わり互いを作り出しながら、物質的現実の不平等や、それを特徴づける差異化された社会経験をもたらす」（60）と述べた。交差性研究における重要なテーマのひとつは、不利をもたらす二つのアイデンティティをあわせ持つ個人が被る不利益は、相加的ではない場合があるという観察事実だ。言い換えれば、その不利益はそれぞれの部分の和よりも大きくなる。

このことから、一連の疑問が生じる。本書で展開された枠組みを用いて、特定の交差的な不公平をモデル化することができるだろうか？　これらの効果はどのようなパターンを見せるのか？　複数の不利な社会カテゴリーに属する人々は、そうした交差性の結果として、特別な不公平を経験するのか？　オコナーら（O'Connor et al., 2017）において、リアム・コフィ・ブライトとジャスティン・ブルーナーと私はこれらの問題に答えようとし、その過程で、より実証的観点に基づいた交差性理論の一般的な方法論化に寄与しようとした（これら方法論的寄与の詳細については原論文を参照）。私たちの論文では、進化的交渉モデルにおいて、交差性による不利益が生じうるさまざまな状況を検討した。ここでは、不利な社会的アイデンティティが交差している〔複数の属性を兼ね備える〕人々が、特に不利益を被る理由を記述したモデルをひとつだけ議論しよう。私たちの単純

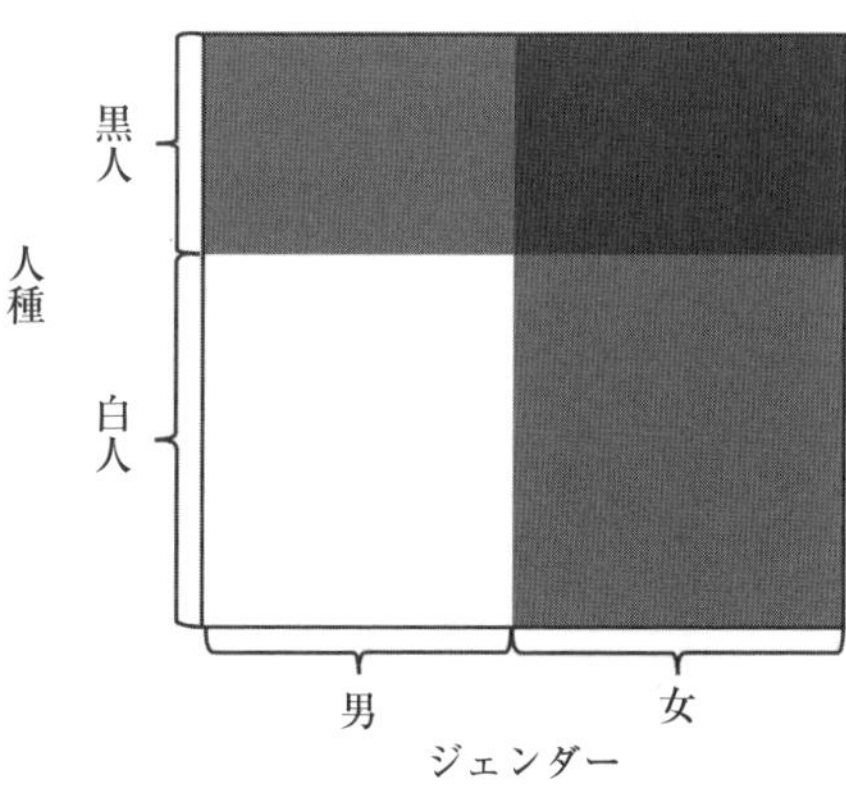

図6-15　ジェンダーと人種の二つのカテゴリーを持つ集団

化されたモデルが、交差性の抑圧に関するすべての社会的特徴を補足できているとはまったく考えていないことを強調しておきたい。ここでの問題は、比較的少数の条件から、どれだけの結果を得られるかということだ[15]。

交渉の相互作用に関連する、二つの次元のアイデンティティがある集団を考えよう。すなわちジェンダーと人種である。この集団では、男性と女性の割合は等しく、白人が多数派で黒人は少数派であるとする。**図6-15**はこの集団を表現している。これを見てわかるように、二つのアイデンティティの交差により、集団には四つのタイプが作られる。つまり白人男性、黒人男性、白人女性、黒人女性である。

ここで次のような状況を想定してみよう（これは、ややとってつけたような状況だが、すぐ後でその理由を説明する）。各行為者は二つの場面で交渉する。すなわち、職場では報酬の水準について、家庭ではそのうち何割を自分で管理できるかについて、それぞれ交渉するのだ。そして、職場では人種がより主要な社会的カテゴリーであるとしよう。そのため、行為者は人種に着目し、交渉の戦略を決める際には人種に対して行動を条件づける。一方で、家庭ではジェンダーがより主要な社会的カテゴリーであるとしよう。このシナリオでは、交渉の慣習の創発にあたって、二つの連関したプロセスが生じる。職場では人種間の交渉に関する慣習が生じ、同時に家庭ではジェンダー間の慣習が生じるのだ。

この設定は、不公平を理解する目的のために、さまざまな側面のアイデンティティを単純に分離することはできないという、交差性理論の根本テーゼを否定しているのではないかと指摘されるかもしれない。われわれはこの設定の代わりに、〔人種とジェンダーの〕交差性を表現する四つのタイプを想定し、それらすべてのあいだに交渉の慣習が生じるモデルを検討することもできる。実際、オコナーら（O'Connor et al., 2017）ではそのようにして、文化的な赤の王効果によって、もっとも規模の小さい交差カテゴリーのタイプが特に不利益を被ることを発見した。〔しかし〕ここでは上記の職場–家庭モデルに絞って考える。なぜなら、そうすることで、アイデンティティの交差性が弱い場合と強い場合の二つの状況を容易に比較できるからである。これから示すように、交差部分に関する仮定がより強くなると、有利な交差タイプと不利な交差タイプのあいだの不公平が増す。

行為者らが2戦略ナッシュ要求ゲームをプレイすると仮定しよう。この2場面モデルでは、四つの組み合わせの進化的帰結が可能である。職場では白人もしくは黒人が高要求をし、家庭では男性もしくは女性が高要求をするので、結果の組み合わせとして、たとえば黒人と女性が高要求をする、といったものがある。タイプ間が対称ならば、これらの結果の組み合わせが起こる頻度はそれぞれ等しい。しかしながら、職場では多数派（白人）と少数派（黒人）に分かれており、家庭では〔男女で〕力の不均衡がある可能性を考えてみよう。具体的に、4と6の二つの要求があり、白人の割合p_1が0.5から0・99まで変化し、男性の決裂点の値が0から3.9まで変化する（しかし女性はつねに0である）モデルを考えよう。これらの変化は、社会集団にとって二つの

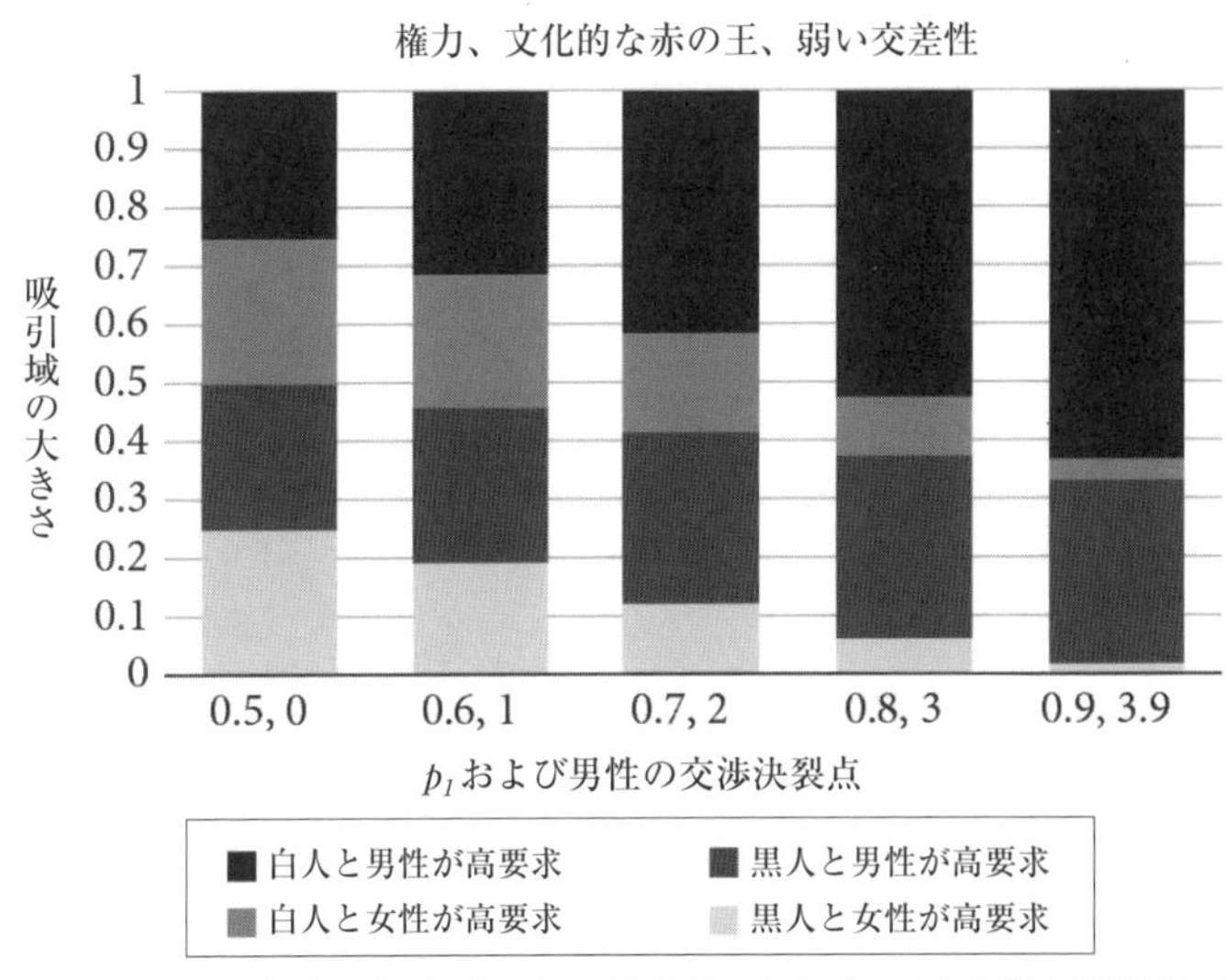

図6-16　四つの交差タイプがナッシュ要求ゲームをプレイする際の吸引域の大きさ

不利益の源が生じたことを意味する。黒人は文化的な赤の王効果の結果、職場において不利となり、女性は権力の不均衡の結果、家庭内で不利になる。

先ほど述べたように、各タイプに対する条件づけでは、職場では人種が重視され、家庭ではジェンダーが重視される。交差部分に関してより弱い仮定のモデルにするため、社会的模倣においても同様のことが成り立つとしよう。つまり、人々は職場では自分と同じ人種を模倣し、家庭では自分と同じジェンダーを模倣するが、交差部分のカテゴリーに注意を向けるわけではないとする。このことは、このモデルの結果が、交渉に関する二つの別個のモデルの結果の単純な組み合わせとなることを意味する（つまり、二つの過程は完全に独立に起きる）。**図6-16**でこのモデルの結果を示す。少数派であることによる不利と、権力がないことによる不利の両方が増すと何が起こるか、その感じをつかむために、パラメータ空間の小さな部分集合のみに焦点を当てる。x軸では、白人の割合p_1と、男性の交渉決裂点の値が同時に増加している。各グラフの色は四つの結果の吸引域を示す。一見してわかるように、黒人女性が特に不利な立場に追い込まれている。彼女らは職場でも家庭でも、もっとも低い要求をするようになりやすく、最終的にいずれの場所でも低い要求をしやすくなっている。対照的に白人男性は、このアイデンティティの交差によって特に有利になっている。

この例では、進化過程は独立に起きるものの、各行為者の利得は職場と家庭で起きることによって決まるために、二つの過程の和を超える、交差性による特別な不利益が見てとれる。たとえば、もっとも不利益が極端なパラメータ値（p_1が0・99かつ男性の交渉決裂点が3・9）では、全シミュレーションにわたる利得平均は白人男性で3・22、白人女性で2・24、黒人男性で2・68、黒人女性で1・86であった。もしも、黒人が職場で直面する不利益だけや、女性が家庭で直面する不利益だけを考えていたならば、この黒人女性の特別な不利益を見逃してしまっただろう。全体にわたる不利を考えていれば、黒人は白人に比べ利得が低く（2・27対2・73）、女性は男性に比べ利得が低い（2・05対2・95）ことを発見しただろうが、黒人女性の不利益を理解するためには、黒人女性をことさら調べなければならなかっただろう。

二つめのモデルを見ていこう。相互作用の場面のそれぞれで、2タイプの中から模倣の相手を探す代わりに、個体はそれぞれの場面で自分と同じタイプの組み合わせの他者しか模倣できないとしよう。つまり、黒人男性は職場において、男性という地位がこの交渉の場とは無関係であるにもかかわらず、同じ黒人男性しか模倣できないとする。**図6-17**にこのモデルの結果を示す。先ほどのモデルと同じようなパターンであるが、有利なタイプと不利なタイプのあいだには、より劇的な差が生じている。この例では白人男性は、先のモデルでの63%に対し、全シミュレーションの80%近くで高い要求をしている。これは交差性に関する仮定を強めたことに

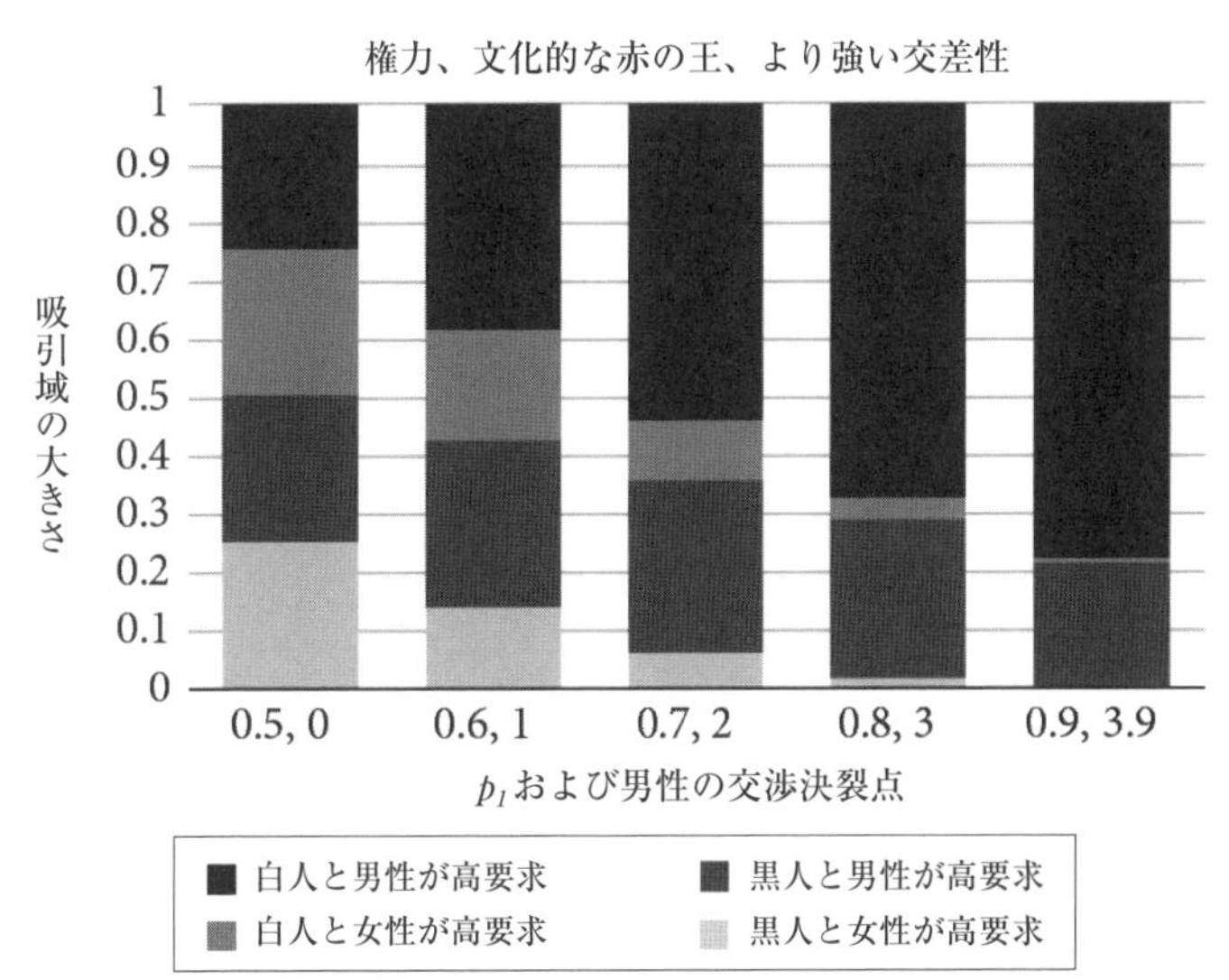

図6-17　四つの交差タイプがナッシュ要求ゲームをプレイする際の吸引域の大きさ

よる直接の帰結である。各行為者は自分と同じタイプの組み合わせの人しか模倣できないので、タイプ間の集団規模の差はより重要となり、より強い赤の王効果が生じたのだ。

前2章で検討したすべてのモデルと同様に、ここでの交差性による不利は、交渉相手のタイプによって行動を条件づけ、自己に最善の利益をもたらすように行動を学習した結果として生ずる。ここでも交差性による抑圧を、単純なダイナミクスの効果として説明できる（無論、これらの説明が現実世界における差別事象の全体を捉えていると考える根拠には乏しいが）。ここでも、二元的な社会集団に比べて、タイプ間の交差が生み出す集団に特別な不利益が生じるのには、ごく限られた前提条件しか必要ないのである。

＊＊＊

本章では、有害な不公平を引き起こすダイナミクスに関する議論の主要な点をまとめた。特に、他者の戦略に対する反応性の違いが、交渉規範の創発に与える影響を検討した。ここまで見てきたように、これら一連の結果が与えるもっとも重要な示唆は、少数派集団に関するものである。交渉の場面では、単純に少数派であるという地位そのものによって、集団間の他の非対称性がなくても、文化的赤の王効果が交渉における不利をもたらす。また、少数派という地位以外に、組織に蓄積された記憶に乏しい集団や、経済的により不安定で背景利得に乏しい集団には、同じような不利が生じる。これらのモデルのさらなる応用についても検討した。オコナーら（O'Connor et al., 2017）で示したように、動学的結果として、これらのモデルでは交差性による特別な不利益が生じる。次章では、少し違った問題に目を向けることにしよう。われわれが考えてきたような不平等な慣習の類いがいったん成立してしまったら、このことは相互作用における選択に、どのような影響を与えるのだろうか？

〔原注〕
（1）シェリングとの関係を指摘してくれたジャン＝ポール・カルヴァルホに感謝する。
（2）事はそれほど簡単ではなく、本章の最後の節では、利得が変化の速さに影響を与える例を考える。
（3）彼らは実際には、このゲームの相関的協調バージョンを調べた。彼らは相手種とのみ相互作用する2種を考えたので、この差は問題とならない。われわれは、文化的集団で異なるタイプのメンバーが自らのグループと相手グループの双方のメンバーと相互作用する状況を考えるので、ここでは補完的協調バージョンを用いる。
（4）特に、内部休止点において集団2で低要求を選択する個体の頻度が2／3であるとする。すると、ある均衡の最大吸引域は状態空間の2／3となる。
（5）この方程式と少数派／多数派効果一般についての詳しい情報は、ブルーナー（Bruner, 2017）やオコナーとブルーナー

（O'Connor and Bruner, 2017）を参照。

（6）本節の以降の結果と同様、これらの結果は離散時間レプリケーター・ダイナミクスを用いて各パラメータに対しシミュレーションを1万回行った結果である。

（7）これと関連してビッキエリ（Bicchieri, 2005）は、新しい相互作用場面が与えられたときに、人々がどのようにアナロジーを用い、行動を協調させるために既存の文化的方策を用いるかを詳細に検討している。このような方策とは、ジェンダーや人種に基づいて条件づけられた行動を含む。

（8）もちろん、少数派タイプが高い要求をし、多数派タイプが低い要求をする大きな集団からサブ集団がサンプルされた場合は、再び赤の女王効果が予測される。少数派の迅速な反応は既存の社会パターンを再生成するだろう。

（9）ヤングの枠組みから逸脱して、ここでは個体のエラー確率は0とするので、モデルでは吸収状態に到達しそこにとどまる。

（10）なぜこれが直観的な選好となるかは例で明らかになるだろう。1000ドルをかならずもらえるか、もしくは50％の確率で2001ドルをもらえる選択肢を与えられたとしよう。後者の期待利得のほうがわずかに大きいが、確実に1000ドルをもらうほうがきわめて合理的だろう。カーネマンとトヴァスキー（Kahneman and Tversky, 1984）は、人々がリスク回避やリスク選好の選択をする条件を詳細に記述している。

（11）これは凹な効用関数を追加して実現できる。特に、示されているシミュレーションでは $u(x) = 3ln(x+1)$ を用いた。なぜなら利得0の点も考えられているし、凹であるし、単調増加ではあるが傾きは大きすぎないからである。この関数がどのように選好に影響するか雰囲気をつかもう。この効用関数をもつ個体は、5を確実に得るか10を75％の確率で得るかに関しては無差別になる。もちろん、この関数を使わない個体の場合、確実に5を得ることと50％の確率で10を得ることが等しくなるのは明らかだろう。このような性質をもつ他の関数をとっても構わない。

（12）結果はこれらのモデルで1万回シミュレーションを行い、安定吸収状態に落ち着いた帰結を測定したものである。

（13）ボウルズとナイドゥ（Bowles and Naidu, 2006）やファンら（Hwang *et al.*, 2014）による一連の研究は反対の発見をしている。分配に関する慣習への選好においては、より大きい社会階級の側が不利になる。彼らのモデルでは、個体は自分が有利になるような誤りを犯し、より小さな階級に属する個体のほうがそうしやすい。これは、少数であれば多くの割合の個体が協調的に他の慣習へ移行することが起こりやすいからだ。そのため少数派の望む慣習へのシフトが起き、多数派に不利が生ずる（反応性と非対称性は無関連なので、これは赤の女王効果ではないことに留意してほしい）。彼らは各ラウンドで各個体が、自らの戦略を相手集団に対する最適反応へとある確率で更新するといった、慣性のある近視眼的最適反応ダイナミクスを用いている。しかしブルーナー（Bruner, 2017）は、このダイナミクスを用いたモデルでは文化的な赤の王効果は生じないことを発見した。各集団で同じだけの割合の個体が時刻ステップごとに反応するので、両集団は相手に対して同じような反応性を示すからだ。現実では、このような状況で小集団が大集団の行動を変えるのは難しいだろう。なぜなら大集団は相対的に反応性が低いからだ。

（14）これらの結果と文化的な赤の王との関係に関するより深い議論についてはオコナー（O'Connor, 2017a）を参照。

（15）ホフマン（Hoffmann, 2006）は、複数の社会的アイデンティティの標識を持った個体がタカ－ハトゲームをプレイするモデルを考えた。彼は、個体が相互作用に関係する最大7次元のアイデンティティを持ちうる状況を考えた。彼のモデルでは、個体は学習した反応を、相手が属するすべてのカテゴリーに対して一般化できるので、黒人男性との相互作用はすべての黒人に、そしてすべての男性に関する学習に用いられる。これはわれわれが採用するモデルとは少し違うが、交差性による不利益を検討できる可能性を持つ（彼自身は当該モデルを、この領域の理論に当てはまるとはみなしていないが）。

第7章　差別と同類選好

フェルドンら（Feldon et al., 2017）は、生物科学分野の博士課程1年の大学院生336名を対象に、1年間にわたって2週間ごとに各自の研究時間を記録するように求めた。1年の終わりに調査を実施し、その中で院生たちが著者として参加した出版物の数を尋ねた。その結果、業績と関連しそうな変数を統制した上でも、女子院生は男子院生よりも研究に費やす時間が圧倒的に多いことがわかった。また、研究時間100時間あたりでは、男性のほうが女性より15％も多く著者としての立場を獲得していることが明らかとなった。つまり、同じ研究時間あたりに割り当てられる学術上のクレジット〔著者としての貢献によって与えられる評価〕という意味で、女性は不公平な立場に陥っていた。

学界における性別に基づくクレジットの不公平を指摘した研究はこれだけではない。ウェストら（West et al., 2013）や杉本（Sugimoto, 2013）は、さまざまな分野において女性が第一著者や最終著者〔著者順と貢献との関連は分野による。分野によってはもっとも「大物」が最終著者を務める〕になる可能性が低いことを明らかにしている。サーソンズ（Sarsons, 2017）は、経済学者が終身在職権（テニュア）を獲得する可能性に、研究成果が及ぼす影響を調べた。彼女によれば、男性は共著と単著の出版物のどちらでも同じように上昇することがわかった。一方で、女性が終身在職権を獲得する可能性は、単著の出版物や他の女性との共著論文の場合には（男性と類似して）約8％

上昇するが、男性と共著の出版物では2％しか上昇しない（共著者が男女混合である出版物では4.5％しか上昇しない）。つまり、共同研究者たち自身が公正にクレジットを与えようとする場合でも、共同研究として最終的に付与されるクレジットは女性に著しく不利になっている（少なくとも経済学の分野では）。

もうひとつの結果として、多くの学術分野において、女性は共同研究を選択する可能性が低く、共同研究をする場合には同性を相手に選ぶ傾向にあることが示されている。特に経済学をはじめとする女性が少ない分野で、こうした現象が見られる（Ferber and Teiman, 1980; McDowell and Smith, 1992; Boschini and Sjögren, 2007; West et al., 2013）。さらに、デル・カルメンとビング（Del Carmen and Bing, 2000）は、黒人の犯罪学者は共著者になる確率が低いことを見出している。またボッツら（Botts et al., 2014）は、黒人の哲学者が哲学の下位区分に集まる傾向にあり、人種哲学などの下位区分では、白人の学者の割合が低いことを明らかにしている。

本章の目的は、本書でこれまで展開された枠組みを用いて、「差別的な慣習や規範は、相互作用のパターンにどのような影響を与えるのか」という問いに答えることである。特に、差別の結果として同類選好的な、あるいは偏りのある内集団の相互作用が導かれるという因果関係を明らかにするためのモデルを紹介する。

これらのモデルは、一般的な戦略的相互作用のダイナミクスに適用されるものであるが、本章では事例研究として学界コミュニティを取り上げる。学界における共著関係についての貢献度に関する差別は、共同研究ネットワークと同様に幅広く研究されているため、この事例は有用である。これらのモデルによって、先述の文献から得られた二つの実証結果のあいだにある因果関係が導き出されるだろう。女性研究者に与えられる学術的なクレジットが低くなると、結果として、男性との共同研究を避けるよう学習することが示唆される。

まず、差別を受けている人々が、共同行為や資源分配の状況から離脱できるモデルを見ていく。これらのモデルでは、差別を受けている人々は、共同生産された資源の配分率が相対的に低いため、他者と共同作業をする可能性が低く、単独で作業する可能性が高いことがわかる。次に、相互作用の構造をより明確に表現したネットワークモデルを説明する。この枠組みを用いて、特に同類選好（homophily）の創発に注目しながら、相互作用的なネットワーク構造と差別的行動が、どのように相互に影響しあうのかを探っていく。また、これらのモデルでは、社会集団ごとの資源の得やすさに差があり、生産能力に非対称性が生じる場合、何が起こるのかを見ていく。この非対称性によって結果は劇的に変わりうる。最後に、これらのモデルが学界コミュニティと特に関連しているという議論で締めくくる。科学研究には多様性が必要だとよく言われるものの、差別的な慣行は、科学研究チームにとって有効な多様性を低下させる可能性がある。このような視点から、ここでは同類選好的な共同研究ネットワークに介入する可能性と、そのような介入がもたらす潜在的結果について言及する。

7-1　外部オプションの選択

オコナーとブルーナー（O'Connor and Bruner, 2017）では、二つのタイプ（男性と女性、白人と黒人など）で構成されるコミュニティで、差別的な交渉の慣例が維持されている事例が想定されている。これは、二つのタイプのメンバーが資源を分配する際には、有利なタイプが不利なタイプよりもつねに多く資源を受け取ることが起こる状況を意味する。われわれの問いは、この仮定が、個体の戦略的相互作用の選択にどのような影響を与えるのかということである。

外部オプションがあるナッシュ要求ゲームを特に見ていこう（図5－7参照）。しかし前とは少し解釈を変え、分配される資源は両行為者が共同生産した資源であると想定しよう。一般的に共同行為は人間の生産性を向上させることが多いが、（1）誰がどのような作業をするか、（2）生産された資源を誰がどれだけ手にするのか、という問題が発生する。言い換えれば、共同行為のほとんどが資源分配の状況であるとも言える（Wagner, 2012）。

この解釈では、ナッシュ要求ゲームにおける戦略の理解を少し変える必要がある。特に、投資した作業量に応じた相応の利得の要求が、行為者の戦略に表されると考える。[1] このバージョンのゲームにおける中要求とは、資源を生産する作業のほとんどを行った個人が、資源の大部分を要求するような場合に対応する。あるいは、両行為者が公正に労働を分担した場合には、ほぼ半分の資源量を要求する場合に対応する。高要求とは、たとえば個人がさほど生産に貢献していない状況で、資源の70％を要求するような場合である。前述したように、これらのモデルの学界的な解釈を後ほど詳しく説明する。この解釈に従えば、高要求とは、30％の仕事しかしていないのに論文の筆頭著者になりたがるような研究者を表すだろう。この解釈が、前記の「差別的な慣習は、さまざまな社会集団の人々のあいだで起こる共同行為にどのような影響を与えるのか（そして、これらの事例の中で差別は人々の同類選好を高めるのか）」という問いに置き換えられることに注目したい。

外部オプションがあるナッシュ要求ゲームでは、行為者はリスクのある交渉の代わりに、水準は低いが確実に得られる報酬を選択できるオプションを持っていたことを思い出してほしい。このモデルは、差別的な環境下に置かれた行為者が、共同行為から離脱することを学習する傾向にあるかどうかを調べるための枠組みを提供する。つまり、差別に直面したとき、彼らはむしろ単独で作業することを学習するのだろうか？

外部オプションがつねに2で、行為者が差別的な規範に従って、一方のタイプの要求がつねにL、他方がH

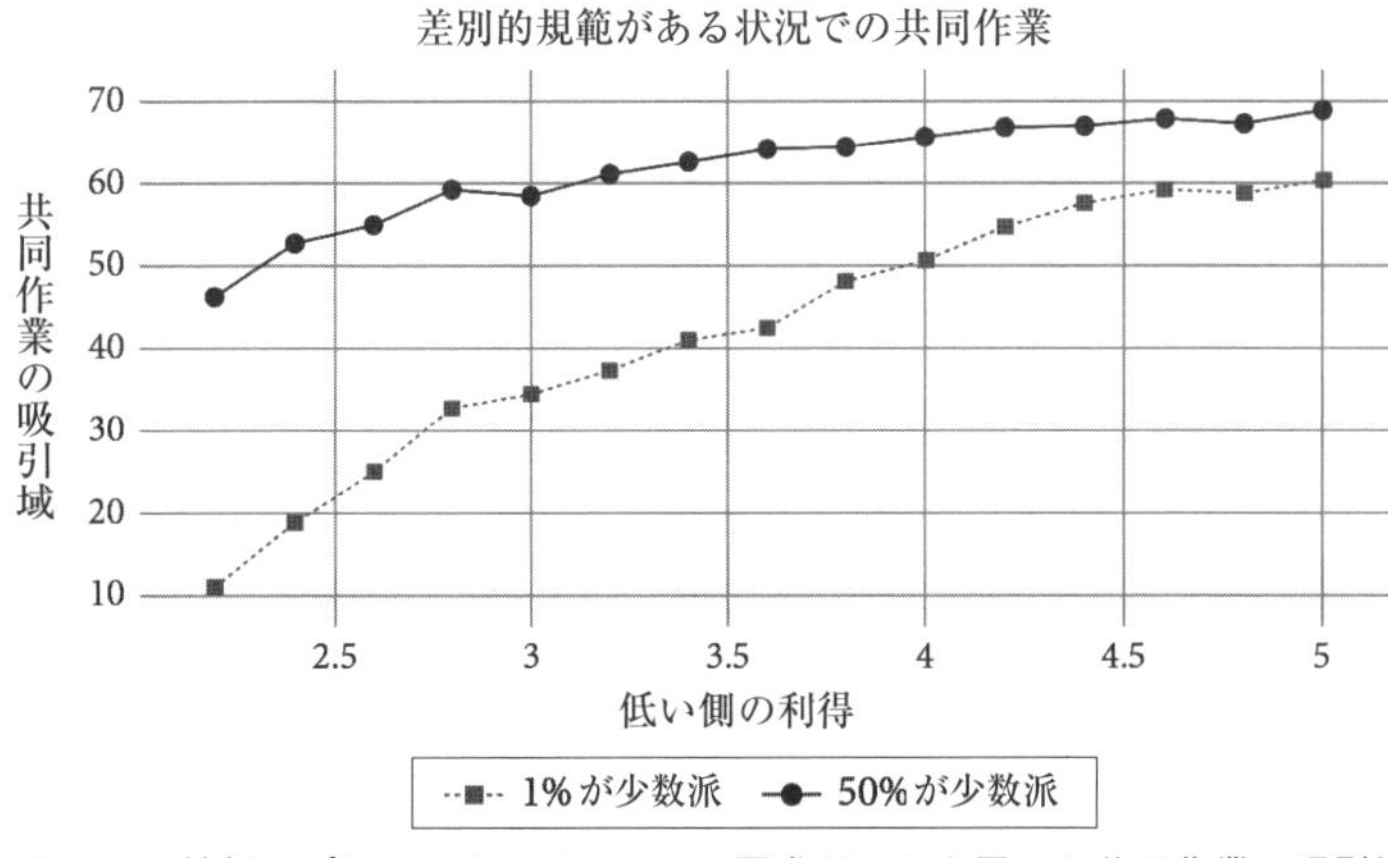

図7−1　外部オプションのあるナッシュ要求ゲームを用いた共同作業の吸引域

となるようなモデルを考えてみよう。**図7−1**は、これらのモデルの結果が単独作業ではなく共同作業で終了する割合を示している。[2] 二つの集団間の不公平性が増す（Lがより低くなる）と共同作業の可能性も低くなる。この現象は、$L>2$の条件下で、利得という観点ではつねに共同作業したほうが生産的であるにもかかわらず、生じることに注目したい。不利な立場にあるタイプは、利得が相対的に低いことに加えて、共同作業にリスクがともなうため、単独作業をする可能性が高くなる。この傾向は小規模な少数派集団ほどより強く見られる。少数派が個体群内の1％しか占めておらず、低要求の利得が非常に小さい場合（$L=2.2$）、タイプ間での共同作業は約10％でしか発生しない。すでに述べたように、差別的な共同作業の結果として得られる利得のほうが、両者にとってはよりましであるという事実にもかかわらず、である。

この結果から、不利な集団に属する人々が差別を受けた場合、交渉を必要とする共同作業を控えるように学習しがちであることが示唆された。つまり、これらの結果をまとめると、本章の冒頭で述べた実証結果のあいだには因果関係があると考えることができる。すなわち、女性が論文のクレジットに関して差別を受けていると、彼女らが単独の著者になることも多くなるはずである。とはいえ、先ほど述べたモデルでは、より具体的な相互作用の選択（たとえば、不満のある相互作用の相手を、より少ない報酬しか要求しない別のパートナーに変えるなど）を表すことはできない。そのため、ここでは同様の現象に関するネットワークモデルについて説明する。

7-2　ネットワークと同類選好

科学哲学者のハナ・ルビンとオコナー（Rubin and O'Connor, 2018）は、差別的な規範が多様な集団間の共同作業を阻害する可能性をさらに探究した。この節では、私たちの共同研究について説明しよう。具体的には、**ネットワーク**上で隣人とナッシュ要求ゲームを行う個体の相互のネットワークに注目する。ネットワークの各**ノード**〔節点〕は個人を表しており、各**エッジ**〔線分〕は相互作用による接続を表す。**図7-2**はこのようなネットワークを表現した例であり、この図では二つのタイプの8人の個人と、そのあいだの八つの接続が示されている。

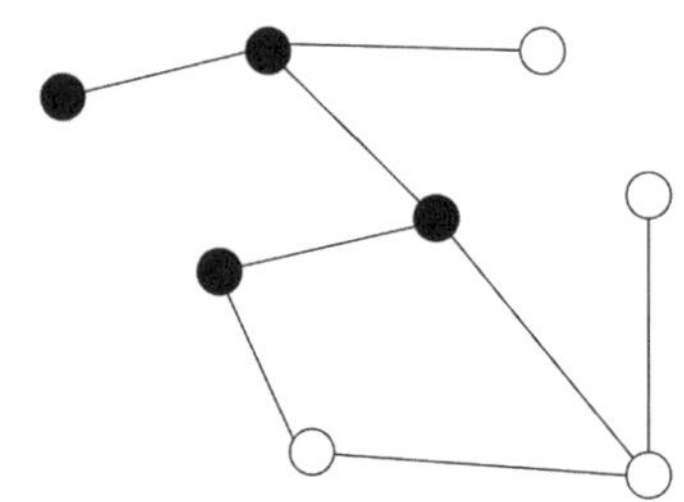

図7-2　黒と白のノードで表された二つのタイプのネットワーク。エッジは個体間の相互作用的な接続を示す

私たちは、差別的な慣習とネットワーク構造との相互作用をシミュレーションによって検討した。これらの相互作用を十分に説明するために、

調査を三段階に分けて行った。第一段階では、モデルのひとつの側面、すなわちネットワーク構造を固定し、行為者が交渉の慣習を進化させられるようにした。第二段階では別の側面、つまり交渉行動を固定して、行為者がネットワーク上で相手を選択できるようにした。最後は、両方の要素をそれぞれ変化させられるようにした。後に明らかになるように、これらのモデルでは（O'Connor and Bruner, 2017 の無限個体群モデルと同様）、差別は異なる社会集団間の協力を阻害する。しかしながら、ここで論じるネットワーク構造では特に、差別の結果として同類選好〔内集団を優先する相互作用〕が生じる可能性が示されている。

7-2-1　ネットワークを固定し交渉戦略を進化させるモデル

本節では、ネットワークが固定されていると仮定して、それが交渉行動の出現にどのような影響を与えるかを見るモデルを説明する。ここでは、ネットワークモデルにおいて、前章の無限個体群モデルと同様に差別が発生するのかを検討する。さらに、ネットワーク構造が差別の創発にどのような影響を与えるのかも調べる。まず、二つのタイプの行為者が存在するネットワークを想定することから始めよう。具体的には、あるアルゴリズムを用いてランダムなネットワークを作成し、2個体の可能な組み合わせごとに、ある確率 p でエッジが形成される。ここでは、内集団と外集団とのあいだで個体が接続する確率が異なる可能性を考慮している[3]。内集団のエッジ p_{in} が外集団のエッジ p_{out} よりも形成される確率が高ければ、ネットワークの同類選好が示される。

以降で扱うモデルでは、ほとんどの場合、行為者はレプリケーター・ダイナミクスに応じて戦略を変更すると仮定している。しかしネットワークモデルでは、個体はその個体群内でランダムに交流するわけではないため、ネットワーク構造を考慮したルールに更新する必要がある。そこで、ここでの個体は、隣人が示す戦略にもっともよく反応すると仮定する。[4] シミュレーションでは、各個体に戦略をランダムに割り当てることから始める。各試行において個体は、ネットワーク上の隣人と協力すると仮定する。ある低い確率で、各個体は自分の戦略を更新する。隣人の行動を考慮して、もっとも高い利得を達成できる戦略に変更するのである。たとえばスージーには隣人の女性が3名いて、その全員が中要求をし、隣人の男性4名は全員が低要求をするとする。彼女がとる最良の反応は、女性には中要求、男性には高要求をするように切り替えることである。これは限定合理性に基づく更新ルールであることに注意してほしい。スージーは、次の試行で隣人が何をするか、彼らが自分にどう反応してくるかを予測しようとはしていない。彼女は自分の目先の環境に反応するだけである。時間の経過にともなって、シミュレーションの個体群は安定した行動パターンに収束するが、これは共同行為をめぐる交渉慣習に類するものを表していると考えられる。

ポーザら（Poza et al., 2011）の先行研究と同様に、これらのモデルではつねに、前章で説明したような慣習が進化することがわかった。特に、低・中・高要求を選択できるナッシュ要求ゲームに着目したところ、進化の結果、一方あるいは他方の集団が高要求をするか、お互いが公正な要求をする慣習が定着していた。これらの結果は利得構造に左右され、これまでの章で見てきた例と同様に、集団間で公正な慣習がもっとも出現しやすいが、不公平な慣習も一般的によく出現していた。

意外なことに、ネットワーク上の同類選好の程度は、集団間の交渉慣習の創発には影響しないようである。つまり、個体が自分と同じタイプの人と好んで交流するかどうかにかかわらず、同じように差別が発生する。これはなぜだろうか？　これらのモデルでは、実際には三つの別々の文化進化プロセスが発生している。ひとつは集団内、もうひとつは集団間である。第一の集団内、第二の集団内、そして集団間における行為者の行動

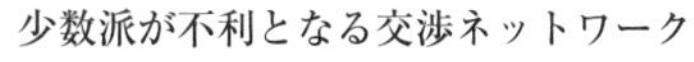

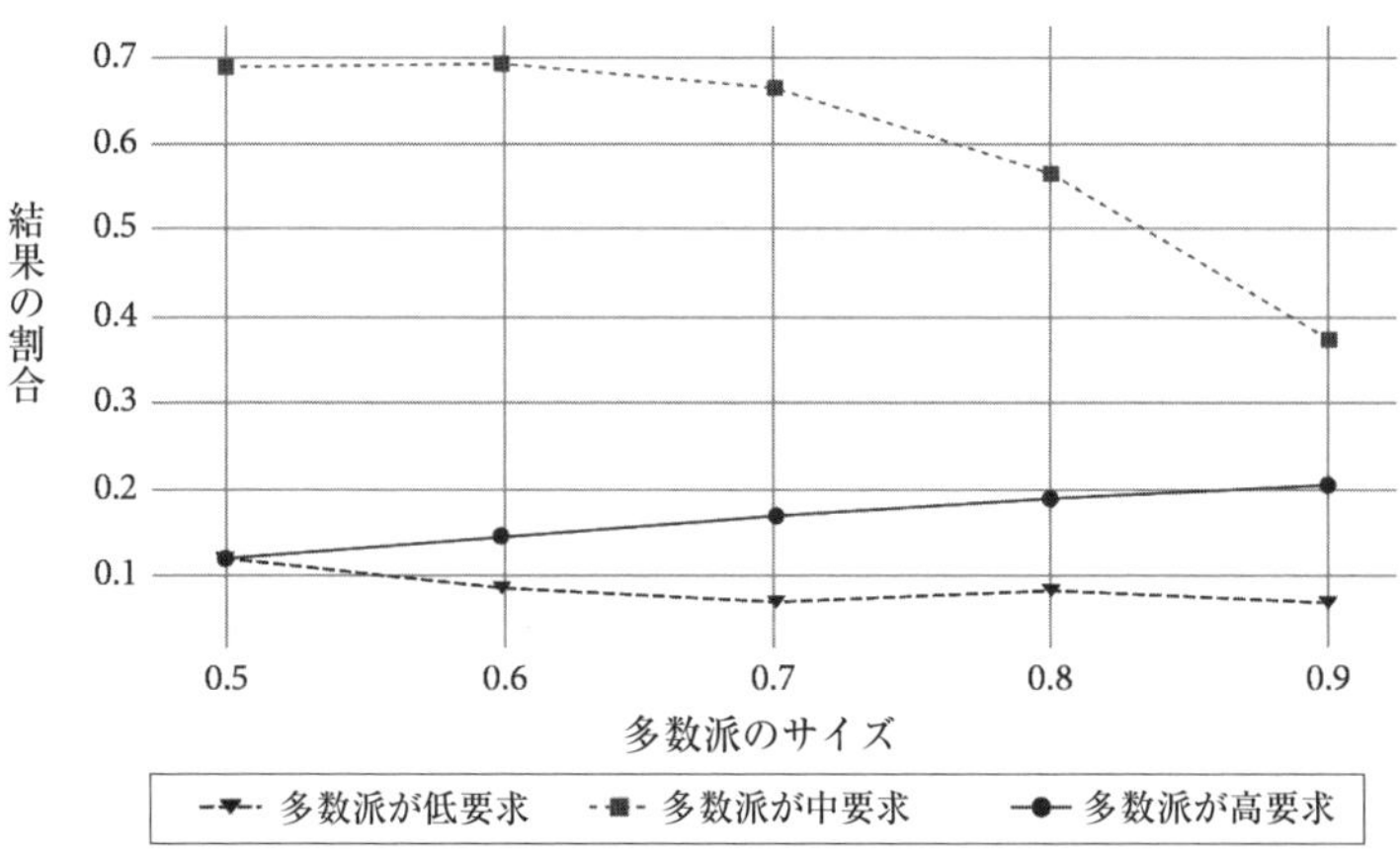

図7-3　ナッシュ要求ゲームにおけるネットワークモデルで見られた赤の王効果。結果はH＝6のパラメータ値以上で平均化されている

について、それぞれ慣習が生まれる。このように、集団間の過程は、それぞれの集団内の接続性の程度に影響されないのである。

第6章では、文化的な赤の王効果が、ネットワークモデルを含む数多くの多様なモデル間で頑健性を示すことを簡単に述べた。ハナ・ルビンと私は、多数派集団が小規模なほど、出現した慣習が最終的に低要求になる可能性が高いことを発見した。**図7-3**に結果を示す[5]。明らかに、集団の規模が大きくなるほど高要求をする可能性が高くなっている。

意外にも、この傾向が見られた理由は前章の説明とは異なる。前章では、少数派の規模によって学習速度に差が生じ、それが不利（または有利）につながることがあった。ここでの非対称性は、各タイプの集団間にあるネットワーク接続の平均数と関係する。たとえば白人が8人、黒人が4人のコミュニティを考えてみよう。そして、それぞれの集団間の接続は八つであると仮定する。平均して、白人は一人の外集団メンバー、黒人は二人の外集団メンバーと相互作用をもつことになる。この外集団との接続についての非対称性は、ある集団が少数派である場合にかならず存在する。

これは、ナッシュ要求ゲームでは、少数派の集団メンバーが平均的に低要求に進化する可能性が高くなることを意味する。たとえば要求の種類が4、5、6のゲームを考えてみよう。外集団の交渉相手が一人である白人の場合、ランダムな戦略から始めると仮定すると、相手が低要求から開始する確率は1／3であるため、最適な反応が高要求となる確率は1／3である（中要求も低要求も同様）。一方、外集団の相手が二人いる黒人の場合、最適な反応が高要求である確率は1／9になる。なぜなら、相手が二人揃って低要求をする場合に限られるからである。そして、最適な反応が低要求である確率は5／9、中要求である確率は1／3となる。ルビンとオコナー（Rubin and O'Connor, 2018）で述べられている組み合わせの理由から、これらのモデルには文化的な赤の女王効果との類似は見られない（赤の王効果は$H<7$である限り発生する）。

7-2-2　交渉戦略を固定しネットワークを進化させるモデル

ここで、共同行為における作業量と報酬の分配に関する差別的な規範が確立されているコミュニティを想定してみよう。つまり交渉戦略を固定するのである。このモデルのネットワーク構造を進化させると、どうなるだろうか？

この問いに答えるために、個体が戦略的相互作用から得られる期待利得を用いてネットワーク構造を更新するモデルを考える（Watts, 2001参照）。ここでは個体が内集団に対しては公正な要求をし（そのため内集団との接続ごとに5の利得を受け取る）、外集団に対しては不公正な要求をすると想定する。つまり、外集団との接続ごとに一方は6、他方は4の報酬を得ることになる。まず、ネットワークが構築されていない状態から開始する。各試行で、更新者と共同作業の候補者が選択される。両者に接続を形成したいという意思があれば、いつでもそうできる。新たな接続を追加することにより、現状よりも高い利得を達成できるため、接続の最大数に達していない個体は、新たな接続の形成を望むだろう。接続の最大数（自分が維持できる相互作用を行う相手の数）に達している個体は、新たな接続先候補が現状より多くの利得をもたらすかどうかを検討する。もしそうであれば、個体はもっとも利得が低い接続を捨てて、新たな接続を形成する。[6] シミュレーションの試行経過にともない、どのペアも新たな接続を形成したり更新しようとしたりしないという意味でネットワーク全体が安定した状態になるまで、個体は共同行為の相手を更新していく。

シミュレーションの結果、このようなネットワークは、つねに完全な同類選好的状態に進化することがわかった。つまり、それぞれのタイプは内集団の人としか交流せず、集団間には接続が存在しなかった。なぜだろうか？　差別されているタイプは、公正な利得を得られる内集団との交流をつねに好むからである。シミュレーション開始時には、あらゆる種類の接続が形成されている。しかし接続が最大数に達すると、劣位タイプの個体は優位タイプとの接続を断ち切ろうとする。こうした状況になると、差別する側は、より大きなパイを得られる外集団との接続を好むにもかかわらず、内集団のメンバーとの接続を形成するしかなくなる。**図7-4**は接続の最大数が2である場合の、8個体のネットワークの例を示している。まず、個体は無差別に接続を形成する。接続の最大数に達すると、差別された側の個体（白）は外集団との接続を断ち切り、内集団との接続を形成する。差別する側の個体（黒）も同様に内集団と接続を形成する。

学界コミュニティに話を戻すと、たとえば経済学の分野で女性が同性と共同研究する傾向にある理由は、こ

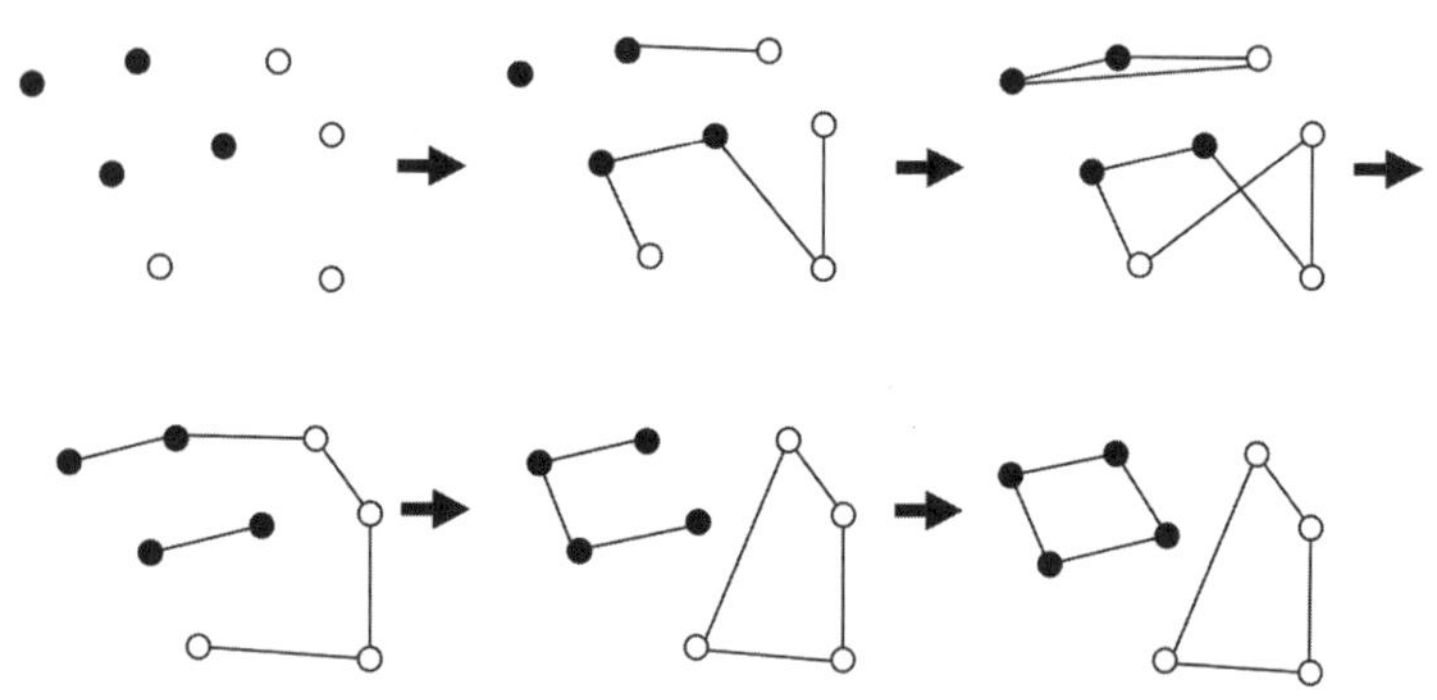

図7-4　個体が外集団との接続をすべて断ち切り、完全な同類選好に至るまで進化するネットワーク

のモデルで説明することができる。男性と共同研究をすると余計な仕事をしなければならず、かつクレジットも低くなると予想して、代わりに女性の相手を選ぶのである。これらのモデルにおける同類選好の結果のひとつとして、差別的行動が完全に根絶されることに注目したい。ある集団は差別的な傾向をもっているが、それを実行する機会がないため、コミュニティ全体で公正な分配が行われる（これは非現実的に聞こえるし、実際そうであろう。次節で述べるように、こうした見方は、現実的な多くの条件によって、集団内で不公平な行動が維持される図式に変わるはずである）。

7-2-3　交渉とネットワーク構造の共進化

もちろん、実際の相互作用的なネットワークの中では、完璧な同類選好はほとんど見られない。ハナと私が調査した最新のモデルセットでは、交渉戦略と相互作用相手の選択の両方が同時に更新された場合、何が起こるかが示されている。検証のため、まっさらなネットワークかつ、ランダムな戦略で始まるシミュレーションモデルを考えた。各試行で、すべての個体が確率0.1で、ある行動をとる。個体は先述の通り、最適反応によって交渉戦略を更新するか、ネッ

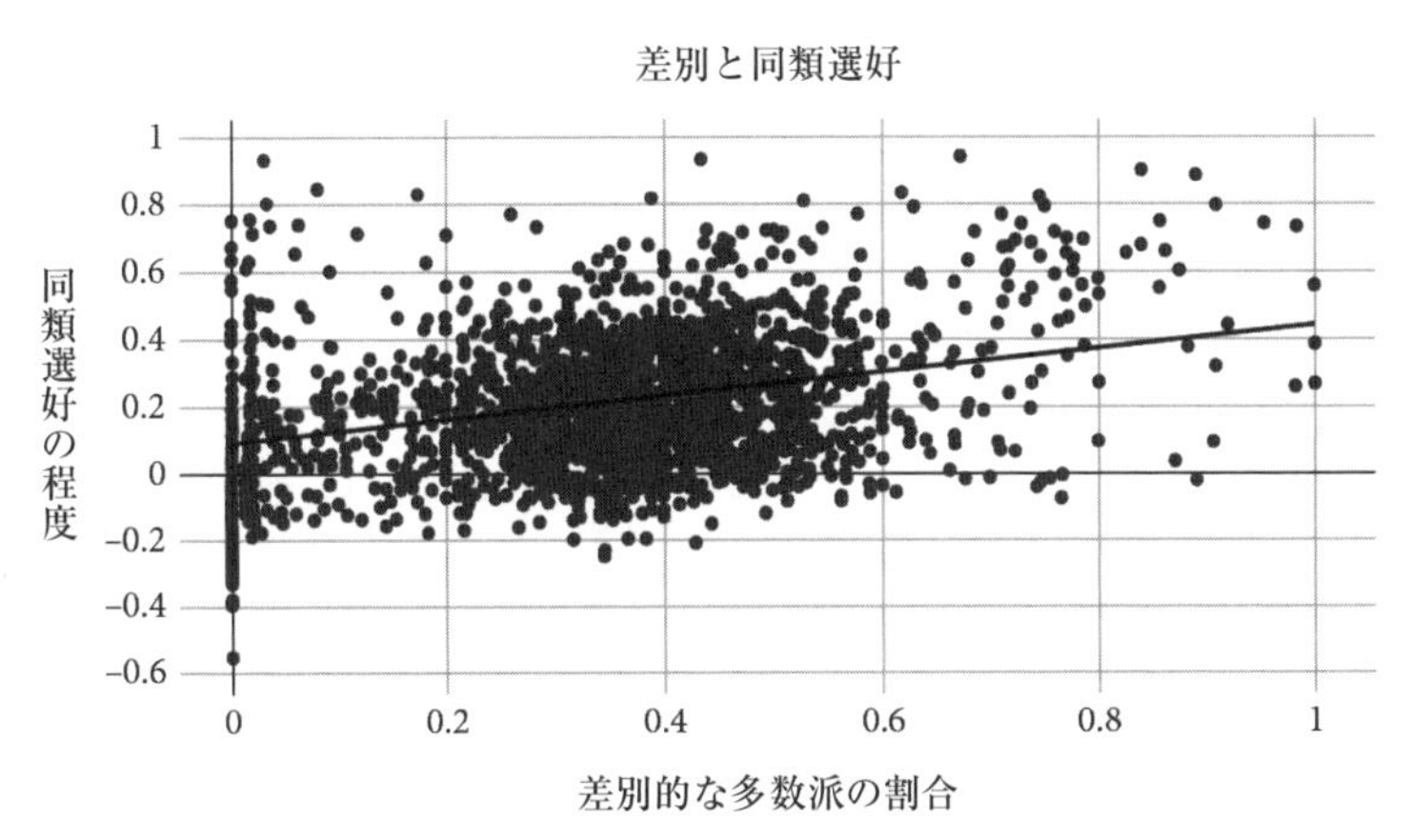

図7-5　ネットワーク交渉モデルにおける差別の増加に対応して増加する同類選好

トワーク上での相手を変更する。[7]

このモデルでは、ネットワーク全体に不均一な戦略が創発することが観察された。ある個体は差別的な戦略、またある個体は公正な戦略を展開した。これに応えて、部分的な同類選好の戦略も同時に創発した。特に、差別的な外集団メンバーを避ける一方で、自分を公正に扱ってくれる外集団メンバーとは接続を維持することを学習していた。つまり、これらのモデルで出現した同類選好の程度は、シミュレーションによってさまざまであった。多くの個体が差別的な行為を進化させた場合、より多くの同類選好が創発することになる。

図7-5はこの傾向を示している。[8] 差別の度合いが大きくなるほど、平均して同類選好も強くなっていることは明らかである。同類選好の程度を定量化するために、ここではクラリニら（Currarini et al., 2009）の**インブリーディング・ホモフィリー**（inbreeding homophily）という指標を用いる。これは基本的には、各集団のサイズを統制しながら、ネットワークの集団内の接続の割合を測定するものである。[9]

7-3 パイを大きくすること、小さくすることの効果

これまでの分析から、二つの集団が共同行為をする場合、一方の集団に対する差別は同類選好を発生させると予測される。これは、学界コミュニティにおける共同研究で観察された事例と同じように思われる。つまり、女性が男性との共同研究において、仕事量に対して少ないクレジットしか得られない場合、同性と共同研究をするようになる（あるいは共同研究自体をやめてしまう）。すべてこのパターンというわけではなく、先ほどのモデルでは、行為者は自分を公正に扱ってくれる外集団との接続を維持する一方、不公正な扱いをする人々を避けると予測している。

ただし、これまで説明してきたモデルにおいては、共同行為は誰としても等しく資源ないしクレジットを生み出すという重要な前提が置かれていた。しかし、このような想定が成り立たない事例もわずかながら存在する。ルビンとオコナー（Rubin and O'Connor, 2018）およびシュナイダーら（Schneider et al., 2019）において、これらの事例ではこうした要因がどのような影響を与えるかを検討している。

7-3-1 集団の持つ特権

まず、ある集団が一般的に、生産性を向上させる（社会的、政治的、物理的な）資源を特別に入手できると仮定する。たとえば、ある集団はより多くの財を保有していて、新しい事業を始めるのに必要な銀行融資を受けることができるかもしれない。あるいは、一方の集団が政治的資本をより多く持っていて、そのコネを使って

役所仕事の煩雑な手続きをすっとばすことにより、共同プロジェクト上の障害を取り除くことができるかもしれない。また、一方の集団により名声があるために、その集団は権威ある学会大会における共同研究で成果を共有することで、学術的な共同研究からより多くのクレジットを得られる傾向にあるかもしれない。

このような事例を表現するために、二者間で分けるパイの大きさが、タイプAのメンバー二人で生産した場合は最大、タイプBのメンバー二人なら最小、それぞれ一人ずつならその中間であると仮定してみよう。たとえば、女性二人であれば価値10の資源、男性二人であれば価値16の資源、男女混合であれば価値12の資源を生み出すような事例である。

このような場合どうなるだろうか？　パイの相対的な大きさによって、相互作用の結果の違いに応じる、いくつかの異なる体制が定義される。7-2-2節で説明したような、集団間に差別があることを仮定したモデルを考えてみよう。低・中・高要求がそれぞれ資源の0.4、0.5、0.6〔の割合〕の要求に対応する。そして、差別する側（タイプA）は資源を入手しやすい側であると仮定する。

これまで見てきたように、二つの集団が同程度の資源を生み出す場合、タイプBは差別的な相手との関係を断ってしまうため、同類選好が発生する。しかし、どちらのタイプも外集団との相互作用を好む、安定した体制も存在する。これはたとえば、パイの大きさがそれぞれ15、14、10の場合に起こる〔A×Aは15、A×Bは14、B×Bは10〕。行為者が資源を公正に分配するため、同じ集団内で期待される利得は7.5と5になる〔A×Aなら7.5、B×Bなら5〕。異なる集団間で期待される利得は、タイプAが8.4〔パイの大きさが14でAは高要求なので14×0.6〕、タイプBが5.6〔Bは低要求なので14×0.4〕になる。これらの利得は内集団のメンバーと協力する場合よりも良くなるため、進化するネットワーク下では、行為者は外集団との接続数を最大化すると期待されることに注目したい（Rubin and O'Connor, 2018）〔B×Bの公正な分配では5の利得だが、A×Bの場合、Bに不利ではあるが5.6の利得となる〕。また、前節で説明したモデルとは異なり、これらの結果は持続的に不公平であることに注意が必要である。A集団がもつ優位性は、B集団のメンバーが、相手の持つ追加資源を入手するために不公正な協力関係でもすすんで受け入れることを意味している。

A集団の優位性が高すぎると再び同類選好の出現が予想されるが、それは、A集団はB集団を差別できるものの、B集団との相互作用を望まないからである。むしろ、自分に特別な利益をもたらしてくれる内集団のメンバーと交流したほうが、生産された財が公正に分配されたとしても、より良い結果になるのである。このような結果になると、両者が同類的な集団になり、B集団の利得もより低くなる。たとえば、Aの二人が価値18のパイを作り、Bの二人が価値10のパイを作り、混合集団が価値13のパイを作る状況を考えてみよう。ネットワークの結果が安定している状態では、内集団との相互作用によってAは9、Bは5の利得を受け取ることになる。

要約すると、なんらかの理由で一方の集団がより価値のある資源を生産できる場合、前節で述べた、完全に公正な扱いと同類選好を期待できる図式は崩れるということである。人はかならずしも公正な結果を望むわけではなく、同類選好が好まれることもあるし、時には不公平な異集団間の相互作用が支配的になることもある。たとえば教授と大学院生の共同研究では、大学院生が仕事の大部分をこなしていても、学界から受ける評価は低いことが予想される。しかし、著名な学者の個人的および金銭的な資源を活用する機会があれば、院生にとってても費やした時間と引き換えにする価値がある。一方の教授にとっては、さほど多くの利益をもたらすわけではないが、仕事の大半を請け負ってくれる人との共同研究は望ましいものだろう。

7-3-2　多様性と相乗効果

もうひとつの可能性として、状況によっては、多様なチームが均質なチームにはない資源を生み出す場合がある。これは、異なった訓練を受けてきた補完的な技能の組み合わせを持つ集団のメンバーどうしが相互作用する場合によく見られる事例である（第I部を参照）。シュナイダーら（Schneider et al., 2019）においてわれわれは、多様な社会的訓練や経験、アクセスがあるおかげで、性別を越えた共同研究が特に成功した学界の事例研究をいくつか紹介している。たとえば、初期の性科学の分野が、男性と女性双方の研究者による研究の恩恵を受けていたことには明白な理由があった。

また、人生経験や社会的アイデンティティが異なる個人を組み合わせるだけで、共同生産や共同研究における相乗効果が生まれることを示唆した実証結果もある。たとえばソマーズ（Sommers, 2006）は、人種的に多様な陪審員は、より多くの情報を共有することで効果的な審議を行うことができると述べている。またフィリップスら（Phillips et al., 2006）は、問題解決に取り組む小集団を観察し、人種的多様性が同様の理由で彼らの意思決定を改善させることを発見した。さらにレヴィンら（Levine et al., 2014）は、実験的な「市場」において、商人が民族的に多様であるほうが、他者の意思決定を精査する可能性が高いため、より価格が適正になりやすいことを見出した。学界では、文化的に多様な集団のほうが生産性が高いと主張する者も存在する（Barjak and Robinson, 2008）。またキャンベルら（Campbell et al., 2013）は、ジェンダー的多様性の高い共同研究がより多く引用されることを示している（彼らはそれを研究の質が高まった結果と主張している）[10]。

異なる集団に属する者の協働により生産される資源のほうが、同じ集団に属する者の協働で生産される資源よりも大きくなるモデルを考えてみよう。この場合、相乗効果の恩恵を受けるために、内集団との接続を断ち、外集団との接続を形成する動機づけが生じる。つまり負の同類選好が創発すると考えられる。しかし、このようなモデルでは、集団間の差別は多くの場合、安定的に維持されると考えられる。たとえば、ある集団が資源の60％を要求し、他の集団が40％を要求したとする。両方の集団メンバーにおける生産性が同じであれば同類選好が予想される。他方、異集団間の協働によるパイの大きさが14で、集団内では10だとすると、異質性への指向が予想される（5よりも5.6が高いため〔異集団間の協働ではパイの大きさは14になり、差別される側の取り分は40％の5.6になる。一方、同集団内ではパイの大きさは10で、その50％を受け取るため5になる〕）。このように、この場合も、一方の集団が他方の集団に対し不利な状況にあるにもかかわらず、他の集団を相手に選ぶのである。

7-4　差別とアカデミックな進歩

本章を終える前に、紹介してきたモデルが、知識共同体（学者や企業所属の研究者といった知識を創造する人の集団）における交渉と共同研究を表すと解釈することについて、さらに詳しく議論しておきたい。科学哲学者は、このようなコミュニティのメンバー間の相互作用が、科学のプロセスにどのように影響するかを理解することに関心をもっている。これは**社会認識論**の一部であり、知識を創造するコミュニティの役割を重視した知識創造の研究である。

ここ数十年、特に最近では、哲学者が数理モデルを用いて知識共同体を理解しようとしている。たとえばキッチャー（Kitcher, 1990）、ストレベンス（Strevens, 2003）、ワイズバーグとマルドゥーン（Weisberg and Muldoon, 2009）、ゾルマン（Zollman, 2007）などの画期的な論文では、認知的労働の分担、科学における多様性の役割、コミュニケーションネットワークが、科学的な総意にどのような影響を与えるかといった問いを探求している。[11] 最近ではブルーナーとオコナー（Bruner and O'Connor, 2017）、オコナーとブルーナー（O'Connor and Bruner, 2017）、ルビンとオコナー（Rubin and O'Connor, 2018）において私たちは、科学の進歩について直接的に検討するのではなく、科学コミュニティにおける社会的カテゴリー間にある規範の創発と、これらの規範が知識に与える潜在的影響について、モデルを用いた探求を行っている。

これらのモデルは知識的な文脈にどう反映されるだろうか？　本章で示唆してきたように、学界での協働や、さらに重要なことに共同研究のプロジェクトでは、明示的ないし暗黙の交渉が鍵となっている。なぜなら共同研究では、仕事の分担と、学術的なクレジットの近似である論文の著者順を決定しなければならないからである。[12]

不公平に関するわれわれの研究結果は、知識共同体にとってどのような意味をもつだろうか？　ロンギーノ（Longino, 1990）、ソロモン（Solomon, 2001）、オクルーリク（Okruhlik, 1994）などの科学哲学者は、すべての知識創造者が同質ではないことを説得的に論じてきた。科学者の経験や個性は、彼らがどのように科学を実践するかという点で重要である。特に多様なコミュニティは、画一的なコミュニティよりも成功する可能性がある。科学哲学の分野では、多様な科学コミュニティを支持する多くの議論が存在する。長々とは説明しないが一例[13]だけ挙げると、ハラウェイ（Haraway, 1989）は、霊長類学の分野に女性が参入したことで、それまでオスの霊長類の行動に主眼が置かれていたこの分野に革命が起きたことを詳述している。この事例では、研究者の女性としての個人的アイデンティティと研究とのあいだには明確な関連性があり、調査に明らかな利益をもたらしている。

つまり、科学分野の多様性（あるいは多様性の効果）を低下させる要因が、科学そのものに悪影響を及ぼす可能性があるということである。生物学や社会科学のように、個人の経験が研究の選択に影響を与える分野では、特にその可能性が高くなると考えられる。このように、差別的な慣習によって学術団体の同類化が進むと、多様な共同研究が科学にもたらす恩恵が失われてしまうかもしれない。

7-4-1 共同研究の動機づけ

前述した科学哲学の研究や、より一般的な、多様な人々の共同研究の利点を考えると、「科学における多様性に基づく共同研究を動機づけることはできるか？」という自然な問いが浮かんでくる。本章で紹介する枠組みでは、その方法を提案している。特にこれまで見てきたように、個人が集団間の共同研究から特別な利益を期待できる場合、こうした種類の相互作用を選択することが予測される。

この可能性に対して、研究助成機関は、国際的あるいはその他多様な共同研究グループの形成を対象とした特別な助成金を設けるかもしれない。こうした助成金で、たとえば研究助手を雇用して共同研究の生産性を向上させることができる。しかし、シュナイダーら（Schneider et al., 2019）が提起している懸念もある。二つの集団間に差別的な規範が定着している場合、集団間の相互作用を増やす取り組みを行うと、差別的な相互作用の発生も増加してしまう。（集団間のパイを増やすことで）両集団にとって全体の利得の結果が良くなる状況をつくったとしても、相互作用を促すことが集団間の不公平を定着させてしまう。われわれが指摘するように、学界における共同研究の場合、知的成果を向上させることを目的とした対策が、意図しない社会的な結果をもたらす可能性もあるのだ。

シェリング（Schelling, 1971）の有名な論文では、個人レベルの差別意識によって、集団レベルの分離が起こることが説明されている。具体的には、個人は自分が少数派（30％未満）の人種とならない地域に住むことを好んでいた。このような選好の結果は、人種による住み分けをほぼ必然的に生み出す一連の動きにつながる。このモデルは非常にきれいな結果ではあるが、現実の人種的分離にかかわる重要な因果関係を捉えきれていないという批判もなされている。これらの批判の中には、排除型の住宅ローン〔人種によってはローンが組めないこと〕の慣行や不動産会社による誘導的な案内など、いくつかの構造的な政策が含まれている（Galster and Godfrey, 2005; Denton, 2006; de Leeuw et al., 2007）。さらに、人種構成に対する選好の住宅選択への影響に関する実証研究によれば、シェリングらがいう最小限の差別という説明とは一致しない。ファーレイら（Farley et al., 1997）は、黒人が偏見や差別を恐れて、白人が多く居住する地域に住むことを躊躇することを報告している（さらに、黒人は多様な人種が住む地域を好むと報告する一方、白人は黒人の割合が増えるにしたがって、その地域への居住意欲が確実に減少する）。

* * *

この章では、単なる居住地の分離ではなく、むしろ相互作用上の分離をテーマにしている。なぜ人々は、自分の社会的アイデンティティと合致する集団内の相互作用、特に戦略的な相互作用を選択することが多いのか？　その答えは、ファーレイら（Farley et al., 1997）が導きだしたものと一致している。人々が差別の負の影響に敏感であれば、彼らは差別する人を回避することを覚える。これは同類選好を導くが、それと同時におおむね公正な行動パターンが得られる。〔しかし〕差別によって生じる不利益よりも、外集団との協力の利益が上まわる場合、公平性を犠牲にしても、このパターンが逆転することが予期される。

第8章に進む前に、ひとつだけ注意点を述べておく。本章で紹介したダイナミック・ネットワーク・モデルは、行為者が共同作業に従事するか離脱するかを自由に選択できることを前提としている。実際には、そうすることにも重大な制約があるかもしれない。行為者が自由に〔相手を〕選択できないような取り決めを強要されることもありうる。また、行為者が自由に選択した関係であっても、そこからの離脱にはコストがかかるかもしれない。この研究のさらなる発展のためには、これらのモデルにそのような要因を追加することが必要かもしれない。

〔原注〕

（1）コクランとオコナー（Cochran and O'Connor, 2019）は、共同生産に続いて交渉を行うことをより明示的に表現したモデルを説明している。この論文の結果は、通常のナッシュ要求ゲームの結果よりも複雑なので、ここでは紹介を控える。この2段階構成のゲームでは、行為者が相手の貢献度に応じて報酬の要求を決定できるとしても、性別や人種などの社会的カテゴリーが存在することで、不公平な慣習を導く傾向があることを発見した。

（2）これまでのモデルと同様に、離散時間レプリケーター・ダイナミクスを用いてこれらの結果を導き出した。

（3）これにより多重ランダムグラフが生成される。ゴラブとジャクソン（Golub and Jackson, 2012）を参照。

（4）ここまでは、アクステルら（Axtell *et al.*, 2000）のように、個体がある記憶にもっとも良く反応するモデルをいくつか検討してきた。ここでは、個体が特定の瞬間に相手に起こっていること、目先のことに反応すると仮定する。

（5）この図は、幅広いパラメータ値の平均値である。ここでは、各試行で個体が戦略を更新する確率を0.1で高要求$H=6$のモデルをつねに検討した。$p_{in}=0.4$のままで、p_{out}を0.2～0.8まで変化させた。これは、個体が外集団成員とつながる確率が、内集団成員とつながる確率の半分から2倍までの範囲を意味する。ネットワークのサイズは20～１００個体、少数派集団のサイズは10%から50%までとした。各パラメータ値を１００回実行し、１０００試行のシミュレーションを行った。

(6) 選ばれた2個体がすでに協働者であった場合、更新者は接続を解除して、ランダムに選ばれた別の個体と新たな接続を形成することができる。詳細はワッツ（Watts, 2001）や、より詳しいルビンとオコナー（Rubin and O'Connor, 2018）参照。

(7) 個体が交渉（戦略）またはネットワーク（相手）のどちらを更新するかは、確率的に選択させた。交渉戦略の更新確率を0.8、ネットワーク上の接続の更新確率を0.2とした。異なる値でも同様の結果が得られた。

(8) これらの結果は、$H=6$で１００個体のシミュレーションによるものである。少数派の割合を10%から50%まで変化させた。接続の最大数は3から9まで変化させた。それぞれのパラメータ値で１００回のシミュレーションを行い、それぞれ２万試行を実行した。

(9) インブリーディング・ホモフィリーは以下のように定義される。

$$I_i = \frac{H_i - w_i}{1 - w_i}$$

H_iは集団iの接続のうちそれが集団内にある割合であり、w_iはiが個体群内に占める割合である。

(10) フリーマンとファン（Freeman and Huang, 2015）も、民族的に多様な集団で作成した論文が引用されやすいことを見出したが、これは彼らの社会的ネットワークの相対的な多様性に起因している可能性がある。

(11) アレクサンダー（Alexander, 2013）、トーマ（Thoma, 2014）、ローゼンストックら（Rosenstock *et al.*, 2017）を参照。

(12) これらのモデルは、科学の理解に「信用経済（credit economy）」という概念を用いる科学哲学の文献の一部である。その前提は（現実ではかならずしも実現されていないことは明白であるが）、学者が望むのは信用（credit）であるという点にあり、それは、自分たちのコミュニティやそれに付帯するすべてから評価されることを意味する。

(13) 興味のある読者は、科学的な多様性を支持する議論の概要が掲載されているオコナーとブルーナー（O'Connor and Bruner, 2017）を参照されたい。

第8章　家庭内交渉の進化

近年メディアは、合理的選択の観点からみるならば意外と思われるような現象に注目してきた。現代の家庭においては、たとえ男性と同程度の収入を得ていても、女性のほうがより多くの家事を担当する傾向があるというのだ[1] (Bianchi et al., 2006; Coltrane, 2000; Treas and Drobnic, 2010)。なぜこれが合理的選択に関する謎であるのかといえば、労働をめぐる家庭内交渉においては、〔家族メンバーそれぞれの〕収入と家庭外での労働に対して対称の立場をとることが、〔相互の〕対称な利益をもたらすと予想されていたからである。この考え方からすれば、もしも夫婦の双方が家庭の外に出て働くなら、両者のあいだで家事は公平に分担されるはずだ。

この問題に関しては、社会学と家庭経済学の両方において、きわめて多くの研究がなされてきた。後者の分野では、こうした家庭内分業の不公平を説明するため、合理的選択を前提としたモデルが発展してきた。これらのモデルは、この現象に光を当てた反面、家事行動のパターンにおける規範と慣習の役割をあまり強調しない傾向がある。これから論じるように、規範と慣習がこうしたパターンに影響すると考える根拠は多くあり、だからこそ、それらの創発を組み込んだモデルがここでは重要なのである。私が言いたいのは、合理的選択に基づくモデルには情報価値がないということではなく、これらの現象において社会的伝達と文化進化が果たす役割を十分に捉えきれていないということである。本章の最後において、これら二つのアプローチが、家庭内分業の諸側面についてどのように相補的な説明を与えられるのかについて議論する。

この章での課題は二つある。まず、本書の以降の部分の研究から、現代の家庭における協調の創発についての明示的な進化モデルを提案する。特に、なぜ特定の条件によって一方のジェンダーが市場における労働に従事し、他方のジェンダーが家事労働をするようになるのかについて示す。ここでの目標は、この問題における進化モデルの有用性に関する概念実証を提供することである。さらに、これらのパターンは、一度創発すると、社会的条件の変化に直面しても比較的安定して維持されるということを議論する（これは第9章に特に関係してくるテーマである）。次に、これらの協調パターンを起点として、創発した家庭内交渉、つまり誰がより多く働き、誰がより多くの余暇時間をもつのかといったことが、なぜどちらか一方のジェンダーが市場労働において雇用されやすい傾向につながるのかを示す。その〔雇用されやすい〕ジェンダーのほうが、第5章で概説した意味における権力を持ち、よって好ましい結果に終わる傾向があるだろう、というのが私の考えだ。

この「いかに可能か」の物語は、本書の二つのパートを接続するものだ。最初の一連のモデルは、第一の種類の不公平、つまり共同行為に参加する行為者が自分たちの利益のために相補的な役割を果たし、その結果として不平等な報酬を得ることについて考察する。これが物語の第二幕につながる。そこでは、この小さな最初の相違が、一方のタイプが別のタイプを搾取するという第二の種類の不公平の原因となる。別の言い方をすると、私たちはジェンダーによる分業という特殊な例において、二つの種類の不公平がどのようにかかわりあうのかを検証することになる。

プレイヤー2

		低－高	中－中	高－低
プレイヤー1	低－高	0,0	0,0	1,1
	中－中	0,0	1,1	0,0
	高－低	1,1	0,0	0,0

図8-1　3戦略がある補完的協調ゲーム

8-1　家庭内協調の進化

私が以下で記述しようとするモデルは、あるジェンダーには家事労働を、別のジェンダーには労働市場での労働を志向させ、外的環境の変化にもかかわらず根強く維持されるような規範が創発することについての「いかに可能か」の物語を提供しようとするものだ。実際に家庭内労働の分担がどのように創発するかの詳細を丁寧に描写するというより、この問題領域においては〔合理的〕選択に基づくモデルよりも、進化モデルのほうが潜在的に有用であることを示すためのものである。

まず、ある家庭に二人の行為者がいて、どちらがどの程度労働市場で働き、どちらがどの程度無償の家事労働をするのかを調整しなければならないと仮定しよう。どちらの労働が不十分でも、家庭生活は維持できない。もし家事労働がなされなければ、家庭内が荒れて彼らは不幸せになるし、もし市場での労働がなされなければ、家庭生活の維持に最低限必要な収入が得られない。**図8-1**に示されているのは、行為者たちが家事労働と市場での労働を相補的なレベルで行うよう努力するゲームの利得行列である。それぞれの行為者は「低-高」（低水準の市場での労働と高水準の家事労働）、「中-中」（両方とも中位の水準）、あるいは「高-低」（高水準の市場での労働と低水準の家事労働）のどれかを選ぶ。両者が相補的に分担することが、もっ

	プレイヤー2		
	低－高	中－中	高－低
プレイヤー1　低－高	0, 0	0, 0	1.5, 1.5
中－中	0, 0	1, 1	0, 0
高－低	0.5, 0.5	0, 0	0, 0

図8-2　どちらのプレイヤーにとってもより良い均衡がある、3戦略がある補完的協調ゲーム

とも高い利得をもたらす。市場での労働と家事労働をそれぞれが均等に分担することによって、行為者どうしが互いにうまくやっていけるような、均等な分担が成り立つことが推定される（ただ、これはかならずしもつねに当てはまるわけではないかもしれない）[2]。

このゲームでは、それぞれの組み合わせが同じ量の財を生み出すという点で、行為者は完全に対称的であると仮定する。しかしながら、現代社会においては一般的に、平均的な収入は男性のほうが女性よりも高く、最近ではその傾向がより強くなってさえいる。このため、ある行為者がもう一人の行為者よりもどれだけ多く収入を得ているかを決める要因 α をこのモデルに加えてみよう。より高い収入を得ている行為者が「高－低」を選ぶと、この均衡における利得の総額が、中程度の労働に比べて α％だけ増える。より高い収入を得ている行為者が「低－高」を選ぶと、この均衡における利得の総額は α％だけ減る。例として、$\alpha = 0.5$ としてみよう。その結果の（図8－1から改変された）利得行列を**図8－2**に示す。もちろん、（核心部分をあらかじめ言っておくと）モデルのこの側面は、これらの役割の進化に非対称性をもたせるために、役割による利得の非対称性を想定したものである。しかしアイデアとしては、〔市場における〕賃金の非対称性は、家庭内分業の非対称性にもつながるということだ。これはオーキン（Okin, 1989）の広く影響を与えた分析における、家事労働を分担する男女がそれぞれ合理的に選択する場合、賃金の非対称性がいか

	低－高	中－中	高－低
低－高	0, 0	0, 0	0.75, 2.25
中－中	0, 0	1, 1	0, 0
高－低	0.75, 0.25	0, 0	0, 0

(行：プレイヤー1、列：プレイヤー2)

図8-3　プレイヤーのあいだになんらかの利害の対立がある、3戦略がある補完的協調ゲーム

に不公平の連鎖につながるかという議論と似ている。

このゲームは、前のモデルと同じく、家庭内の行為者間に完全な利害の一致があると仮定している。しかし、これから手短に述べるように、これはとりわけ妥当な仮定ではない。多くの研究が示してきたのは、家庭内で財や金銭を管理することは、それらの資源を管理しない人には生じない、直接かつ個人的な利益を家庭メンバーにもたらすということだ（Beblo, 2001; Eswaran, 2014）。そこで、金銭を管理するプレイヤーが、そのことによってなんらかの利益も得るという仮定を加えてみよう。より多く市場で働く人が受け取る家庭内の資源の総割合を決める要因をβとする。もし$\beta=0.5$であれば、それぞれのプレイヤーが生産された総家庭内資源の半分を受け取る。$\beta>0.5$であれば、より多く市場で稼いでいるプレイヤーがより多くの分け前を得る。**図8－3**は、$\beta=0.75$でゲームを行った場合の利得行列である。家事労働をするプレイヤーは、それぞれの結果により生み出された利得の25％しか受け取れない。

このゲームの利得は、二つの要因を組み合わせている。ひとつは家庭内における〔市場と家事の〕労働の効果的な協調から生じる利益であり、もうひとつは特定の協調を調整することにともなう金銭的収入から生じる利益である。もちろん、これらの利得は、金銭的な報酬を直接的に表したものとしては捉えられない。むしろ、労働の視点から実現可能な家庭内分業のもとでは、〔市場労働による〕金銭を得てそれ

を管理した結果、これらの利得のいくつかが行為者にとって多かれ少なかれ好ましいものになるということだ。

この最終バージョンのゲームでは、最初に示したバージョンとは状況が異なって見える。最初のバージョンでは、すべての均衡が同じ総量の財〔1、1〕を生み出していた。しかし、片方の行為者が他方よりも収入が多いという仮定をそこに加えると、生み出される財の総量はスペクトラムとなる。この変更によって、ゲームはこのスペクトラムの一方の端にある慣習的なものから、他方の端の、第I部で概説した尺度における機能的なものへと変化する。プレイヤーがどちらも金銭を管理することを選好すると仮定すると、均衡は最大の総利得をもたらすという意味での効率性の基準によって序列化することができる。とはいえ、プレイヤーによって望ましい均衡が異なるという意味で、利害の対立が生じる可能性もある。今回の例では、プレイヤー1にとっては「中–中」と「中–中」の均衡が望ましいのに対し、プレイヤー2にとっては「低–高」と「高–低」の均衡が望ましい。このゲームにおいては、財の総量が最大になる均衡が、両者にとってもっとも不公平になることに注意してほしい。なぜなら、結果として得られる利得の総量が最大になるので、このより大きな利得を不平等に分割すると、総利得の点では、〔家庭の外で〕働いているほうのパートナーがより有利になるからである。

このゲームによってうまくモデル化された状況において、潜在的なパートナーの個体群が家事を分担するよう進化したら、何が起こるだろうか？　最初に示したバージョンでは、行為者が気にかけなければならないのは協調だけなので、個体群は三つの均衡のどれに向かっても同じ確率で進化するだろう。α、つまり一方の行為者がもう一方に比べてどれだけ利益を得られるかを決める要因が増すにつれて、個体群はその行為者が家庭の外で働くという「低–高」と「高–低」の均衡に向かって進化することになる。このように、もし家庭のうちあるタイプのメンバーが他のメンバーよりも有意に多く稼ぐことができるのなら、そのタイプが家庭の外で働くという慣習が創発するだろうということは直観的に予測できる。こうした状況においては、このような慣習が創発することについて機能的な説明が可能である。つまり、より多くの資源を家庭にもたらすという点において、双方の行為者にとって得になるということだ。図8-4は、三つの均衡点に向かう吸引域がα、つまり片方の配偶者の相対的な収入によっていかに変化するのかを示している。この図におけるβは0.6、つまり家庭内の資源を誰が支配するかという点において中程度の不公平さに固定されている。

このβ、つまり得られた収入からどちらの行為者がより利益を得るかを決める要因が変化すると、平等に労働することがより魅力的になる。不公平な結果はより小さな吸引域しかもたない。なぜなら、それらは片方のタイプの行為者には相対的に低い利得しかもたらさないので、彼らにはそれに関連する行動を学習する動機づけがないからである。これが意味するのは、このモデルにおいては、もっとも吸引域が広い均衡は総利得がもっとも高いものとは限らないということだ。図8-5はその一例を示している。ここでは$\alpha = 0.1$なので、あるタイプは他方のタイプよりも家庭の外でわずかに多く稼げるだけである。行為者のあいだでの分け前がいくらか不公平という程度なら、最大の利得をもたらす結果がもっとも創発しやすいだろうが、分け前が非常に不公平であれば、もっとも創発しやすい結果は「中-中」と「中-中」の組み合わせになる。しかしながら、αがもっと大きければ、つまり片方の行為者がはるかに多く稼いでいたら、「低-高」と「高-低」の均衡が、βのより広い範囲についてもっとも創発しやすいものとして残るだろう。

この例は、実社会により近い外的条件が、家庭内分業をとりまく慣習の確立にいかに影響しうるかを示している。パートナーのどちらかがより多くの収入を得ることができる場合には、たとえそれが選択しうる均衡の中でもっとも不公平なものであったとしても、その行為者が働く場合の成果のほうがより魅力的なものになる

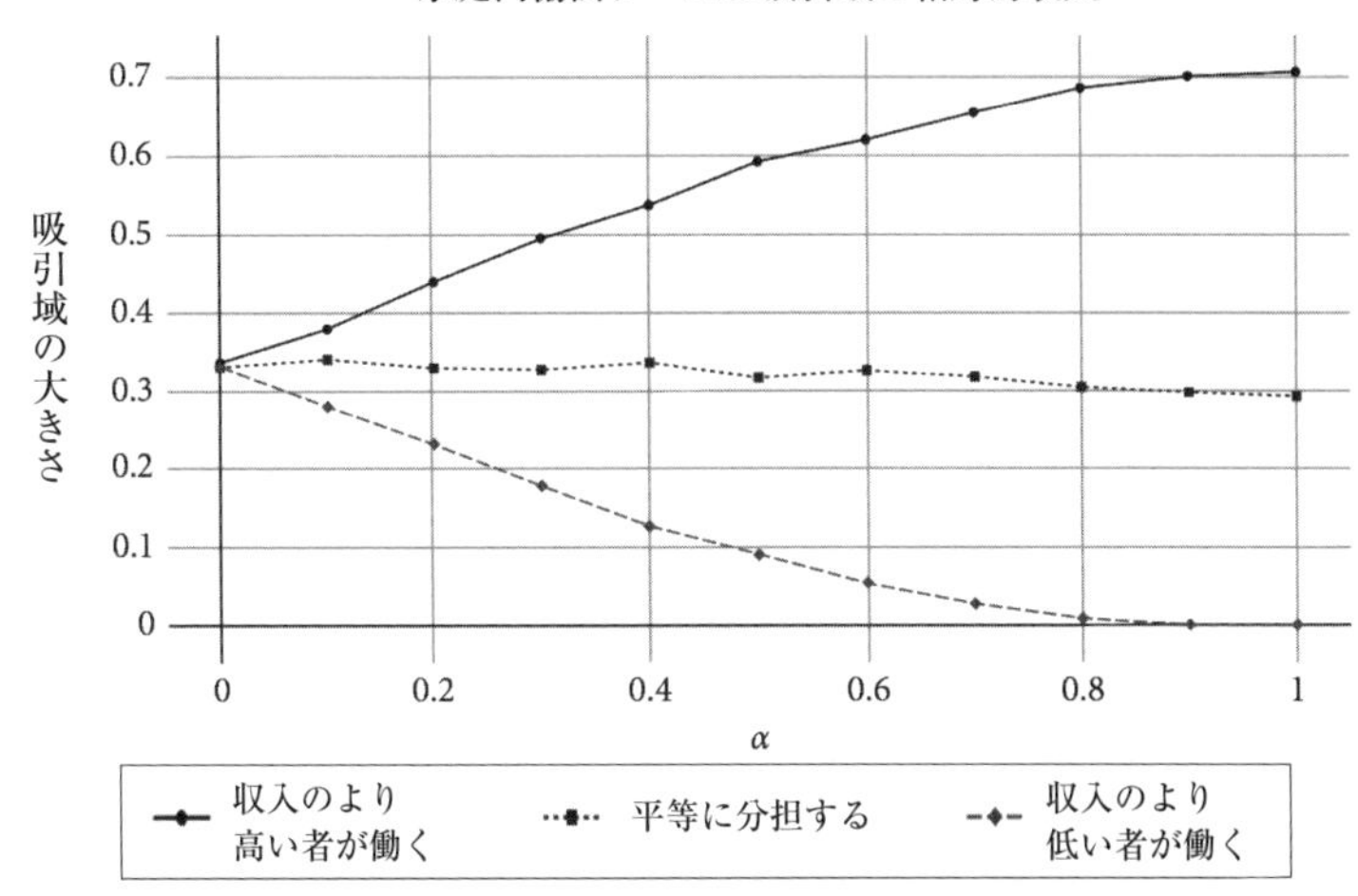

図8-4　$\beta = 0.6$に固定してαを変動させた場合の家庭内協調ゲームにおける三つの均衡の吸引域

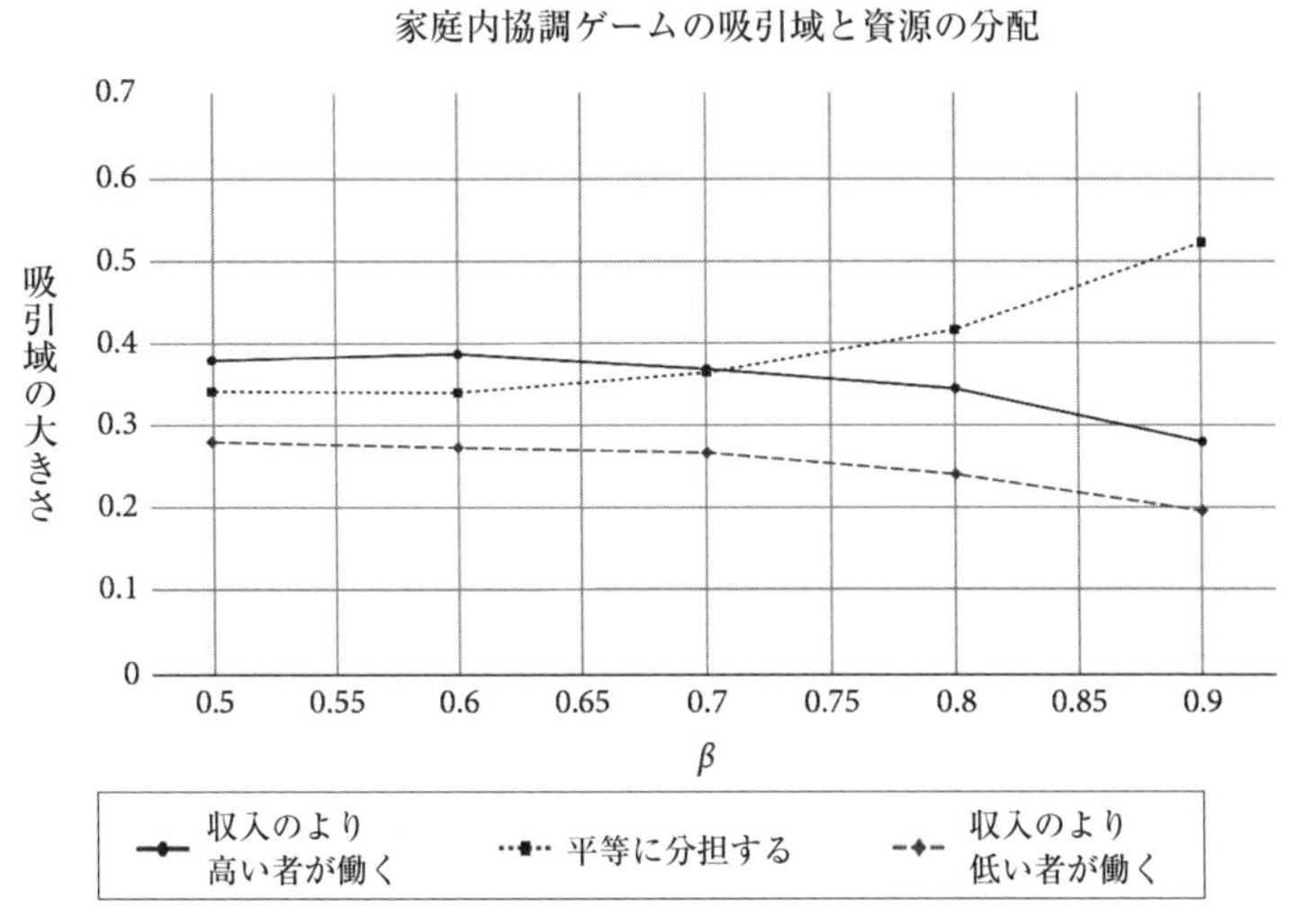

図8-5　$\alpha = 0.1$に固定してβを変動させた場合の家庭内協調ゲームにおける三つの均衡の吸引域

のだ。

8-11 環境を変える

家庭のメンバーのうち一方のジェンダーが、家の外でより多くの利得を生み出すことができる環境において、家庭内の協調に関するある慣習が広まったとしてみよう。この慣習を変える方法は、単純に、ジェンダーにかかわらず同じ労働には同じ報酬を与えるルールをつくることのように思える。この介入は、一方のジェンダーが家庭の外で働くという慣習に行き着く可能性を高める、最初の圧力を取り去る。

しかしながら、いったん個体群にひとつの慣習が広まると、αやβを変更しても、実際には現在の慣習からシフトすることはない。そのような変更のもとでも、その慣習はひとつの均衡のままであり、つまり誰にもそこから乗り換えようという動機づけがないのである（仮に、家にとどまる側のジェンダーにとって市場で働くことがより効果的になるように、αを逆にしたとしても同じことがいえることに注意）。ここからわかることは、［労働に対する］報酬を平等にするというルールは、仮にそれが機能していても、慣習や規範がすでに成立しているときには、家庭内協調における性別役割パターンを変えるには十分ではないということだ。慣習には持続する力があるのである。

二つのジェンダーのあいだで報酬のレベルを変えることは、行為者の行動にいくらかの偶然性がある（おそらくより現実に近い）モデルにおいては重要である。このようなモデルでは、個体群をランダムに変化させること（あるいは、第9章で議論するような方向性のある変化）によって、一度達成された均衡をシフトさせることが可能である。このような状況では、家庭内協調の均衡をとりまく吸引域の大きさによって、どれくらい容易にシフトできるかが決まる。利得がより平等である場合には、「低－高」と「高－低」の均衡への吸引域の大きさは小さくなる。これは、その個体群における他の種類のシフトによってその均衡を解消できることを意味する。次章で、この種の慣習の変革について詳細に述べる。

8－2　家庭内交渉

さて、ここで本章の最初に述べた、なぜ家庭の外で働く女性が、同程度の収入と労働時間の男性パートナーよりも多くの家事労働をし続けているのか、という難題に戻ろう。より一般的には、このような疑問としても問うことができるだろう――なぜ女性のほうが男性よりも総量として多く働き、より少ない余暇しか持てないのか？

まず、この現象についてより詳しく説明しよう。社会学と経済学による知見はこうなっている。(1) 世帯収入における女性の貢献が増すほど、彼女らの家事労働の割合はより少なくなる。(2) しかし、このような家庭の状況にもかかわらず、平均的な女性は男性より多くの家事労働を担っている[3] (Brines, 1994; Bittman et al., 2003; Gupta, 1999; Greenstein, 2000)。さらに、国連の『人間開発報告書1995』によると、家事労働と市場労働を合わせた場合、31か国において女性は恒常的に余暇時間がより短く、労働時間がより長くなっていた。

社会学者は、この事実にさまざまな説明を考えてきた。「交換理論」の視点から示唆されるのは、女性が夫よりもより多くの収入を得ている場合、その収入を家事労働の一部を軽減するために使えるような、より強い交渉の立場に立てるということだ。サンジブ・グプタの「経済的自立」モデルでは、女性の家事労働はその絶対的所得の関数として減るのであり、相対的所得や、夫の絶対的所得とはほとんど相関しないと考える（Gupta, 2006, 2007）。別の言い方をすると、家事労働はつねに女性の領域であり、より豊かな女性は他人〔の女性〕に報酬を払ってそれをさせることで家事労働から逃れているということだ。どちらの考えも、家庭内における交渉の多様性を説明するものだが、女性のほうがより長時間働くという一般的な社会的傾向を説明していない。社会学者たちは、家事労働において一般的なこの男女の大きな格差が、ジェンダー規範の結果であることを認めている。しかしながら、これらの理論は、こうした規範がそもそもどのようにして創発してきたかについては多くを語っていない。

経済学者もまた、この現象を説明しようとして相当な量の研究をしてきた。家庭は、シェリングのいう「混合動機」ゲームの典型的な例である。家庭のメンバーの利害は強く連携している。たとえば、ベブロ（Beblo, 2001）が家庭における時間配分をめぐる交渉についての研究の中で指摘しているのは、家庭を形成することによってメンバーは日用品の取引過程において生じる取引コストを削減でき、情報の共有において有利になり、公共財の消費における効率性が上がり、そして家庭内の誰かが病気や失業に陥った場合の保険が得られるということだ。このような理由から、家庭についての伝統的な経済学のアプローチは、単一の利害関係の単位としてそれを扱ってきた（Gronau, 1973, 1976; Becker, 1981）。しかし、その後の広範囲の研究によって、実際には家庭内のメンバーは異なる利害関係をもつことが多いという強固な証拠が得られている（Thomas, 1990, 1993, 1994; Hoddinott and Haddad, 1995; Urdy, 1996; Doss, 1996）。たとえばランドバーグら（Lundberg et al., 1997）の画期的な研究では、英国政府が男性の給与への減税を女性への直接支払いに変更するという自然実験において、明確な支出の変化、たとえば女性や子どもの服の購入が増え、男性の服やタバコの購入が減るという変化を観察している[4]（哲学分野においてもオーキン Okin, 1989 が、家族を単一の単位として扱う正義論に対して同じような批判をしている）。

経済学者たちは、家庭における利害の共通性と対立を認識し、この領域における資源と時間の分配をモデル化するために交渉ゲームを用いてきた。そのいくつかは、家庭内交渉についてナッシュの公理論的アプローチを適用している。ここでは、決裂点は離婚した場合に個々人が得る利得として解釈できる[5]（Manser and Brown, 1980; McElroy and Horney, 1981）。これらの利得間の系統的な違いは「家庭外環境要因（extrahousehold environmental parameters）」（McElroy, 1990）――社会的ネットワークの援助、法体系、共同財へのアクセス、社会規範、教育、職業経験、資産所有権、結婚市場におけるチャンス、そして離婚法や相続法といった法律などの要因――によるものだ（Eswaran, 2014）。ランドバーグ（Lundberg, 2008）は、女性は家事をして男性は労働市場で働くという伝統的な分業の結果、離婚により予想される決裂点が、極端に異なることを指摘している。これは、後者〔市場労働〕が私的な財（金銭）をもたらし、より一人暮らしに適しているからである[6]（哲学者たちは、正義と道徳について考える際にこの種の非対称性に注意してきた。グッディン Goodin, 1986 は、関係を解消しうる能力の対等性を、搾取を防ぐ上で重要な要因だとしている。またオーキン Okin, 1989 は、いかにこの要件が結婚において満たされないことが多いかを明らかにしている）。

これらのモデルから、家庭内交渉にみられる系統的なパターンを次のように説明できる。上述のように、獲得収入とその他の社会的要因が、それぞれのカップルの決裂点を決定する。もし女性の賃金が男性よりも平均して低ければ、彼女らの決裂点は低い傾向となり、結果として、家庭内交渉のシナリオにおいてはより望ましくない〔不公平な〕成果しか得られないだろう。これは互いに同じ時間だけ働いているカップルにおいても起こりうる。なぜなら、他の社会的要因が決裂点にかかわってくるからである[7]。

これらのモデルが説明できていないのは、女性の賃金のような要因を一定にしても、国ごとにみられる家庭内分業の違いである（Treas and Drobnic, 2010）。これらの特徴はおそらく、家庭内分業を支配する規範によって説明される。たとえば不破（Fuwa, 2004）は、個人の経済的な、あるいは身体的な力の違いによる説明以上に、ジェンダー規範が家庭内交渉に影響を与えることを発見している。ジェンダー平等の規範が確立された国々では、女性のほうが交渉の中で取引材料を生かすことができる。行動が集団あるいは社会のレベルで創発する進化モデルは、家庭内交渉における不公平の規範的側面について、簡潔かつ説得力のある説明を与えることができるのである。

8－2－1　進化する不公平な家庭内交渉

家庭内分業における不公平に対して、慣習的あるいは規範的な説明をどのように与えることができるのだろうか？　本書で以前に検討した進化的交渉モデルは、労働時間についての家庭内交渉という事例にそのまま適用することができる。

家庭のパートナーどうしが、ともに家事から離れた時間に価値を置いており、タイプごとに異なる決裂点を持っていると仮定すると、そこから予測されるのは、決裂点のより高いタイプにとって有利な分業の慣習が創発する可能性が高いということだ。もしこの決裂点を（すでに議論したように）離婚と解釈するなら、西欧（および他の多くの）社会においては、男性がより高い決裂点を持っていることは明白だ。これは、基本的に男性が家庭の外で働いており、ゆえに離婚した場合にも一人で生活を支えられる余裕があり、平均してより高い賃金を得ていることの直接の帰結である。先の節で概説した他の要因、つまり社会的ネットワークや資産、共同財へのアクセスの違いなども、この種の差をもたらしている。また男性は、身体的な差と経済的地位の差の両方により、家庭内交渉が決裂した際に相手を威嚇したり、それを実行に移したりする可能性が高い傾向にある。仮に男性のほうが離婚において、たとえば高額な報酬で弁護士を雇うなどして配偶者を脅すことができる場合、離婚における決裂点はジェンダーのあいだで異なることになるだろう。

もしも家庭形成の際に、片方のタイプが他方のタイプよりもより有効な外部オプションを持っていれば、そのタイプはまた、彼らにとって有利ではない分業の慣習が均衡点にならないという利点も持つことになるだろう。女性が単身で自活できないような社会においては、彼女らの唯一の選択肢は、家庭を形成するか、そうでなければ非常に苦労するしかない。このような状況に置かれると、人はたとえ労働〔の分業〕において貧乏くじを引くことになっても、家庭を形成しようとするだろう。一方で、自活できる人たち〔＝男性〕は、仮に好ましい交渉結果による利益が得られなければ、わざわざ家庭をつくろうとはせず、独身にとどまるだろう。第5章で議論したように、これが意味するのは、このようにして創発する社会的慣習は、より高水準の外部オプションを持つ集団に有利なものになるだろうということだ。

社会的状況が変化するときでさえ、家庭内分業にまつわる慣習は、かならずしもそれに応じて変わるわけではないという8－1－1節からの洞察はここに関係している。おそらく決裂点と外部オプションは〔現実の〕男女のあいだでより平等になってきているが、進化的見地からすると、すでに確立された個体群レベルの均衡の結果として、男性にとって有利な家庭内分業が今後も続くだろうと予想される。

概して、これらのモデルが予想するのは、工業化社会およびポスト工業化社会においては、創発する家庭内交渉の規範は、男性——高い賃金とより良い経済的保障、つまりはより高い決裂点および外部オプションを持つ傾向にある性別——に有利なものになるということだ。このように、モデルを直接的に適用することで、労働に費やされる総時間が男性に有利になるような社会的慣習や、それに付随する規範の創発を説明することができるのである。

＊＊＊

本章の導入部で示唆されているように、家庭内交渉についての合理的選択モデルと進化モデルがもたらすのは、二者択一の説明ではなく、同じ現象の異なる側面を明らかにする相補的な説明である。家庭内の交渉と分業に関しては、家庭ごとの多様性と、社会横断的な規則性の両方がみられる。[8] 社会的模倣とくりかえされる相互作用の進化的過程は、家庭内における男女の普遍的な分業規範を生むだろう。それらの分業規範のもとで、任意のパートナー間の賃金、社会的ネットワーク、効用関数その他の差が、それぞれのペアがどのように労働の〔分担〕レベルを決定するかに影響するだろう。この図式においては、社会的規範が規則性を、合理的選択が家庭ごとの多様性をもたらしている。[9]

セン（Sen, 1987）による派生的な分析も似たことを示唆している。彼が指摘するように、功績や正当性の「知覚」は、男女が家庭内分業を、実際には不平等であるにもかかわらず、より客観的な観点から不公平とは知覚していないことを意味するかもしれない。センは次のように指摘している——「私たちの行為主体としての役割は、社会的なルールや慣習的な正当性の認識によって隠されてしまうことがよくある。性別役割の事例においては、これらの慣習はしばしば、より公平な分担を求める際の障壁として機能し、支配的な取り決めにおける公平性の著しい欠如を認識することさえ邪魔する」(45)。ここでの考えは、社会的慣習は、行為者が家庭内において自分が貢献しうると考えるもの、あるいは何が公平であるのかという信念に影響し、結果として個々の家庭の交渉の結果をも変化させるということだ。ここでの説明は、そういった社会的慣習がどのようにして生じるかを説明することによって、この研究を補完するものである。

つまり本章は、第一の種類の不公平と第二の種類の不公平の両方の創発を説明するために、本書全体を通して展開された進化的な枠組みが、どのように現実世界の事例に対する原理的な解明として応用できるかを示したといえる。これら二つの不公平の側面が絡みあうことで、たとえ現実をより良くしようとする改革を受けても、ある社会的カテゴリーの人々が永続的な不利益を被り続けるということがありうるのだ。

〔原注〕

(1) 私が焦点を当てるのは現代の、異性どうしによる家庭である。それらが唯一重要だからというわけではなく、単にすべての家庭を扱うのは本章の目的から外れるからだ。

(2) ここでの非協調における利得は非現実的だという指摘もあるだろう。双方とも市場労働に従事している行為者は、それによって得たお金を家事労働(に対する支払い)に使うことができる。その場合、「高-低」と「高-低」の組み合わせのほうが「低-高」と「低-高」の組み合わせよりも良いだろう。同様に、公平に分配すると互いにより満足できるので、全体としてより多い資源に結びつくのではないかという指摘もあるかもしれない。このモデルの目的は可能性についてある種のわかりやすい証明をすることなので、いくつかの不正確な仮定についてはご容赦願いたい。

(3) この分業の違いは既婚男性に有利さをもたらすように見える。既婚男性は独身男性よりも多くの収入を得ていることがわかっているが、これは家庭においてサポートしてくれる配偶者がいることの直接の効果だろう(Ginther and Zavodny, 2001; Bardasi and Taylor, 2008; Eswaran, 2014)。また、女性の収入が男性よりも多い家庭ではこの傾向が逆転しており、そのような女性は平均して収入が夫に近いが、それより収入が少ない女性よりも多くの家事労働をこなしているというデータもある（Bittman *et al.*, 2003; Berk, 2012）。論文の著者たちはこれについて、このような事例では女性と男性が、よく知られたウエストとジマーマン（West and Zimmerman, 1987）が言うところの「ジェンダーしている（do gender）」のだという説明をしている。別の言い方をすると、この傾向は、これらの家庭が、女性のほうが給料が多い現実に直面して、ジェンダー適合的な体裁を保とうとしているのだ。しかしながら、この知見に対してグプタ（Gupta, 2006, 2007）、グプタとアッシュ（Gupta and Ash, 2008）、サリバン（Sullivan, 2011）が、これは統計的な誤りであるという説得力のある反論をしている。よって、ここではこの知見について詳しく述べることはしない。

（4）このことについての優れた概説としては、ベブロ（Beblo, 2001）、エスワラン（Eswaran, 2014）その他の文献を参照のこと。それらが示しているのは、家庭を単一の単位として扱うのは単純すぎて問題があるということだ。

（5）決裂点はまた、行為者が伝統的な結婚役割に戻ったり（Lundberg and Pollak, 1993）、互いを粗末に扱ったりするような（Bergstrom, 1996）、非協力的な結婚生活を続けることによる利得であるとも解釈できる。バーグストロム（Bergstrom, 1996）が述べているように、「もし家庭内の争いについて夫婦の片方が解決策を提示し、もう片方が合意しなければ、その結果として予想されるのは離婚ではない。もっとありがちなのは、次の提案がなされるまで続く罵詈雑言と焦げたトーストである」。

（6）家庭内における分業と物質的資源の分配をモデル化するために交渉モデルを用いた他の研究では、行為者間のより深いレベルでの対立を含んだモデルを採用している。例としては、どちらかの行為者が優位で、彼らの〔労働と余暇の〕時間をどのように配分するかについて一方的な選択肢を持っており、もう片方の行為者はその決定に従うしかないというものがある（Beblo, 2001）。さらに他には、家庭内交渉を理解するために、それぞれのステージにおいて行為者が得られる成果が、それ以前の選択によって決まるという動的モデルを用いた研究もある（Konrad and Lommerud, 2000; Ott, 2012）。たとえば、教育に投資するという決定は、後になってより良い外部オプションをもたらすかもしれない。

（7）スティーブンソンとウルファース（Stevenson and Wolfers, 2006）は、この理論的な予想を実証している。米国では無責離婚法が導入された際、女性にとっての離婚の威嚇点が上がるため、自殺率や家庭内暴力、殺人（の発生率）なども含めた結婚による結果が改善されたのである。

（8）ヤング（Young, 2015）は、このような規範が支配する行動の社会的規則性を圧縮（compression）と呼んでいる。

（9）ランドバーグとポラック（Lundberg and Pollak, 1993）は異なるアプローチの組み合わせ方を提案している。彼らの家庭内交渉のモデルには、社会的に是認されたジェンダー役割へと行動を戻す威嚇点が含まれている（そしてランドバーグ Lundberg, 2008 は、家庭内分業を理解する上での規範と慣習の重要性を新たに強調している）。

第9章　進化と変革

権力は、要求なしには何ひとつ譲歩しない。
——フレデリック・ダグラス〔奴隷制廃止運動家〕

本書を通してこれまで、ジェンダーや人種、階級間における平等主義が成立することは困難であると思わせるような主張をしてきた。第一に、グループが協調問題に直面したときに、タイプやタイプ化を採用することが効率化につながる可能性がある。第二に、タイプの採用は、一部のケースにおいては、より有利な結果を得る側だけでなく、関係するすべての個人に利益をもたらす。これらの事実は、多くのモデル化の前提のもとで、協調問題を解決するためにタイプが自然発生的に出現することを意味している。

しかし、前述したように、この種の協調問題の解決策は不公平につながることが多い。さらに、本書の後半で示してきたように、タイプ分けはより深刻な種類の不公平を創発させる条件を整えてしまう。具体的に、偏見やステレオタイプ脅威など、われわれが通常〔不公平の〕原因として考えるような要因がなくても、有害で不公平な慣習は創発する。それらは、誰もが自分にとって最善の行動を学習する文化進化の結果として生まれた、共通の最終生産物にすぎないのである。

本章では、タイプ間に存在する不公平な慣習に対してわれわれに何ができるか、という問いを中心に、いくつかのトピック群について検討する。この問いは特に新しいものではないが、本書で用いられる進化的枠組みが、この問題についていくつかの新しい洞察を提供してくれるだろう。

議論は二つの部分に分けて行う。第一に、タイプに基づく不公平な慣習が生じるために必要な社会的な前提条件について概説する。そして、これらの前提条件を取り除くことができるかどうかを簡単に議論する。本章で見ていくように、タイプに基づく慣習を生じさせるようなグループの特徴を最小化する方法はあるかもしれないが、第I部で見た通り、こうした特徴は社会的協調を潜在的に改善する可能性を有するために、完全に排除することは難しいだろう。

次に、資源配分の規範を不公平なものから公平なものに変えていくにはどうしたらよいかを考えてみたい。前章で述べたように、慣習にはある種の固着性があり、環境の変化に抵抗する頑固さがある。これは、私たちがここで問題にしているあらゆる種類の慣習や規範が、均衡に至っているからである。集団がその状態にあれば、誰もそこから変化するようには動機づけられないのだ。しかし、これは変化が不可能であることを意味するものではない。個人の行動が、無作為な探索の結果にせよ、社会的規範に逆らおうとする意図的な試みの結果にせよ、現状から逸脱するとき、集団が現在の慣習の吸引域から別の吸引域に押し出される可能性がある。このように、文化進化のプロセスによって集団が新しい行動パターンを獲得することも期待できるのである。

以下で指摘するように、望ましくない慣習を、その吸引域を小さくすることにより、均衡を動かすようなショックに対して安定性を低下させる方法がある。このことは、おそらく意外な観察につながる。すなわち、ある集団の行動が、これまで同様に不公平に見えていながら、その不公平な規範の安定性が失われている、という状態が現出するのである。しかし、誰かが実際に何か〔今までと〕違うことをしなければ、最終的にはこの不安定化には意味がなくなってしまう。抗議運動のような行動が、個体群を新たな均衡へと導く梃子(てこ)として、どのように機能するかを見ていく。

しかし、話はこれで終わりではない。社会力動的な力は、グループを不公平な規範へと簡単に引き戻してしまう。最終的に、私は、社会正義の実現は終わりなき闘いであることを指摘する。文化進化の力はつねに集団を不公平な方向に引きずり込む可能性があり、こうした力に対抗するには不断の警戒が必要となる。(1) 公平性に関心をもつ人々は、不公平を静的な状態としてではなく、継続的な動的プロセスの一部として再認識する必要がある。つまり、不公平とは解決すべきものというより、解決し続けるべきものなのである。

9-1 タイプに基づいた慣習が成立する前提条件

バトラーは、パフォーマンスとしてのジェンダーに関する研究において、「仮にジェンダー・アイデンティティの基盤が、様式化された行為の継時的な反復であり、一貫したアイデンティティのようなものではないのであれば、ジェンダー変容の可能性は、そうした行為間の任意の関係における、それら様式の異なる形での反復の可能性、破壊的ないし転覆的な反復の中に見出されうる」(Butler, 1988, 520) と述べている。ジェンダーが一連の社会的行為にほかならないと考えるならば、そうした行為が停止されれば、ジェンダーはもちろんのこと、それに起因する不平等も消え去るであろうと強く推定される。われわれのモデルの中には、タイプ分け、社会的学習、タイプ条件づけという、タイプに基づく不公平の創発にかかわる三種類の行動がある。以下では、これらの要因に介入することで、不公平の創発を抑制できるかどうかを議論する。

本書で注目してきたモデルでは、社会的学習や他の文化変容の形態が、タイプに基づく慣習の創発において重要な役割を果たしている。レプリケーター・ダイナミクス・モデルでは、行為者は自らと同種のタイプから学ぶので、他のタイプとは異なる戦略を採用するように進化する。しかし、もし行為者がすべてのタイプから学習したとしたら、異なる戦略による分類は発生しないはずだ。このことは、タイプに基づく社会的学習をやめさせることができれば、結果を改善できることを示唆している。この可能性を明示的に検討したヘンリックとボイド（Henrich and Boyd, 2008）は、行為者が自分と同じタイプから学習しない場合、補完的協調ゲームを行う行為者群は、非効率ではあるが公平な結果に至る可能性が高いことを示した。しかし、先に述べたように、行為者が社会的学習を行わず、代わりに個人的に学習するモデルでは、不公平なタイプに基づく慣習が生じる可能性もある（Young, 1993b）。行為者がタイプを認識してタイプ条件づけを行う社会では、異なるタイプのメンバーは異なる環境に存在しているため、個人的学習や環境に対する合理的反応、あるいは社会的学習によって、タイプに基づく慣習へと移行してしまう可能性があるのだ。行為者が、彼らの観察する条件のもとで、端的に最善の戦略的選択であると考えられる行動をとらないと期待することは本当に可能なのだろうか。これは、不公平につながるプロセスに介入するポイントとしては、有望ではないように思われる。

われわれのモデルでは、タイプ分け（行為者がお互いを明確なカテゴリーに区別する能力）を無効化することによっても、タイプに基づく慣習の可能性を取り除くことは可能だ。認識可能なタイプがなければ、タイプ条件づけされた行動をとろうと思ってもそれは不可能となる。これを実現するには二種類の方法がある。ひとつは、タイプの認識を可能にする物理的なマーカーを実際に消し去るか、行為者が自由に変更できるようにすることである。もちろん、人種や性別などの〔身体的な〕マーカーに関しては難しいが。

タイプ分けを無効化するもうひとつの方法は、認知サイドのプロセスをなんらかの形で抑制することだ。すなわち、タイプによって人が異なる特徴をもつという知覚を行為者たちにさせないことだ。これまで、ジェンダーや人種は社会的に構築されたものであると広く論じられてきた。[2] これは、ジェンダーや人種のカテゴリー（すなわちタイプ）が、明らかに生物学的なマーカーに依拠しているにもかかわらず、社会的な創造物であることを意味する。この社会的構築に使用される生物学的マーカーを変更したり除去したりすることは非常に困難だが、構築の社会的側面は、変更や除去がおそらく可能である。しかし、ジェンダーや人種カテゴリーの存在に気づいたり、気にしたりすることを実際に止めることは可能なのだろうか。もちろん、人種やジェンダーを「見ない」こと、あるいは抹消しようとする行為には多くの批判がある（Butler, 1988）。そのような行為は、これらの社会的カテゴリーが現在の社会で巨大な社会的不平等と結びついている事実を無視することも意味するからである。歴史的に存在してきた〔差別による〕不利益の重要性を認識しつつ、またそれらの不利益を現在の意思決定においてなんらかの形で是正ないし考慮しようとしながら、他方で現在の相互作用の上では、そのタイプを認識しないようにすることを両立させるのは、不自然な（そして実現不可能な）やり方であるように思われる。さらに、本書第Ⅰ部で論じているように、ジェンダーのようなカテゴリーには、機能的な理由で創発していると考えられる部分がある。仮に、われわれがジェンダーをどうにかして認識しないようにできたとしても、それは協調のために社会的なカテゴリーを利用する必要性そのものをなくすことにはならない。結果として、協調のための新たな社会的カテゴリーが再出現してしまうかもしれないのである。

タイプに基づく慣習の創発のための別の前提条件（そして、より改善が期待できそうなもの）は、タイプ条件づけである。第2章で述べたように、タイプ条件づけは人間に自然に備わっているものだ。しかし、これは必然を意味するものではない。タイプ条件づけを止めるには、内的な方法と外的な方法がある。内的な方法は、差別をともなうタイプ条件づけについて、タイプによって扱い方を変えるのをやめるよう行為者に誘因を与えたり、説得したりすることである。これは、明示的な形態のタイプ条件づけの場合には比較的うまくいく。とはいえ、人々が無意識のタイプ条件づけの結果として「無意識のバイアス」をもっていることも知られている（Greenwald and Banaji, 1995）。しかし実証研究では、無意識のバイアスの影響を軽減する方法がいくつかあることも示されている。そのようなバイアスに起因する行動に対する共同体の規範を確立し、共同体のメンバーにその規範を認識させることで、その行動を減少させることができる。無意識のバイアスの存在を人々に認識させることで、それを減少させるのである。そして、人々がバイアスを受けているかもしれない状況で、より慎重に選択できるよう時間を与えることは、その影響を減らすのに有効である（Lee, 2016; Hofmann et al., 2005; Hopkins, 2006）。

タイプ条件づけを止める第二の方法は外的な手段、つまりタイプ条件づけがその対象となる人々に影響を与えないようにするための明確な規則や規範、法律などを利用するものである。この種の規則は、中等教育ではタイトルIX〔米国で性差別を禁止した1972年の教育改正法第9編をさす〕、学界では匿名査読〔学術誌に投稿された論文の著者名を伏せて審査すること。審査側も匿名となる場合も多い〕など、私たちの社会〔米国〕では一般的なものである。米国では、女性、有色人種、高齢者、妊娠中の人、障害者に対する差別を防止するための法律が多数存在する。これらの規則や法律は、日常の小さな相互作用の中で発生する不公平には有効ではないかもしれないが、タイプ条件づけに対抗するための重要なツールと言える。[3]

しかし、本書のモデルから得られる教訓のひとつは、文化進化の単純な過程が、不公平な慣習の度重なる創発をもたらすということである。タイプとタイプ条件づけは、それに適した戦略的条件のもとでは自然発生的に生じる。いったんそれが起こると、不公平も同様に創発することになる。われわれは差別や不公平の特定の事例を研究し、制御することはできるが、もしそのような事例が、あらゆる社会的条件のもとで自然発生的に生じるならば、そのような明示的な制御は、絶え間なく進化し続ける問題に対する一時的な修正にすぎないかもしれない。

一方で、過去100年のあいだにも、たとえば米国では、タイプに基づく慣習の種類やレベルに大規模な変化があったことは明らかだ。タイプ分けやタイプ条件づけの強さに関しては、異文化間における慣習性〔文化ごとに差異があること〕を示す証拠もある。たとえば、アフリカのムブティ族は伝統的に男や女、男の子、女の子という言葉をもたず、儀式では性差を考慮せず、性別による分業もほとんどしてこなかった。これに対してブラジル中部のムンドゥルーク・インディアンは、経済的な役割分担が強く、男女の対立関係があり、住居を分けるなどジェンダーによる生活の違いが非常に大きい（Oakley, 2015）。このことは、タイプ分けとタイプ条件づけがさほど強力に存在しなくとも社会が十分に機能することを意味しており、このような〔強度なジェンダー分業の存在しない〕状態は人間にとって心理的・論理的に達成可能であることを示している。さらに資源配分は、高度に不平等なものから、より平等主義的なものまで、文化によってばらつきがある。高度に不公平な分業は、避けられないものではないのだ。私たちは絶望する必要はない。次節では特に、ある集団がある慣習から別の慣習へ、いかにして変化しうるかについて扱う。

資源の分配に関しては、公平な選択——平等な分配ないしそれに近いもの——が存在することが多い。しかし、不公平な分配の慣習が生じる可能性も高いことがわかっている。このことは次の問いを導く。われわれは、いかにして公平でない慣習から、より公平な慣習へと変化しうるのだろうか？

9-2 慣習と規範の変化

社会運動理論は、社会的動員（social mobilization）を研究する学際的な領域である。もちろん、すべての社会的動員がタイプ間の分配に関する不公平な規範を変更する試みを含むものではないが、社会運動において頻出するテーマのひとつではある。女性参政権運動、労働運動、公民権運動、フェミニズム運動、さらに最近ではブラック・ライヴズ・マター（BLM）運動のことを考えてほしい[4]。

そのような社会運動について考える際に採用される視点には、（少なくとも）二つのレベルがありうる。第一は、合理性と行動選択の単位として個人を想定するものである。第二は、合理性と選択の単位として社会運動に関与する集団を想定するものである。社会運動理論の初期の研究は、この第二のレベルに焦点を当てていた。各集団はいかにして集合的な利益を達成するために行動するのか？　１９６５年にマンサー・オルソンは『集合行動の論理（*The Logic of Collective Action*）』を出版した。この本（Olson, 2009）は共同行為に従事する集団が、頻繁に公共財問題に悩まされることを指摘することで、マルクス主義のような過去の社会運動理論で採用された集団単位の視点を批判した。公共財問題とは、ある集団が、メンバー全員が恩恵を受けるような〔共通の〕財を生み出すときに発生するものだ。ここでの問題は、どの個人も生み出された財から利益を得られるのであれば、その財を生み出すために働いたり、コストを支払ったりすることを避けるほうが〔個人にとって〕望ましいということである。社会運動、たとえば法律上の平等な権利を求める抗議行動の場合、被抑圧階級のメンバーは、それらの権利からもたらされる利益を得たいと思うが、ある条件のもとでは、時間的なコストや制裁のリスクなどによって、そうした行動に参加する動機づけを阻害されてしまう——ことに、そうした不愉快な仕事〔抗議行動〕に参加する者が他にもいる状況では。[5]

以上の理由から、社会運動を研究する近年の集団行動に関する理論家は、個人のレベルを無視してきた過去の研究者たちに対して非常に批判的である[6] (Lichbach, 1998; Opp, 2009)。これらの個人レベルの分析を、社会運動の全体像を把握する上での鍵として考えるのは正しい。にもかかわらず、以下では集団間の不平等な分配に至る際の慣習の変化を考える上で、あえて集団レベルに焦点を当てていく。公共財問題やその他のジレンマがある状況下で、集団がどのように社会運動に関与するかを理解することが重要ではないと言いたいのではない。むしろ、この議論はこれらの問題を俎上に載せ、集合行為をより容易にしたり困難にしたりする、あるいはより効果的にしたり非効率にしたりするような戦略的状況とは何かを問う。さらに、どのような方法でなら集合行為が個体群全体の戦略的構造を変更しうるのか、という問題を問うているのである。

この問題に取り組むためには、**規範**(norm)と**慣習**(convention)の概念を分けて考える必要がある。第1章において、本書の目的上、先行研究とは対照的に、この二つの概念は同一の意味で理解されるべきではないことを強調した。われわれの目的上、慣習とは協調ゲームの均衡を模倣した行動パターンのことである(本書で主張しているのは、これらの均衡が慣習であるということであり、すべての慣習がそのような均衡としてモデル化しうるということではない点を忘れないでほしい)。かならずしもすべてではないが、いくつかの慣習は、さまざまな程度の規範的な力を獲得している。

9-2-1 慣習

社会的慣習がゲームの均衡として示され、そのために均衡がもつ安定性を示す場合であっても、いくつかのものは比較的簡単に変更することができる。たとえば、1967年9月3日はスウェーデンの「Hの日〔ダゲンH〕」として知られるが、この日にスウェーデン政府は、車道を左側通行から右側通行へと切り替えた。この新しい均衡によって、近隣諸国との協調を達成することができたので、これは望ましいものであった。

しかし、ものごとはつねにそう単純ではない。スウェーデンの状況を表現する相関的協調ゲームでは、行為者どうしが、成立可能な均衡に対して一般的に類似の選好をもっていることが想定される。これは、大多数の市民が変化の発生に同意し、それに関心をもつ状況を容易にした。もちろん、〔通行車線の〕変更自体は容易なことではなく、かなりの混乱を引き起こしたが、それが起こるという国全体のコンセンサスを形成することは少なくとも可能であったということである。ナッシュ要求ゲームに代表されるような不公平な均衡は、また別の問題である。ナッシュ要求ゲームのすべての均衡は**パレート効率的**（Pareto-efficient）であり、これは、他のすべての可能な均衡について、あるプレイヤーの利得を増加させることが、他のプレイヤーの利得を減少させることを意味する。タイプの区別をもつ個体群が、この種の慣習に従っている場合、少なくとも一方の側は他の可能な慣習への変更に抵抗することになる。

このような状況、すなわち、どの慣習を採用すべきかについて幅広い合意が得られない状況で、行為者群がどのように変化を生み出すことができるかを考える際には、これまで使ってきた進化的な枠組みが適用可能である。ヤング（Young, 2015）が指摘するように、慣習が変化するときには、ゆっくりとではなく一気に起こることが多い。「臨界閾値を超え、十分な数の人々が変化を起こしたら、ポジティブなフィードバックが新しいやり方を強化し、移行は急速に完了する」（363）。ヤングは、長期にわたる安定が急速に変化するこのようなダイナミクスの主な特徴として「断続平衡（punctuated equilibria）」を挙げている[7]（Young, 2001）。

当然ながら、この図式はヤングによる慣習のモデル化の枠組みとよく一致している。他の要因がない限り、社会的学習と個人的学習の力は、個体群を協調的な慣習の状態に維持し続ける。個体群は、十分に多くの人が同時に（偶然の逸脱であれ、協調的な努力のためであれ）非慣習的な行動を試みるまでは均衡を保っている。このような試みは、個体群全体を新しい均衡の吸引域に移動させる。そして、それはその後、新しい均衡に向かう進化を引き起こし、また別の同様なランダムな出来事が発生するまで安定する。この枠組みは、われわれが関心を寄せる種類の慣習の変化を考えるのに役立つ。つまり、集団は一般的に、社会的進化の力によって均衡点で安定した状態に保たれているが、ショックを与えれば変化に導くことができるのである。

この考え方は、均衡点の周囲にある吸引域の大きさが非常に重要であることを意味している。まわりに大きな吸引域がある均衡は、小さなバッファ〔緩衝帯〕しかない均衡よりも安定するだろう。**図9-1**は、先ほど提示した考え方を説明したものである。これは、大きな吸引域をともなう社会的慣習は変化しにくいという可能性を示している。このとき、なんらかの理由で、白矢印で示されるように、個体群の多くのメンバーが行動を切り替えたとしよう。図（a）に示される個体群では、〔矢印は〕元の均衡のもつ大きな吸引域の内側にとどまる。その結果、こうした変化があっても現在の慣習が変化することは期待できない。しかし、同じ変化の影響下にある図（b）の個体群は、他の均衡の吸引域に移動し、他の影響がない場合には、新しい均衡点へと進

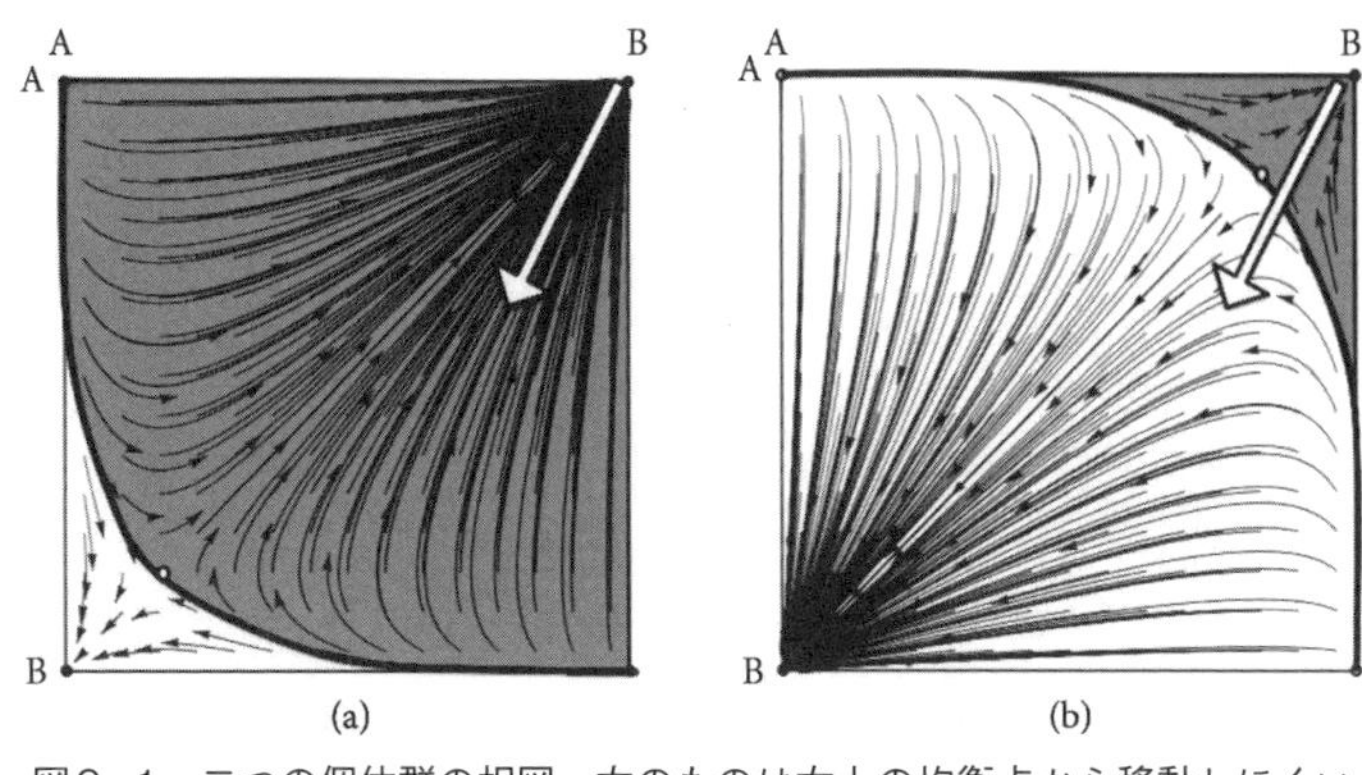

図9-1　二つの個体群の相図。左のものは右上の均衡点から移動しにくい

化すると期待される。

そのような変化はどのようにして起こるのだろうか？ ヤングの枠組みは、時に偶発的なショックが変化を起因することを示唆しており、確かに〔現実の〕慣習の変化のいくつかはこれを反映している。しかし、不公平〔の是正〕について考える場合、そうしたショックは典型的には偶発ではなく、個体群を協調均衡の吸引域の外へと移動させるために行動する、社会運動のメンバーによって引き起こされることが多い。たとえばボウルズとナイドゥ（Bowles and Naidu, 2006）、ファンら（Hwang et al., 2014）は、ヤングらによって検討されたモデルと非常に似ているが、行為者の逸脱がランダムではなく、自分たちが望む均衡に向かう傾向があるモデルを考えている。彼らは、ボウルズ（Bowles, 2004）によって最初に導入されたこの種の意図的エラーを「集合行為ショック（collective action shocks）」と呼んでいる[8]。

9-2-1-1　モラル選好

吸引域が社会の変化において重要なのであれば、それは利得構造も重要であることを意味する。本書の第Ⅱ部を通して見てきたよう

(a)

		プレイヤー2		
		低要求	中要求	高要求
プレイヤー1	低要求	3,3	3,5	3,7
	中要求	5,3	5,5	0,0
	高要求	7,3	0,0	0,0

(b)

		プレイヤー2		
		低要求	中要求	高要求
プレイヤー1	低要求	3,3	3,5	3,4
	中要求	5,3	5,5	0,0
	高要求	4,3	0,0	0,0

図9-2　相手に対する高要求に成功した場合に気の毒に思ってしまうナッシュ要求ゲーム

に、戦略的状況における行為者にとっての利得の詳細が、さまざまな均衡へと向かう吸引域を決定するからだ。

他者の利得を変更するひとつの方法は、たとえば、倫理的信念を変化させることによって、その人の選好を変更することである。社会正義をめざす運動の多くは、特定の規範や行動が他者に有害であることを社会に広く周知することで、このような変化をもたらそうとしている（たとえばハスランガー Haslanger, 2017 は、抑圧的なシステムを変えるために文化的イデオロギーを批判することの重要性を強調している）。実際に人は他者を考慮した選好をもっているので、こうした運動によってゲームの実質的な利得を変更することができる。[9] **図9-2**の（a）はナッシュ要求ゲームを示している。（b）は同様のゲームであるが、ここでは行為者は他者より多くを得ることに負い目を感じており、相手に対して高要求に成功したときに受け取る利得が低下している。この二つめのゲームでは、低要求と高要求、高要求と低要求の組み合わせは均衡点ではない。この状況での純粋戦略均衡は、中要求と中要求だけである。

このようにして阻害された均衡の状態で文化進化を続ける個

(a)

プレイヤー2

プレイヤー1	低要求	中要求	高要求
低要求	1,1	1,5	1,9
中要求	5,1	5,5	0,0
高要求	9,1	0,0	0,0

(b)

プレイヤー2

プレイヤー1	低要求	中要求	高要求
低要求	1,1	1,5	1,6
中要求	5,1	5,5	0,0
高要求	6,1	0,0	0,0

図9-3　相手に対する高要求に成功した場合に気の毒に思うが、純粋戦略均衡を崩すほどではないナッシュ要求ゲーム

体群は、もはや休止点にとどまっているわけではないから、その状態から離れて進化しようとする。この場合個体群は、唯一残っている純粋なナッシュ均衡である、中要求と中要求の組み合わせの状態に向かって進化する。

もし行為者が他者に配慮する強い選好をもっていなければ、道徳に関する議論は、当初の戦略状況における均衡を変えるほどには選好を変更させないかもしれない。しかし、ごくわずかな道徳的圧力でさえ、そのような均衡の安定性を低下させる可能性がある。**図9-3**はこのことを示している。図9-2に似ているが、このナッシュ要求ゲームでは、高要求と低要求の差が大きい〔(a)では高要求に成功すると9だが、(b)では6になっており、若干気の毒に思う設定になっている〕。このゲームでは、同じような利得の変更だけでは均衡を乱すことはできない。しかしこの変化は、不公平な均衡の吸引域を小さくするだろう。この観察から、意外なことに、道徳教育は、たとえそれが漸進的であり、社会的慣習に影響を与えていないように見えたとしても、意味があるといえる。慣習の安定性が揺らぎ、はっきりと観察できる行動的な変化が生じるずっと手前の、将来的な変

化の舞台をつくる可能性があるからだ。このような状況下では、小さな個体群によるショックがグループを公平な行動へと向かう吸引域に移動させるまでのあいだ、不公平な行動がある程度の期間持続するかもしれない。

しかし、ここでは少し注意が必要である。この解釈では、行為者は低要求の相手に対して高要求をした場合には、依然として高い物質的利得を達成しながら、実際にはこの結果を本当には喜んでいないということになる。もし、それぞれの行為者が物質的な利得の面で成功を収めたグループのメンバーを模倣するとしたら、この内的な選好の変化は、現実には何も変化を起こさないはずである。他人を利用して金持ちになった人は、自分を嫌な奴だと感じて不幸に思うかもしれないが、他の人が行動を決める上では〔その人の主観的な不幸は見えず〕その人の成功だけを見ることになる。一方で、ある種の行為者の最善の反応、あるいは個人の知覚する利得に基づく個人的学習を想定した場合には、均衡は崩壊するはずだ。言い換えれば、文化進化の文脈における道徳教育の成功の可否は、行為者がどのように自分の行動を決めるかに強く依存する。

この種の選好の変化について、もうひとつ注意すべきことは、実証的には、それがかならずしも〔現実の〕何かに変換されるわけではないことが明白だということである。ことに、この種の状況は、行為者が公平性や平等な分配を〔言葉で〕表明し、意識的にも選好しているが、肝心の不公平な分業がいかなるものであるかを、かならずしも認識していない場合に起こる。[10] そのような行為者は、自己の内面では道徳的立場を保持し、自分の立場の偽善性を認識することもなく、外的には変わらず高い利得の恩恵を享受し続けるかもしれない。

9-2-1-2 抗議運動

道徳教育によって、ある不公平な均衡の安定性が低下したとしよう。個体群はどのようにしてその状態から離れられるだろうか？　前述したように、これには少なくとも誰かが実際に行動を変える必要がある。そうでなければ、個体群は均衡点にとどまったままだ。社会的な抗議がこの役割を担う可能性がある。

時として、行為者が単に行動を変容させることで、新しい慣習が成立することもある。たとえば、ナッシュ要求ゲームでモデル化される状況において、一方のタイプがより高い要求をし始めることが可能である。この状況では、はじめのうち誰もが決裂点に達し、利得が少なくなる。しかし適切な動的状況においては、この種の変化が、現在の慣習から新しい慣習の吸引域へと個体群を移動させる可能性がある。これは、より公平な均衡が成り立つ新しい社会的環境のもとで、互いがより高い利得を達成できるように、社会的学習と文化進化の力を通じて相手側を動かしうることを意味している。これはボウルズ（Bowles, 2004）、ボウルズとナイドゥ（Bowles and Naidu, 2006）、ファンら（Hwang et al., 2014）でモデル化された一種の社会運動であり、それらのモデルでは、行為者は通常自分が所属していない他の個体群に対して最適な反応を示すが、時に自分たちの選好する均衡の方向から外れることもある。ファンら（Hwang et al., 2014）が指摘するように、彼らのモデルは、規範的に禁じられた方法で行われた座り込みなどの抗議行動に対応している。これは、一方のタイプのメンバーが、公民権運動でている行動をとるだけで、資源配分に関してより大きな「要求」をすることにつながることを意味する。公民権運動の場合、黒人たちによる行動の変化は、それに応じるように、公共施設での人種分離撤廃などの白人たちの行動変化につながった。ボウルズとナイドゥ（Bowles and Naidu, 2006）は、アパルトヘイト時代の終盤において、南アフリカでも同様のパターンがあったことを指摘している。〔黒人労働者による〕ストライキが多発していたため、貧しい黒人労働者と裕福な白人経営者の双方が非常に低い利得に甘んじていた。このため、経営者は要求を引き下げ、賃上げの要求に従ったのである。

社会的抗議活動に参加する人々はまた、他のタイプにとっての利得を意図的に下げる行動をとることでも、均衡を移動させ、他のタイプの利得を変えることができる。そのような行動は、〔不公平な〕慣習が変われば止まるだろう。これは、図9－2や図9－3で見たような利得の変化をともなう。言い換えれば、抗議運動は道徳教育と同じく、不公平な均衡を阻害したり、その吸引域を小さくしたりすることができる。当然、この種の社会的抗議が機能するには、一方のタイプのメンバーが、他方のタイプのメンバーの利得を効果的に引き下げられなければならない。この第二のシナリオに当てはまると思われる好例として、英国のサフラジェット運動がある。サフラジェットたち〔19世紀末から20世紀初頭にかけての女性参政権運動活動家〕は街頭に爆弾を仕掛け、国会議員の家を破壊し、通常の社会機能を混乱させた。また、1957年、日本の鉄道労働者は300以上の駅の線路に座り込み、列車を停止させた[11]。すでに議論した南アフリカのアパルトヘイトや公民権運動の例も、これらの運動のメンバーが社会機能を全般的に混乱させるような公共空間での抗議行動を展開したという点で、この種のケースと同様のものである。

9－2－1－3　リバウンド

前2節で、社会運動の典型的な行動を社会的ダイナミズムの枠組みの中で理解する方法を分析した。しかし、第5章と第6章のモデルは、より多くのことを教えてくれる。社会運動によって、あるグループのメンバーがより公平な状態を勝ち取ることに成功したとしよう。しかし、このグループが依然として経済的、政治的に、あるいは社会的に権力を奪われ続けているとしよう。

いくつかの場面で、あるいは一時的には公平を勝ち取ったとはいえ、公平な均衡の吸引域はまだ比較的小さいはずである。これは、権力が不公平な慣習の現れる可能性をより高めるからである。強力なグループは、より高い決裂点、より高い外部オプション、より高い背景利得を持ち続ける。少数派と多数派に分かれていれば、多数派は多数派であり続ける。これらの理由から、ランダムな変化によって個体群は再度不公平な状態に容易に戻ってしまう。これは、社会構造によって不公平が維持されている場合には、人種差別的な態度や行動を根絶することだけでは不公平を根絶できないと論じたティリー（Tilly, 1998）の指摘を補完するものである。ハスランガー（Haslanger, 2015a）は、抑圧的な構造が存在する限り、無意識のバイアスを根絶しても持続的な変化は期待できないと論じている。

より長期的で安定した公平な慣習が存在する場合にも、このような現象が見られるかもしれない。政治的運動は、人々の行動の変化が生じるよりもずっと前に、そうした慣習の安定性を損なっているかもしれない。すなわち、少数の人々の集団がより不公正な関係に向けた行動を起こすと、公平性は容易に瓦解してしまうのだ。

9-2-2　規範

この章では、ここまで、協調行動における慣習を変える方法に焦点を当ててきた。こうした場合、個体群がある均衡の吸引域から外れると、社会的・個人的学習の仮定のもとでは、個体群は別の均衡に向かって移動するはずである。すでに概説したように、協調を要する状況において、さまざまな均衡の吸引域を変更し、現在とは別の均衡を達成する可能性を高める方法はある。しかし慣習が規範的な力を獲得すると、状況はまた少し違ったものになる。

規範とは、ある特定の方法で行動しなければならないという信念である。[12] ビッキエリは規範を、以下のような状況における行動規則として定義している。すなわち、ある集団の十分な大多数が（1）規則を知り、それを適切に適用し、（2）（a）十分な数の他者がそれに従うと確信している、または（b）自分がそれに従うと他者が期待していることを確信している、または（b'）従わない場合に他者が制裁するかもしれないと信じている、という条件のもとで、規則に従うことを好む（Bicchieri, 2005, 11）。最初の条件は彼女が**随伴性**（contingency）と名づけたものであり、第二の条件は**条件つき選好**（conditional preference）と名づけたものである。

ビッキエリとメルシエ（Bicchieri and Mercier, 2014）は規範を自己永続的なものとして考えているが、規範にも種類があり、なされるべき重要な区別がある。いくつかの場合、規範は、行為の背景にある戦略的状況によって安定化された行動を強制し、促進する。協調の慣習の中で、規範的な性格をもつものはこれに分類される。誰もが規範に従っている場合、そうすることが個人の利得にとって最良の選択なので、誰もが同様にそうしたいと思うだろう。一方、ある背景的な戦略的状況のもとでの均衡行動から、人々を遠ざけるために発生する規範もある。たとえば、社会的な利他主義に関する規範は、個人にとってはコストがかかるが、社会的に有益な行動を促進するものである。ビッキエリ（Bicchieri, 2005）は、このような場合には、社会的期待と違反者への罰によって、この状況が協調ゲームに変換されうると指摘している。行為者は、利他的にふるまわないことによって社会的な罰を与えられるので、利他主義者であることが行為者自身の最善の利益になる。しかしこれは、根底にある力〔誘因〕が規範的行動の継続を支持しているわけではないという事実を変えるものではない。このような場合、そうした規範は侵食されやすいはずである。規範に従うことへの周囲の期待がなくなれば、行為者は社会的進化の過程によって、均衡行動に戻るはずである。

ビッキエリとメルシエは、女性器切除などの望ましくない規範を変えるための方法を論じている。彼らは規範の変化における期待の役割に焦点を当てている。規範には、他者が規範を遵守するという期待と、他者が同様に遵守を期待する（そして時には逸脱者を罰する）という期待の両方が含まれている。そのため、このような変化において、困難ではあるが重要な点は、集団メンバー間の期待を一度に変更することである[13]。

この枠組みは、社会運動や、われわれがここで論じるような〔不公平な〕慣習を転換しようとする試みに、どのように適用されるだろうか？　公平な慣習が規範的な力を獲得するとき、それは、行為者たちが均衡にあるというだけでなく、行為者たち自身がその均衡にとどまるべきだと信じており、（ビッキエリの考えでは）他の行為者たちもまたその均衡にとどまるべきだと信じていると、行為者たち自身が信じている場合なのである。不公平な慣習の場合には、道徳規範は不公平な分配に対立する。しかし前節で述べたように、不公平な慣習を支持している人は、実際には自分が公平に行動していると信じているかもしれない。このような場合、重要なのは、公平とは何かについての信念、そして、人々が実際にしている行為についての信念を変えることである。もしもこれらの信念がうまく変えられたならば、規範は実際に、社会を公平な慣習に向かって押し進めるのに役立つだろう。

＊＊＊

社会運動には、行為者が公共財ゲームを解決することによって行動を協調させなければならないものがあるが、より高いレベルで、いかなる種類の集団行動が、いつ、不公平な慣習を変えることに成功するのかを検討することも重要である。われわれの文化進化の枠組みは、ここでいくつかの洞察を提供してくれる。第一に、多くの慣習が均衡であるという事実は、それを覆すためには、その均衡を揺るがす行動的な変化が必要であることを意味している。誰かが実際に何か違うことをしなければ、均衡はそのままである。しかし、行動の変化によって均衡をより安定化させたり、不安定化させたりする方法がある。道徳教育は、変化が実際に起こるずっと手前で均衡の安定性を揺るがすことができるし、ある均衡に対する利得を減少させるように働く抗議行動もある。それが規範的な力をもつ慣習となるには、もっと多くのことが起こる必要がある。とりわけ、人々は、ただ単に新しい行動パターンを学ぶことが利益となる戦略的状況に置かれるのみならず、何をすべきかについての信念から変える必要があるのだ。

もちろん、集団がある均衡から別の均衡へ移動できるとするこの考え方には両面性がある。この考え方は、不公平な均衡を解消する可能性が実際にあることを示しているが、逆もまた起こりうるのだ。ある集団がより強力であったり、より多数であったりすることによって、公平な均衡点が小さな吸引域しかもたないような社会状況が存在すれば、不公平な均衡に転じるのは比較的容易である。一見安定しているように見える公平な慣習でさえ、不公平への回帰を促す信念や選好の変化によって、すぐに侵食される可能性がある。

さらに、本書のモデル化の結果は、不公平な慣習や規範を生み出すために必要な条件が驚くほど少ないことをくりかえし示唆している。これらは、私たちの職場や学術的なコミュニティ、家庭、そしてより広範な社会において、つねに存在すると想定される条件である。公平性の促進をめざす人々にとって、ここから得られる教訓は、公平および不公平についての新しい考え方である。サディアス・スティーブンス〔奴隷制に反対した米国の下院議員〕はかつて、「私は、金持ちと権力者の利益を守るのは簡単だが、貧しい者や虐げられた者の権利を守るのは多大な労苦であると知っている――これはシシフォスの永遠の苦役であり、永遠に続くものである」(Du Bois, 2017, 314) と述べている。公平性は、あるとき達成されて終わるものではない。不公平を生む社会的プロセスはあまりにも基本的であり、あまりにも普遍的な前提条件しか必要としない。むしろ公平性とは、不公平を自然と生み出す、つねに進化し続けるプロセスの中で、私たちが不断に求め続けなければならない状態なのである。

〔原注〕

（1）哲学者でありマルクス主義者であるリアム・K・ブライトは、この図式はマルクスが最初に導入した「永続革命（permanent revolution）」の考え方に似ていると主張している（Marx and Engels, 1975参照）。マルクス主義者がプロレタリアートによる革命的な行動と態度の恒久的な状態を提唱したという類似性である。

（2）ジェンダーの社会的構築に関する研究については、たとえばバトラー（Butler, 2004, 2011b）や、フェンスターメイカーとウエスト（Fenstermaker and West, 2002）を参照。人種の社会的構築に関する研究についてはデュ・ボワ（Du Bois, 1906）、ジェファーズ（Jeffers, 2013）、オミとウィナント（Omi and Winant, 2014）を参照。ハスランガー（Haslanger, 2000）は両方の種類のアイデンティティについて論じている。

（3）偶然にも成功したルールの例を少し挙げる。数学などの学術分野では、論文の著者の順番はアルファベット順に決められている。この分野のルールは、他の多くの分野とは異なり、数学では女性が男性と同様に権威ある筆頭著者の地位に就く可能性が高いことを意味している（West *et al.*, 2013）。

（4）ゲイ・ライツ運動やトランス・ライツ運動は、不公平はそこに存在するものの、資源分配についてはあまり明確ではない。

（5）合理的選択に焦点を当てたその後の社会運動論者たちは、この問題と関連する問題の解決策を長く議論してきた（Roemer, 1985; Lichbach, 1998; Opp, 2009; Chong, 2014）。哲学者のマーガレット・ギルバートは、行為者のグループにおける共同コミットメントに訴えることによって、このような問題を解決しようとしている（Gilbert, 2006）。

（6）オプ（Opp, 2009）は、社会運動の徹底した理論を構築するためには、組織とその内部の（個人の）結びつきの両方のレベルを見る「マクロ－マイクロ」アプローチが必要であると主張している。

（7）たとえば、中国で纏足が習慣化されていた時代、女性には結婚するために纏足をするという誘因があった。纏足は貞節の証であると考えられていたし、それは〔家庭の〕社会的成功のサインでもあったため、男子にとってもそういう女子と結婚する誘因があった。纏足を禁止する数々の法令はあったものの、結局、纏足の文化は、娘に纏足をさせないという誓約と、纏足した女子との結婚を拒否するという誓約の両方を個々の家族にさせるというキャンペーンによってはじめて下火となった。これは、相互作用における双方の期待を同時に変えることによって、ある習慣からの急速な社会的変化につながった例である。また、これはジェンダーによる分業の持続を理解するためにゲーム理論モデルを使用した、ブリーンとクック（Breen and Cooke, 2005）の研究から得られた知見とも一致している。彼らは、女性と男性の大部分が、同時に分業をめぐる行動を変えなければならないと主張している。

（8）彼らの指摘の通り、いくつかの実験的な研究では、プレイヤーがちょうどこのような利己的な方向で逸脱的な行動をとることがわかっている（Lim and Neary, 2016; Mäs and Nax, 2016）。

（9）このような他者を考慮する選好が、どのようにして進化するのかを論じることは本書の領域を超えている。われわれにとっては、それが現実の人間に存在することを観察するだけで十分である。このトピックの詳細については、選好の進化をモデル化する間接的進化アプローチの研究を参照してほしい（Güth, 1995）。

（10）これは、マルクス主義の「虚偽意識（false consciousness）」の考え方とも多少通じているだろう（Eagleton, 1991）。ある階級のメンバーが、他の階級のメンバーに対して、彼らの被っている搾取の程度を誤解させる、あるいは、より一般的には、戦略的行為者が自分たちの置かれた不公平な状況を認識していない場合を意味する概念である。私が関心をもつ（性別役割分業の）ケースでは、両グループのメンバーとも〔公平な〕分業の規範が何であるかについて誤解している可能性がある。

（11）この例はシェリング（Schelling, 1960）による。

（12）これらの信念は、われわれがここで注目しているような、ゲームの中での均衡によってモデル化される行動に関するものとは限らない。これらの信念は、通常実行される行動パターンに対応している必要はない。たとえばビッキエリ（Bicchieri, 2005）は、多くの規範は実際にはとられない行動（「見知らぬ人の髪の毛に触ってはいけない」等）にかかわるものであったり、規範を満たす必要を生じる条件を集団メンバーが回避することで、実際にはとらない行動に関するものであったりすると指摘している。彼女はターンブル（Turnbull, 1987）の研究を引用し、ウガンダのイク族は、通りがかった人が協力を申し出ないように、あえて夜中に屋根の補修をすることで、互恵性の強い規範（の遂行）を回避していると指摘している。これらの観察は、明らかにいくつかの規範は、行動上の規則性をともなって開始されるものではないため、規範や慣習は明確であるべきであるという主張を強化する。

（13）そのため彼女らは、規範の変化が起きていることを集団の大部分に同時に納得させるため、熟議や討論を含んだ小グループでの議論と、その中で生まれた計画の積極的な普及が重要であることを強調している。このような議論は、現場レベルの社会運動理論の領域に属するものである。

第10章　結　論

本書で紹介した研究はこれで終わりではない。本書は単にモデル化の結果を列挙するだけではなく、社会的カテゴリーと不公平に関係する問題に対処するために、より広範に使用できる一般的な枠組みを検討したものである。本書で紹介した研究によってこの枠組みの有用性が示され、他の研究者がこれらのトピックをさらに探求する際に役立つことを期待している。

本書では、究極的には、協調行動の必要性が特定のグループの人々に不利益をもたらす過程について扱ってきた。これまで見てきたように、タイプ分けの存在は補完的協調問題の解決策として機能し、タイプを持たない集団には実現できない効率的な個体群レベルの行動パターンを可能にする。このため、ジェンダーのようなタイプは、補完的協調問題を解決するために自然発生的に出現する。このプロセスが導き出す行動パターンにおいて、性別役割は、（程度の差はあれ）別のあり方もありえたという意味で慣習的であり、同時にそれが協調行動を促進するという点では機能的である。

このプロセスによって創発する慣習は不平等になりがちである。しかし、いったん個体群の中でタイプが確立されると、より深刻な不公平のパターンが創発する可能性がある。ある種の進化的な力は公正さにつながるが、異なる社会集団を包含する個体群では、実際に不公正を生じうる要因が無数にある。物質的条件や少数派の地位といった集団間の非対称性が、こうした不公平な慣習が生じる可能性を高める。持てる者がさらに豊かになるように、不公平は累進的に悪化する傾向にある。このような不公平がいったん生じると、相互作用の相手の選択など、社会的行動の他の側面にも影響が及ぶ可能性がある。

以上の議論において、私は本書を通じてある特徴を強調してきた。第一に、このプロセスは比較的わずかな条件のもとで進行するという事実である。非常に単純な行為者群が、補完的協調問題に直面し、学習する機能をもつということだけで、彼らはタイプ分けとタイプに基づく協調の慣習を発展させうる。いったんタイプが発現すると、交渉問題を解決するための文化進化は、もっとも単純なモデルであっても不公平な分業パターンを導く。本書で議論してきたように、これらの結果は、モデル化の前提条件を変更しても頑健である。

この頑健さは、不平等や硬直したジェンダー規範について、従来とは異なる思考法をわれわれに要請することを私は強調してきた。不公平は、われわれが置かれた社会的状況に存在する基本構造から生じたものであり、その構造自体を取り除くことは難しい。つまり、これらのプロセスから生まれる結果を是正するための対策を講じるに際して、われわれはその修正が一時的なものでしかありえないことを理解すべきである。不公平の原因となる構造は依然として存在し、社会的ダイナミクスはわれわれを不公平な分業パターンに簡単に引き戻すことができる。社会正義に向けた闘いは、複数の頭のひとつが切り落とされるたびに、新しい頭を生やしていく怪物ヒドラとの闘いのようなものなのである。

し、各集団内で成功している戦略が増殖する。２集団の連続時間レプリケーター・ダイナミクスは以下で与えられる。

$$\dot{x}_i = x_i\left(f_i(y) - \sum_{j=1}^{n} f_j(y)x_j\right) \qquad \text{(A. 3)}$$

$$\dot{y}_i = y_i\left(f_i(x) - \sum_{j=1}^{n} f_j(x)y_j\right) \qquad \text{(A. 4)}$$

ここでxは一方の集団の、そしてyはもう一方の集団の戦略を表す。各式の利得の項である$f_i(y)$と$f_i(x)$は相手の集団の状態に依存していることに注目してほしい。なぜなら個体は相手集団と相互作用して利得を得るからである。しかしながら、戦略が増加するか減少するかは、自集団の戦略の成功度との比較のみにおいて決まる（このダイナミクスの離散時間版には式A.1のような更新関数が現れるが、やはりそこでの利得は相手方の集団状態に依存している）。

２タイプがある混合集団では、個体はタイプの区別をもつが、自分と同じタイプの個体とも相互作用する。このような進化過程はレプリケーター・ダイナミクスの別バージョンでモデル化され、これはNeary (2012)、Bruner and O’Connor (2015)、Bruner (2017)、O’Connor and Bruner (2017) で用いられた。そこでは個体は２タイプのいずれかに属するが、集団のすべての個体と相互作用した結果として利得は計算される。連続時間のダイナミクスは以下で定式化される。

$$\dot{x}_i = x_i\left(f_i(x,y) - \sum_{j=1}^{n} f_j(x,y)x_j\right) \qquad \text{(A. 5)}$$

$$\dot{y}_i = y_i\left(f_i(x,y) - \sum_{j=1}^{n} f_j(x,y)y_j\right) \qquad \text{(A. 6)}$$

標準的レプリケーター・ダイナミクスとの唯一の違いは、各集団の各戦略の適応度が全員に依存しているため$f_i(x, y)$となり、相手集団のみに依存する$f_i(y)$や$f_i(x)$とはならない点にある[(1)]。

本書では一方のタイプが少数派であるような集団も考える。このようなモデルでは２タイプ混合集団のレプリケーター・ダイナミクスを用いる。そこでは個体は少数派集団の個体と、その少数派集団が全体に占める比率に比例した頻度で相互作用をする。したがって少数派個体の行動は、多数派の行動に比べて、どちらの集団においても戦略の利得を決定する際の重要性が低い。この場合、最後の式の$f_i(x, y)$の項だけが変更を受け、適応度がどの程度ある集団に影響を受けるかは、その集団の頻度によって決定される。

付録　レプリケーター・ダイナミクス

レプリケーター・ダイナミクスにはいくつかの形がある。本書のシミュレーションの多くで用いられるのは**離散時間**（discrete time）レプリケーター・ダイナミクスである。このダイナミクスでは、ゲームをしている集団は時間ステップごとに変化する。各時刻で各戦略の期待利得が集団状態を所与として計算される。計算された期待利得は集団の平均期待利得と比較される。平均利得を上まわる戦略は増加し、そうでない戦略は減少する。このダイナミクスは以下のように定式化される。

$$x'_i = x_i\left(\frac{f_i(x)}{\sum_{j=1}^{n} f_j(x)x_j}\right) \qquad (\mathrm{A.\,1})$$

ここでx_iは集団内で戦略iをプレイする個体の割合であり、$f_i(x)$は集団状態xにおけるタイプiの適応度、そして$\sum_{j=1}^{n} f_j(x)x_j$はこの状態における集団の平均適応度である。この式は、次の時刻でiをプレイする個体の割合x'_iが、現在の割合x_iにiをプレイする個体の利得の集団平均利得に対する比を乗じたものであることを意味している。

連続時間（continuous time）レプリケーター・ダイナミクスは、離散時間版でモデル化された変化の過程の各時間ステップの長さを0にする極限をとった結果として解釈される。このダイナミクスはすでに説明した、相対的に良い戦略は増加し、相対的に悪い戦略は減少するという法則に基づいて滑らかに変化していく集団をモデル化する微分方程式から成る。このダイナミクスは以下のように定式化される。

$$\dot{x}_i = x_i\left(f_i(x) - \sum_{j=1}^{n} f_j(x)x_j\right) \qquad (\mathrm{A.\,2})$$

本書ではどちらのバージョンのダイナミクスも用いる連続時間版と離散時間版のレプリケーター・ダイナミクスは異なるものの、一般には同様のものを表していると考えられており、連続時間版は解析解を得るために用いられ、離散時間版はシミュレーション結果を得るために用いられる。

本書では、二つのタイプのある集団に対しては、これらのダイナミクスとわずかに違うバージョンを用いる。個体は二つのタイプのいずれかに属し、あるタイプの個体は他のタイプの個体とのみ相互作用するような、完全に分割された２集団を考える。これは二つの集団からなり、各集団が他集団とのみ相互作用するような標準的２集団レプリケーター・ダイナミクスに対応する。個体は自集団内の戦略を比較

付録の原注

（1）２タイプがあるモデルでは、相互作用するタイプ間の正負両方のどんなレベルの相関も想定される。ここでは完全に負相関した場合のダイナミクス（完全に分割された集団）と相関なしの場合のダイナミクス（２タイプの混合集団）を示した。同じようなダイナミクスは、どんなレベルの相関に対しても導入できる。

謝辞

本書の執筆にあたっては数多くの方々にお世話になった。同僚のジェフリー・バレット、ジャン゠ポール・カルヴァルホ、ジョン・ダフィー、サイモン・ハッテガー、ルイス・ナレンズ、マイク・マクブライド、ブライアン・スカームズ、カイル・スタンフォード、ジェイムズ・ウェザオールの諸氏に、このプロジェクトのさまざまな局面でフィードバックを頂いたことについて最初に感謝したい。このプロジェクトで共同研究を行ったカルヴァン・コクラン、エマ・クッシュマン、トラヴィス・ラクロワ、アイデン・モフセニー、サリータ・ローゼンストック、ハナ・ルビン、マイク・シュナイダーといった大学院生にもお礼をしたい。そして、カリフォルニア大学アーヴァイン校の学生たち、ニクヒル・アドルマン、ジェラード・ロスファス、グレゴール・グレスレーナー、ベン・コノーヴァーの諸氏にさまざまな段階でフィードバックを頂いたことにも謝意を表したい。「文化的な赤の王」効果の実験実施については、カリフォルニア大学アーヴァイン校の実験社会科学実験室とその関係者にお世話になったことに感謝する。

本書を執筆するための場所と時間を確保できたのは、客員研究員のポストのおかげである。ピッツバーグ科学哲学センターとジョン・ノートンには特に感謝している。アイデアとフィードバックを提供してくれたフェローとポスドクたち、特にアグネス・ボリンスカに感謝する。本書を執筆するあいだ、ルートヴィヒ・マクシミリアン大学ミュンヘン校のミュンヘン数理哲学センター（ＭＣＭＰ）、ロンドン・スクール・オブ・エコノミクス、オーストラリア国立大学が客員研究員のポジションを提供してくれたことに感謝したい。また、本プロジェクトについてのトークを聞いたりコメントやフィードバックを提供してくれたりしたそれらの大学の構成員にも感謝する。

草稿にたくさんのコメントをくれたエレン・クラークとケヴィン・ゾルマン、本書を執筆しているあいだ継続的にコメントをくれたリアム・Ｋ・ブライトとレムコ・ハッセンにもたくさん感謝をしたい。トークした際にコメントやフィードバックをくれたすべての方々、お名前を忘れてしまった人もいるけれど、ありがとう！共同研究者は計り知れない洞察を与えてくれた。共同研究者はリアム・Ｋ・ブライト、ジャスティン・ブルーナー、カルヴァン・コクラン、トラヴィス・ラクロワ、アイデン・モフセニー、ハナ・ルビン、マイク・シュナイダーの諸氏である。ジャスティン・ブルーナーには特別に感謝したい。彼の「文化的赤の王」に関する論文は最終的にこの本にインスピレーションを与えてくれたし、ここに書かれた多くの論文で共同研究を行っている。そしてニコール・ブルバキの継続的な支援に感謝する。

本書はアメリカ国立科学財団（ＮＳＦ）の支援（ＳＴＳ ｇｒａｎｔ １５３５１３９「認識論的コミュニティにおける社会的ダイナミクスと多様性」）を受けた研究に基づいている。ＮＳＦの支援、特にフレッド・クロンツに感謝する。また、最初の本を書くという苦しいプロセスのあいだ、我慢づよく支えてくれた家族や友人にも感謝している。モーリーンとジェイムズ・ウェザオールの広範な育児と精神的なサポートに感謝！　ジム・ウェザオール、あなたは私の支えだ。イヴとヴェラ、君たちは最高だ。

監訳者あとがき

本書はCailin O'Connor（2019）. *The Origins of Unfairness: Social Categories and Cultural Evolution.* Oxford University Press. の全訳である。原書のタイトルを訳すと『不公正の起源――社会的カテゴリーと文化進化』となる。翻訳するにあたって邦題を『不平等の進化的起源――性差と差別の進化ゲーム』とした。本書の第Ⅰ部では社会的協調における不平等の進化が、第Ⅱ部では資源分配における不平等の進化が扱われている。また、本書では性差だけではなく人種差別の問題も扱われているが、人種の問題が扱われる場合も性差との関連で議論されていることから、著者がジェンダーの問題を本書の中心に置いていることは明らかである。

平等（equality）は差別がない状態を意味するが、公正（fairness）は少し複雑な概念である。公正とは公平（equity）で正しいことを意味している。全従業員に同額の給料を支払うことは平等だが、努力や能力が報われないという意味では公正とは言えないかもしれない。オリンピックの競技を男女で分けるのは、平等ではなく公正な競争を実現するためである。その結果、生まれた性にかかわらず、オリンピックで活躍できる機会が一応平等に保障される（トランスジェンダーとの関係でより問題は難しくなっているが）。一方、大学の教員人事は公募によって行われることが多いが、なかでも近年増えているのが女性限定公募である。応募者の研究業績や教育経験などが同等と認められた場合に、男性よりも女性を優遇する公募案件も多い。これは、大学院進学者には女性も多いにもかかわらず、実際に大学教員として採用されるに至る女性が少ないことから行われている、一種の肯定的差別（positive discrimination 米語ではアファーマティブ・アクションと表現される）である。

これはある意味公正な人事ではないが、結果としての男女比の平等を実現するために行われる措置とされている。もともと女性が大学教員として採用されるにあたって不利な社会構造が存在する場合、それを考慮した差別的な人事制度を導入することによって（男性が生まれつき履いているゲタとしての有利な社会構造に対応するようなゲタを女性にも履かせることによって）、結果として男女の格差を根底から取り除くために、肯定的差別は必要とされる。差別をなくすために一時的な差別を許容しよう、というわけである。もちろん、個別のケースではこうした制度の犠牲になる者も出てきてしまうため、話はそう単純ではない。この制度のために採用されなかった男性に対して「これは差別解消のためなのだからしょうがない」と言っても何の慰めにもならないだろうが、そのデメリットと平等な社会の構築というメリットを天秤にかけて行われる政治的判断であると言える。

本書では、このようなマイノリティに対するガラスの天井が、ある種の合理性によって形成される過程が進化ゲーム理論を用いた数理的な分析によって示されている。不平等な社会は、そうした社会を形成することが構成員にとって利益をもたらしてきたがゆえに存続してきた、と考えるわけである。オコナーは、きわめて単純で少ない条件さえあれば、社会的カテゴリーによる役割や慣習が形成され、結果として不平等な社会が成立すると主張している。ダンスのようにパートナーとのあいだで行動を調整する必要がある協調ゲームにおいて、性別という生物学上の分類を社会的カテゴリーとして用いることで、うまくふるまうことができる。ダンスでどちらが先にステップを前に踏み出すか、という問題は些細なことであって、それ自体は差別でもなんでもないが、そうした協調ゲームでの役割分担が性別役割分業の成立を支え、片方のジェンダーに不利な状況を生み出してしまう過程が、進化ゲームによって丁寧に示されている。しかも、不平等な社会の成立にあたって、これまで心理学者が研究してきたステレオタイプやバイアスなどの認知的な要因を仮定する必要さえないとオコナーは主張する。

オコナーによれば、不平等な社会は一種の均衡として成立している。均衡というのは、そのゲームに参加している行為者のそれぞれにとっては、自分だけが行動を変えても利益が得られない状況のことを意味する。たとえば、女性が結婚にともなって早期退職することが当たり前となっているような社会では、女性よりも男性を優先的に採用することが会社にとって合理的な行動になる。もし、ある会社の人事課の担当者が、こうした社会を変えようとして女性を優先的に採用しても、社会が変わらない限り、採用した女性はみんな早期退職してしまい、会社は社員教育のコストを回収できなくなってしまう。しかし、あらゆる会社でそのような取り組みがなされれば、女性が働き続けることを前提とした制度や社内の意識が生まれ、平等な社会が到来するかもしれない。その結果、会社が投資した教育コストは回収され、女性社員を積極的に採用する誘引が生まれる可能性がある。不平等な社会が均衡として成立している以上、差別解消のための孤独な闘いが功を奏すことはない。社会全体で一斉に、肯定的差別のような是正措置の制度を導入する必要がある。ここに政治の役割がある。

このように、本書は進化的な視点で差別問題を扱い、差別が個々人の合理的な判断から成立する可能性を検討している。一方で、進化と差別の関係は取り扱いが難しいテーマでもある。差別に合理的な根拠があるのなら、それは正当化されてしまうのではないか、という議論が出てくるおそれがあるからである。実際、過去には進化論が優生学の根拠として用いられてきた暗い過去がある。しかし、なぜ、合理的な根拠があるからといって差別が正当化されなければならないのだろうか。

こうした問題は、進化心理学の領域では自然主義的誤謬（naturalistic fallacy）と呼ばれてきた（実際にはこれは「ヒュームの法則」のことであると言われているが、歴史的には「自然主義的誤謬」と呼ばれてきた）。「である」

という命題から「すべき」という命題は導き出せないという原理である（「である」から「すべき」を導くことができないというのが本当か、という問題も簡単ではないのだが……）。

たとえば、過去も現在も子どもを産めるのは女性だけであり、栄養状態が恵まれていなかった人類の進化史の大部分においては、現代よりも長期間にわたる授乳が必要とされてきた。こうした事情から、子育てをするのは女性の性役割として定着してきた。一方、現代では、男性が子どもを産むことは（まだ？）できないものの、哺乳瓶による授乳は性別に関係なく行うことができる。また、栄養状態の改善、離乳食の充実により授乳期間も短縮されている。避妊法も確立されており（そのこと自体は少子化という別の社会問題を生み出してはいるが）、男女ともに平等に子育てにかかわることができる環境が整っている。そのような意味で、子育てをするのは女性の性役割「である」ことの根拠は、現代ではほとんど失われている。技術革新によって性別役割分業から人類は解放されたのである。

それにもかかわらず、いったん成立した性別役割分業（「すべき」）の均衡から抜け出すのは、それほど簡単なことではない。簡単なことではないが、無理なわけではない、とオコナーは本書の第9章でその処方箋も示している。しかし、本書全体を通して主張されているように、不平等な慣習は容易に成立してしまう。そのような不平等な慣習に引き戻されないために、われわれは不断の努力を続けなければならないのである。進化的な視点は、ともすれば現状肯定的な（保守的な）政治的メッセージを発してしまうことがある。しかし、進化的視点を採ることにより、現在の社会状態がどのように成立してきたかを冷静に分析し、どうしたらその不平等な均衡を平等な均衡へと移動させることができるかを考えることが可能になる。

もちろん、本書で示されたのはひとつのモデル（可能性）にすぎないが、進化ゲームの視点を採ることで、心理主義に陥ることなく、どのような制度設計が平等な社会の構築にあたって必要なのかを考えるヒントになる。差別の解消や平等社会の構築という一種の社会運動が、学者の仕事かどうかという問いには簡単に答えられそうにないし、私自身もそれについて明確な回答があるわけではない。むしろ私自身は、学者が政治的な動向に積極的にかかわることには問題も多いと考えているが、それでも、政治的な意思決定に使える道具を提供する社会的責任が学者にはあるとも感じている。その道具のひとつとして、このような進化ゲーム理論があることを世の中に広く伝えることができれば望外の喜びである。

最後に、翻訳の機会をくださった大月書店の岩下結さんにこの場を借りて感謝したい。

2021年9月

中西大輔

著者　ケイリン・オコナー（Cailin O'Connor）
哲学者，カリフォルニア大学アーヴァイン校数理行動科学研究所准教授（科学哲学・生物学・行動科学・進化ゲーム理論）
著書に*Games in the Philosophy of Biology*（Cambridge University Press, 2020），*The Misinformation Age: How False Beliefs Spread*（Yale University Press, 2019, 共著）．科学ライターとしても活躍．

監訳者　中西大輔（なかにし　だいすけ）
広島修道大学健康科学部 教授（社会心理学・進化心理学）

装丁　宮川和夫事務所
DTP　編集工房一生社

不平等の進化的起源——性差と差別の進化ゲーム

2021年11月15日　第1刷発行

定価はカバーに
表示してあります

著　者　ケイリン・オコナー
訳　者　中　西　大　輔
発行者　中　川　　進

〒113-0033　東京都文京区本郷2-27-16

発行所　株式会社　大　月　書　店

印刷　太平印刷社
製本　ブロケード

電話（代表）03-3813-4651　FAX 03-3813-4656　振替00130-7-16387
http://www.otsukishoten.co.jp/

ISBN978-4-272-35055-1　C0011　Printed in Japan

訳者略歴（担当章順）

中西大輔（なかにし　だいすけ）　**序章，第９章，第10章担当**
広島修道大学健康科学部 教授（社会心理学・進化心理学）
主な著作に『あなたの知らない心理学——大学で学ぶ心理学入門』ナカニシヤ出版，2015年（共編），「集団間葛藤時における内集団協力と頻度依存傾向——少数派同調を導入した進化シミュレーションによる思考実験」『社会心理学研究』31巻3号，2016年（共著）

鳥山理恵（とりやま　りえ）　**第１章担当**
東京大学医学部附属病院精神神経科 届出研究員（文化心理学）
主な著作に "Development of cultural strategies of attention in North American and Japanese children." *Journal of Experimental Child Psychology,* 102, 2009（共著），『公認心理師スタンダードテキストシリーズ　社会・集団・家族心理学』ミネルヴァ書房（近刊，共著）

村山　綾（むらやま　あや）　**第２章担当**
近畿大学国際学部 准教授（社会心理学）
主な著作に「日本語版道徳基盤尺度の妥当性の検証——イデオロギーとの関係を通して」『心理学研究』90巻2号，2019年（共著），"Two types of justice reasoning about good fortune and misfortune: A replication and beyond." *Social Justice Research,* 29, 2016（共著）

石井辰典（いしい　たつのり）　**第３章担当**
早稲田大学理工学術院総合研究所 次席研究員・研究院講師（社会心理学・認知心理学）
主な著作に "Caring about you: The motivational component of mentalizing, not the mental state attribution component, predicts religious belief in Japan." *Religion, Brain, & Behavior,* 2021（共著），"Smiling enemies: Young children better recall mean individuals who smile." *Journal of Experimental Child Psychology,* 188, 2019（共著）

小宮あすか（こみや　あすか）　**第４章担当**
広島大学大学院人間社会科学研究科 准教授（社会心理学）
主な著作に「後悔の社会的適応メカニズムに関する研究の概観と展望：他者損失状況における後悔に着目して」『心理学評論』53巻2号，2010年（共著），『Excelで今すぐはじめる心理統計——簡単ツールHADで基本を身につける』講談社，2018年（共著）

三船恒裕（みふね　のぶひろ）　**第５章担当**
高知工科大学経済・マネジメント学群 准教授（社会心理学・進化心理学）
主な著作に "Altruism toward in-group members as a reputation mechanism." *Evolution and Human Behavior,* 31, 2010（共著），"Social dominance orientation as an obstacle to intergroup apology." *PLoS ONE,* 14, 2019（共著）

大槻　久（おおつき　ひさし）　**第６章，付録担当**
総合研究大学院大学先導科学研究科 准教授（数理生物学）
主な著作に『協力と罰の生物学』岩波書店，2014年

中川裕美（なかがわ　ゆみ）　**第７章担当**
東北福祉大学総合福祉学部 助教（社会心理学）
主な著作に「野球チームのファンの内集団協力に関する場面想定法実験」『心理学研究』90巻1号，2019年（共著），『プロ野球「熱狂」のメカニズム』東京大学出版会，2021年（共著）

小田　亮（おだ　りょう）　**第８章担当**
名古屋工業大学大学院工学研究科 教授（比較行動学）
主な著作に『進化でわかる人間行動の事典』朝倉書店，2021年（共編著），『利他学』新潮社，2011年

索　引

さ行

た行

な行

は行

ま行

や行

ら行

参考文献

Alesina, A., P. Giuliano, and N. Nunn (2013). On the origins of gender roles: Women and the plough. *The Quarterly Journal of Economics 128* (2), 469–530.

Alexander, J. M. (2000). Evolutionary explanations of distributive justice. *Philosophy of Science 67* (3), 490–516.

Alexander, J. M. (2007). *The structural evolution of morality*. Cambridge: Cambridge University Press.

Alexander, J. M. (2013). Preferential attachment and the search for successful theories. *Philosophy of Science 80* (5), 769–782.

Alexander, J. M. and B. Skyrms (1999). Bargaining with neighbors: Is justice contagious? *The Journal of philosophy, 96*(11), 588–598.

Alkemade, F., D. Van Bragt, and J. A. La Poutré (2005). Stabilization of tag-mediated interaction by sexual reproduction in an evolutionary agent system. *Information Sciences 170* (1), 101–119.

Anderson, E. (2000). Beyond homo economicus: New developments in theories of social norms. *Philosophy & Public Affairs 29* (2), 170–200.

Armelagos, G. J. and M. N. Cohen (1984). *Paleopathology at the Origins of Agriculture*. Cambridge, MA: Academic Press.

Armelagos, G. J., A. H. Goodman, and K. H. Jacobs (1991). The origins of agriculture: Population growth during a period of declining health. *Population and Environment 13* (1), 9–22.

Aumann, R. J. (1974). Subjectivity and correlation in randomized strategies. *Journal of Mathematical Economics 1* (1), 67–96.

Aumann, R. J. (1987). Correlated equilibrium as an expression of Bayesian rationality. *Econometrica: Journal of the Econometric Society*, 1–18.

Axelrod, R. (1997). The dissemination of culture: A model with local convergence and global polarization. *Journal of Conflict Resolution 41* (2), 203–226.

Axtell, R., J. M. Epstein, and H. P. Young (2001). The Emergence of Classes in a Multi-agent Bargaining Model. In S. N. Durlauf and H. P. Young (eds), *Social dynamics*, pp. 191–212. Cambridge, MA: MIT Press.

Axelrod, R. and R. A. Hammond (2003). The evolution of ethnocentric behavior. *Midwest Political Science Convention*, vol 2.

Ayres, I. and P. Siegelman (1995). Race and gender discrimination in bargaining for a new car. *The American Economic Review, 85* (3), 304–321.

Babcock, L. and S. Laschever (2009). *Women don't ask: Negotiation and the gender divide*. Princeton, NJ: Princeton University Press.

Baker, M. J. and J. P. Jacobsen (2007). Marriage, specialization, and the gender division of labor. *Journal of Labor Economics 25* (4), 763–793.

Bardasi, E. and M. Taylor (2008). Marriage and wages: A test of the specialization hypothesis. *Economica 75* (299), 569–591.

Barjak, F. and S. Robinson (2008). International collaboration, mobility and team diversity

in the life sciences: Impact on research performance. *Social Geography 3* (1), 23.
Basow, S. A. (1992). *Gender: Stereotypes and roles*. Pacific Grove, CA: Thomson Brooks/ Cole Publishing Co.
Beblo, M. (2001). *Bargaining over time allocation: Economic modeling and econometric investigation of time use within families*. Berlin: Springer Science & Business Media.
Becker, G. S. (1981). *A Treatise on the Family*. Cambridge, MA: Harvard University Press.
Bednar, J. and S. Page (2007). Can game (s) theory explain culture? The emergence of cultural behavior within multiple games. *Rationality and Society 19* (1), 65–97.
Bednar, J., Y. Chen, T. X. Liu, and S. Page (2012). Behavioral spillovers and cognitive load in multiple games: An experimental study. *Games and Economic Behavior 74* (1), 12–31.
Bem, S. L. (1983). Gender schema theory and its implications for child development: Raising gender-aschematic children in a gender-schematic society. *Signs 8* (4), 598–616.
Bergstrom, C. T. and M. Lachmann (2003). The Red King effect: When the slowest runner wins the coevolutionary race. *Proceedings of the National Academy of Sciences 100* (2), 593–598.
Bergstrom, T. C. (1996). Economics in a family way. *Journal of Economic Literature 34* (4), 1903–1934.
Berk, S. F. (2012). *The gender factory: The apportionment of work in American households.* Berlin: Springer Science & Business Media.
Bertrand, M. and S. Mullainathan (2003). Are Emily and Greg more employable than Lakisha and Jamal? A field experiment on labor market discrimination. Technical report, National Bureau of Economic Research.
Betzig, L. (1989). Causes of conjugal dissolution: A cross-cultural study. *Current Anthropology 30* (5), 654–676.
Bianchi, S. M., J. P. Robinson, and M. A. Milke (2006). *The changing rhythms of American family life*. New York, NY: Russell Sage Foundation.
Bicchieri, C. (2005). *The grammar of society: The nature and dynamics of social norms*. Cambridge: Cambridge University Press.
Bicchieri, C. and H. Mercier (2014). Norms and beliefs: How change occurs. In *The Complexity of Social Norms*, pp. 37–54. Cham: Springer.
Binmore, K. (2008). Do conventions need to be common knowledge? *Topoi 27*, 17–27.
Binmore, K., L. Samuelson, and P. Young (2003). Equilibrium selection in bargaining models. *Games and Economic Behavior 45* (2), 296–328.
Bird, R. B. and B. F. Codding (2015). The sexual division of labor. In R. Scott and S. Kosslyn (eds), *Emerging trends in the social and behavioral sciences*, pp. 1–16. Hoboken, NJ: John Wiley and Sons.
Bittman, M., P. England, L. Sayer, N. Folbre, and G. Matheson (2003). When does gender trump money? Bargaining and time in household work. *American Journal of Sociology 109* (1), 186–214.
Blackwood, E. (1984). Sexuality and gender in certain Native American tribes: The case of cross-gender females. *Signs 10* (1), 27–42.

Blood, R. O. and D. M. Wolfe (1960). *Husbands & wives: The dynamics of married living*. New York, NY: Free Press.

Bolton, G. E., E. Katok, and R. Zwick (1998). Dictator game giving: Rules of fairness versus acts of kindness. *International Journal of Game Theory 27* (2), 269–299.

Börgers, T. and R. Sarin (1997). Learning through reinforcement and replicator dynamics. *Journal of Economic Theory 77* (1), 1–14.

Boschini, A. and A. Sjögren (2007). Is team formation gender neutral? evidence from coauthorship patterns. *Journal of Labor Economics 25* (2), 325–365.

Bott, E. and E. B. Spillius (2014). *Family and social network: Roles, norms and external relationships in ordinary urban families*. Abingdon: Routledge.

Botts, T. F., L. K. Bright, M. Cherry, G. Mallarangeng, and Q. Spencer (2014). What is the state of blacks in philosophy? *Critical Philosophy of Race 2* (2), 224–242.

Bowles, H. R., L. Babcock, and L. Lai (2007). Social incentives for gender differences in the propensity to initiate negotiations: Sometimes it does hurt to ask. *Organizational Behavior and Human Decision Processes 103* (1), 84–103.

Bowles, H. R., L. Babcock, and K. L. McGinn (2005). Constraints and triggers: Situational mechanics of gender in negotiation. *Journal of Personality and Social Psychology 89* (6), 951.

Bowles, S. (2004). *Microeconomics: behavior, institutions, and evolution*. Princeton, NJ: Princeton University Press.

Bowles, S. and S. Naidu (2006). Persistent institutions. Technical report, working paper, Santa Fe Institute.

Boyd, R. and P. J. Richerson (2004). *The origin and evolution of cultures*. Oxford: Oxford University Press.

Breen, R. and L. P. Cooke (2005). The persistence of the gendered division of domestic labour. *European Sociological Review 21* (1), 43–57.

Brewer, M. B. (1988). A dual process model of impression formation. In T. K. Srull and R. S. Wyer, Jr. (eds), *Advances in social cognition, Vol. 1. A dual process model of impression formation*, pp. 1–36. Hillsdale, NJ: Lawrence Erlbaum Associates.

Brewer, M. B. (1999). The psychology of prejudice: Ingroup love or outgroup hate? *Journal of Social Issues 55*, 429–444.

Brines, J. (1994). Economic dependency, gender, and the division of labor at home. *American Journal of Sociology*, 652–688.

Brown, G. W. (1951). Iterative solution of games by fictitious play. *Activity Analysis of Production and Allocation 13* (1), 374–376.

Bruner, J. P. (2015). Diversity, tolerance, and the social contract. *Politics, Philosophy & Economics 14* (4), 429–448.

Bruner, J. P. (2017). Minority (dis)advantage in population games. *Synthese*, doi 10.1007/s11229-017-1487-8.

Bruner, J. P. and C. O'Connor (2015). Power, bargaining, and collaboration. In T. Boyer-Kassem, C. Mayo-Wilson, and M. Weisberg (eds), *Scientific Collaboration and Collective Knowledge*, pp. 135–160. Oxford: Oxford University Press.

Buss, D. M. and D. P. Schmitt (2011). Evolutionary psychology and feminism. *Sex Roles 64* (9-10), 768–787.

Butler, J. (1988). Performative acts and gender constitution: An essay in phenomenology and feminist theory. *Theatre Journal 40* (4), 519–531.

Butler, J. (2004). *Undoing gender*. London: Psychology Press.

Butler, J. (2011a). *Bodies that matter: On the discursive limits of sex.* London: Routledge.

Butler, J. (2011b). *Gender trouble: Feminism and the subversion of identity*. London: Routledge.

Camerer, C. (2003). *Behavioral game theory: Experiments in strategic interaction*. Princeton, NJ: Princeton University Press.

Campbell, L. G., S. Mehtani, M. E. Dozier, and J. Rinehart (2013). Gender-heterogeneous working groups produce higher quality science. *PloS one 8* (10), e79147.

Cao, R. (2012). A teleosemantic approach to information in the brain. *Biology & Philosophy 27* (1), 49–71.

Carroll, L. (1917). *Through the looking glass: And what Alice found there.* Chicago, IL: Rand, McNally.

Cartwright, N. (1991). Replicability, reproducibility, and robustness: Comments on Harry Collins. *History of Political Economy 23* (1), 143–155.

Chong, D. (2014). *Collective action and the civil rights movement.* Chicago, IL: Chicago, IL: University of Chicago Press.

Claidière, N. and D. Sperber (2007). The role of attraction in cultural evolution. *Journal of Cognition and Culture 7* (1), 89–111.

Claidière, N., T. C. Scott-Phillips, and D. Sperber (2014). How Darwinian is cultural evolution? *Philosophical Transactions of the Royal Society of London B: Biological Sciences 369* (1642), 20130368.

Clark, J. E. and M. Blake (1994). The power of prestige: Competitive generosity and the emergence of rank societies in lowland mesoamerica. In Elizabeth Brumfiel and John W. Fox (eds), *Factional competition and political development in the New World*, 17–30. Cambridge: Cambridge University Press.

Cochran, C. and C. O'Connor (forthcoming 2019). Inequity and inequality in the emergence of norms. *Politics, Philosophy and Economics.*

Collins, P. H. and V. Chepp (2013). Intersectionality. In J. K. Georgina Waylen, Karen Celis, and S. L. Weldon (eds), *The Oxford Handbook of Gender and Politics*, Chapter 2, pp. 57–87. Oxford: Oxford University Press.

Coltrane, S. (2000). Research on household labor: Modeling and measuring the social embeddedness of routine family work. *Journal of Marriage and Family 62* (4), 1208–1233.

Cosmides, L., J. Tooby, and R. Kurzban (2003). Perceptions of race. *Trends in Cognitive Sciences 7* (4), 173–179.

Costin, C. L. (2001). Craft production systems. In Gary Feinman and Douglas T. Price (eds), *Archaeology at the millennium,* pp. 273–327. Boston, MA: Springer.

Cross, H. (1990). Employer hiring practices: Differential treatment of Hispanic and Anglo

job seekers.
Cudd, A. E. (1994). Oppression by choice. *Journal of Social Philosophy 25* (s1), 22–44.
Cudd, A. E. (2006). *Analyzing oppression.* Oxford: Oxford University Press.
Currarini, S., M. O. Jackson, and P. Pin (2009). An economic model of friendship: Homophily, minorities, and segregation. *Econometrica 77* (4), 1003–1045.
Dahlberg, F. (1981). *Woman the gatherer.* New Haven, CT: Yale University Press.
Danziger, L. and E. Katz (1996). A theory of sex discrimination. *Journal of Economic Behavior & Organization 31* (1), 57–66.
D'Arms, J., R. Batterman, and K. Górny (1998). Game theoretic explanations and the evolution of justice. *Philosophy of Science 89* (1), 76–102.
Davis, S., D. K. Mirick, and R. G. Stevens (2001). Night shift work, light at night, and risk of breast cancer. *Journal of the National Cancer Institute 93* (20), 1557– 1562.
de Leeuw, M. B., M. K. Whyte, D. Ho, C. Meza, and A. Karteron (2007). Residential segregation and housing discrimination in the United States. Report. *Poverty & Race Research Action Council. December.*
Del Carmen, A. and R. L. Bing (2000). Academic productivity of African Americans in criminology and criminal justice. *Journal of Criminal Justice Education 11* (2), 237–249.
Denton, N. A. (2006). Segregation and discrimination in housing. In Chester Hartman, Rachel G. Bratt, and Michael Stone (eds), *A right to housing: Foundation for a new social agenda* pp. 61–81. Philadelphia, PA: Temple University Press.
D'Exelle, B., C. Gutekunst, and A. Riedl (2017). Gender and bargaining: Evidence from an artefactual field experiment in rural Uganda. (WIDER Working Paper; Vol. 2017, No. 155). Helsinki. *United Nations University World Institute for Development Economics Research.*
DiPrete, T. A. and G. M. Eirich (2006). Cumulative advantage as a mechanism for inequality: A review of theoretical and empirical developments. *Annual Review of Sociology 32*, 271–297.
Doss, C. R. (1996). Testing among models of intrahousehold resource allocation. *World Development 24* (10), 1597–1609.
Douglas, H. (2000). Inductive risk and values in science. *Philosophy of Science*, 559–579.
Douglas, H. (2009). *Science, policy, and the value-free ideal.* Pittsburgh, PA: University of Pittsburgh Press.
Downes, S. M. (2011). Scientific models. *Philosophy Compass 6* (11), 757–764.
D'souza, D. (1995). *The end of racism: Principles for a multiracial society.* New York, NY: Free Press.
Du Bois, W. E. B. (1906). *The health and physique of the Negro American.* Atlanta, GA: Atlanta University Press.
Du Bois, W. E. B. (2017). *Black reconstruction in America: Toward a history of the part which black folk played in the attempt to reconstruct democracy in America, 1860–1880.* New York, NY: Routledge.
Eagleton, T. (1991). *Ideology: an introduction*, Volume 9. Cambridge: Cambridge University Press.
Eagly, A. H. and W. Wood (1999). The origins of sex differences in human behavior:

Evolved dispositions versus social roles. *American Psychologist 54* (6), 408.

Echevarria, C. and A. Merlo (1999). Gender differences in education in a dynamic household bargaining model. *International Economic Review 40* (2), 265–286.

Eckel, C. C. and P. J. Grossman (1998). Are women less selfish than men?: Evidence from dictator experiments. *The Economic Journal 108* (448), 726–735.

Eckel, C. C. and P. J. Grossman (2001). Chivalry and solidarity in ultimatum games. *Economic Inquiry 39* (2), 171–188.

Elliott, K. C. (2011). *Is a little pollution good for you?: Incorporating societal values in environmental research*. Oxford: Oxford University Press.

Epstein, J. M. and R. Axtell (1996). *Growing artificial societies: Social science from the bottom up.* Washington, DC: Brookings Institution Press.

Eswaran, M. (2014). *Why gender matters in economics*. Princeton, NJ: Princeton University Press.

Eswaran, M. and N. Malhotra (2011). Domestic violence and women's autonomy in developing countries: Theory and evidence. *Canadian Journal of Economics/Revue canadienne d'économique 44,* 1222–1263.

Fagot, B. I. (1977). Consequences of moderate cross-gender behavior in preschool children. *Child Development, 48* (3), 902–907.

Falk, A., E. Fehr, and U. Fischbacher (2008). Testing theories of fairness— intentions matter. *Games and Economic Behavior 62* (1), 287–303.

Farley, R., E. L. Fielding, and M. Krysan (1997). The residential preferences of blacks and whites: A four-metropolis analysis. *Housing Policy Debate 8* (4), 763–800.

Fehr, E. and S. Gächter (1999). Cooperation and punishment in public goods experiments. *Institute for Empirical Research in Economics working paper* (10).

Fehr, E. and K. M. Schmidt (1999). A theory of fairness, competition, and cooperation. *The Quarterly Journal of Economics 114* (3), 817–868.

Feldon, D. F., J. Peugh, M. A. Maher, J. Roksa, and C. Tofel-Grehl (2017). Time-to-credit gender inequities of first-year phD students in the biological sciences. *CBE-Life Sciences Education 16* (1), ar4.

Fenstermaker, S. and C. West (2002). *Doing gender, doing difference: Inequality, power, and institutional change*. London: Psychology Press.

Ferber, M. A. and M. Teiman (1980). Are women economists at a disadvantage in publishing journal articles? *Eastern Economic Journal 6* (3/4) 189–193.

Fiske, A. P. (1992). The four elementary forms of sociality: Framework for a unified theory of social relations. *Psychological Review 99* (4), 689.

Fiske, A. P. (1999). Learning a culture the way informants do: Observing, imitating, and participating. Unpublished manuscript, University of California, Los Angeles.

Foster, D. and P. Young (1990). Stochastic evolutionary game dynamics. *Theoretical Population Biology 38* (2), 219–232.

Francois, P. *et al.* (1996). *A theory of gender discrimination based on the household.* Institute for Economic Research, Queen's University.

Frank, R. H. (1988). *Passions within reason: The strategic role of the emotions*. New York, NY: W. W. Norton & Co.

Frank, R. H., T. Gilovich, and D. T. Regan (1993). The evolution of one-shot cooperation: An experiment. *Ethology and Sociobiology 14* (4), 247–256.

Freeman, R. B. and W. Huang (2015). Collaborating with people like me: Ethnic coauthorship within the united states. *Journal of Labor Economics 33* (S1), S289–S318.

Frey, B. S. and I. Bohnet (1995). Institutions affect fairness: Experimental investigations. *Journal of Institutional and Theoretical Economics (JITE)* /Zeitschriftfu für *die gesamte Staatswissenschaft 151* (2), 286–303.

Fuwa, M. (2004). Macro-level gender inequality and the division of household labor in 22 countries. *American Sociological Review 69* (6), 751–767.

Gale, J., K. Binmore, and L. Samuelson (1995). Learning to be imperfect: The ultimatum game. *Games and Economic Behavior 8*, 56–90.

Gallo, E. (2014). Communication networks in markets. Technical report, Faculty of Economics, University of Cambridge.

Galster, G. and E. Godfrey (2005). By words and deeds: Racial steering by real estate agents in the US in 2000. *Journal of the American Planning Association 71* (3), 251–268.

Gao, L., Y.-T. Li, and R.-W. Wang (2015). The shift between the Red Queen and the Red King effects in mutualisms. *Scientific Reports 5,* 8237.

Garfinkel, H. (1967). *Studies in Ethomethodology*. Englewood Cliffs, NJ: Prentice Hall.

Gates, G. J. (2011). How many people are lesbian, gay, bisexual and transgender? Technical report, Williams Institute, University of California School of Law.

Gibbons, A. (2011). Ancient footprints tell tales of travel. *Science 332* (6029), 534–535.

Gigerenzer, G. and R. Selten (2002). *Bounded rationality: The adaptive toolbox*. Cambridge, MA: MIT Press.

Gilbert, M. (1992). *On social facts.* Princeton, NJ: Princeton University Press.

Gilbert, M. (2006). Rationality in collective action. *Philosophy of the Social Sciences 36* (1), 3–17.

Ginther, D. K. and M. Zavodny (2001). Is the male marriage premium due to selection? The effect of shotgun weddings on the return to marriage. *Journal of Population Economics 14* (2), 313–328.

Gintis, H. (2009). *Game theory evolving: A problem-centered introduction to modeling strategic interaction*. Princeton, NJ: Princeton University Press.

Glick, P. and S. T. Fiske (2001). An ambivalent alliance: Hostile and benevolent sexism as complementary justifications for gender inequality. *American Psychologist 56* (2), 109.

Goffman, E. (1976). Gender display. In his *Gender advertisements,* pp. 1–9. Communications and culture. London: Palgrave.

Gokhale, C. S. and A. Traulsen (2012). Mutualism and evolutionary multiplayer games: Revisiting the Red King. *Proceedings of the Royal Society of London B: Biological Sciences 279* (1747), 4611–4616.

Golub, B. and M. O. Jackson (2012). Network structure and the speed of learning

measuring homophily based on its consequences. *Annals of Economics and Statistics/ ANNALES D'ÉCONOMIE ET DE STATISTIQUE 107/108*, 33–48.

Goode, W. J. (1971). Force and violence in the family. *Journal of Marriage and the Family,* 624–636.

Goodin, R. E. (1986). *Protecting the vulnerable: A re-analysis of our social responsibilities.* Chicago, IL University of Chicago Press.

Gould, R. V. (2002). The origins of status hierarchies: A formal theory and empirical test1. *American Journal of Sociology 107* (5), 1143–1178.

Greenstein, T. N. (2000). Economic dependence, gender, and the division of labor in the home: A replication and extension. *Journal of Marriage and Family 62* (2), 322–335.

Greenwald, A. G. and M. R. Banaji (1995). Implicit social cognition: attitudes, self-esteem, and stereotypes. *Psychological Review 102* (1), 4.

Gronau, R. (1973). The intrafamily allocation of time: The value of the housewives' time. *The American Economic Review 63* (4), 634–651.

Gronau, R. (1977). Leisure, home production and work–the theory of the allocation of time revisited. *Journal of Political Economy 85* (6); 1099–1123.

Guala, F. (2013). The normativity of Lewis Conventions. Synthese *190* (15), 3107– 3122.

Guiso, L. and M. Paiella (2008). Risk aversion, wealth, and background risk. *Journal of the European Economic Association 6* (6), 1109–1150.

Gupta, S. (1999). Gender display? A reassessment of the relationship between men's economic dependence and their housework hours. In *Annual Meeting of the American Sociological Association, Chicago*.

Gupta, S. (2006). Her money, her time: Women's earnings and their housework hours. *Social Science Research 35* (4), 975–999.

Gupta, S. (2007). Autonomy, dependence, or display? The relationship between married women's earnings and housework. *Journal of Marriage and Family 69* (2), 399–417.

Gupta, S. and M. Ash (2008). Whose money, whose time? A nonparametric approach to modeling time spent on housework in the United States. *Feminist Economics 14* (1), 93–120.

Gurven, M., J. Winking, H. Kaplan, C. Von Rueden, and L. McAllister (2009). A bioeconomic approach to marriage and the sexual division of labor. *Human Nature 20* (2), 151–183.

Güth, W. (1995). An evolutionary approach to explaining cooperative behavior by reciprocal incentives. *International Journal of Game Theory 24* (4), 323–344.

Güth, W. and R. Tietz (1990). Ultimatum bargaining behavior: A survey and comparison of experimental results. *Journal of Economic Psychology 11* (3), 417–449.

Güth, W., R. Schmittberger, and B. Schwarze (1982). An experimental analysis of ultimatum bargaining. *Journal of Economic Behavior & Organization 3* (4), 367–388.

Hadfield, G. K. (1999). A coordination model of the sexual division of labor. *Journal of Economic Behavior & Organization 40* (2), 125–153.

Hales, D. (2000). Cooperation without memory or space: Tags, groups and the prisoner's dilemma. In S. Moss and P. Davidsson (eds), *Multi-agent-based simulation*, pp. 157–166.

MABS 2000. Lecture notes in computer science. Berling/Hedidelberg: Springer.
Haraway, D. J. (1989). *Primate visions: Gender, race, and nature in the world of modern science.* London: Psychology Press.
Harms, W. (1997). Evolution and ultimatum bargaining. *Theory and Decision 42* (147–175).
Hartshorn, M., A. Kaznatcheev, and T. Shultz (2013). The evolutionary dominance of ethnocentric cooperation. *Journal of Artificial Societies and Social Simulation 16* (3), 7.
Haslam, S. A. (2004). *Psychology in organizations*. Thousand Oaks, CA: Sage.
Haslanger, S. (2000). Gender and race: (What) are they? (What) do we want them to be? *Noûs 34* (1), 31–55.
Haslanger, S. (2015a). Social structure, narrative, and explanation. *Canadian Journal of Philosophy* (10.1080/00455091.2015.1019176).
Haslanger, S. (2015b). Theorizing with purpose: The many kinds of sex. In C. Kendig (ed.), *Natural kinds and classification in scientific practice*, Chapter 8. London: Routledge.
Haslanger, S. (2017). Culture and critique. *Proceedings of the Aristotelian Society Supplementary Volume XCI*, 149–173.
Heesen, R., L. K. Bright, and A. Zucker (2017). Vindicating methodological triangulation. *Synthese* (doi: 10.1007/s11229-016-1294-7).
Hempel, C. G. (1965). Science and human values. In his *Aspects of Scientific Explanation and Other Essays in the Philosophy of Science,* pp. 81–96. New York, NY: The Free Press.
Henrich, J. (2015). *The secret of our success: How culture is driving human evolution, domesticating our species, and making us smarter*. Princeton, NJ: Princeton University Press.
Henrich, J. and R. Boyd (2008). Division of labor, economic specialization, and the evolution of social stratification. *Current Anthropology 49* (4), 715–724.
Henrich, J. and F. J. Gil-White (2001). The evolution of prestige: Freely conferred deference as a mechanism for enhancing the benefits of cultural transmission. *Evolution and Human Behavior 22* (3), 165–196.
Henrich, J. and N. Henrich (2007). *Why humans cooperate: A cultural and evolutionary explanation.* New York, NY: Oxford University Press, USA.
Henrich, J. and R. McElreath (2003). The evolution of cultural evolution. *Evolutionary Anthropology: Issues, News, and Reviews 12* (3), 123–135.
Henrich, J., R. Boyd, S. Bowles, C. Camerer, E. Fehr, H. Gintis, and R. McElreath (2001). In search of homo economicus: Behavioral experiments in 15 small-scale societies. *The American Economic Review 91* (2), 73–78.
Henrich, J., R. McElreath, A. Barr, J. Ensminger, C. Barrett, A. Bolyanatz, J. C. Cardenas, M. Gurven, E. Gwako, N. Henrich, et al. (2006). Costly punishment across Human societies. *Science 312* (5781), 1767–1770.
Herrnstein, R. J. (1970). On the law of effect. *Journal of the Experimental Analysis of Behavior 13* (2), 243–266.
Hewlett, B. S. and M. E. Lamb (2005). *Hunter-gatherer childhoods: Evolutionary, developmental, and cultural perspectives.* Piscataway, NJ: Transaction Publishers.

Hoddinott, J. and L. Haddad (1995). Does female income share influence household expenditures? Evidence from Cote D'ivoire. *Oxford Bulletin of Economics and Statistics 57* (1), 77–96.

Hoffman, E. and M. L. Spitzer (1985). Entitlements, rights, and fairness: An experimental examination of subjects' concepts of distributive justice. *The Journal of Legal Studies 14* (2), 259–297.

Hoffmann, R. (2006). The cognitive origins of social stratification. *Computational Economics 28* (3), 233–249.

Hofmann, W., B. Gawronski, T. Gschwendner, H. Le, and M. Schmitt (2005). A meta-analysis on the correlation between the implicit association test and explicit self-report measures. *Personality and Social Psychology Bulletin 31* (10), 1369–1385.

Holland, J. H. (1995). *Hidden order: How adaptation builds complexity.* New York, NY: Basic Books.

Hopkins, E. (2002). Two competing models of how people learn in games. *Econometrica 70* (6), 2141–2166.

Hopkins, N. (2006). Diversification of a university faculty: Observations on hiring women faculty in the schools of science and engineering at MIT. *MIT Faculty Newsletter 18* (4), 25.

Hume, D. (1739/1978). *A treatise on human nature*. Second Edition. Oxford: Oxford University Press.

Hwang, S.-H., S. Naidu, and S. Bowles (2014). Social conflict and the evolution of unequal conventions. Technical report, working paper.

Jeffers, C. (2013). The cultural theory of race: Yet another look at Du Bois's "the conservation of races". *Ethics 123* (3), 403–426.

Kahneman, D. and A. Tversky (1984). Choices, values, and frames. *American Psychologist 39* (4), 341.

Kaitala, V. and W. M. Getz (1995). Population dynamics and harvesting of semelparous species with phenotypic and genotypic variability in reproductive age. *Journal of Mathematical Biology 33* (5), 521–556.

Kamei, N. (2010). *Little "hunters" in the forest: Ethnography of hunter–gatherer children*. Kyoto: Kyoto University Press.

Kaniewska, P., S. Alon, S. Karako-Lampert, O. Hoegh-Guldberg, and O. Levy (2015). Signaling cascades and the importance of moonlight in coral broadcast mass spawning. *eLife 4*, e09991.

Keller, J. (2005). In genes we trust: the biological component of psychological essentialism and its relationship to mechanisms of motivated social cognition. *Journal of Personality and Social Psychology 88* (4), 686.

Kinzler, K. D., K. Shutts, and J. Correll (2010). Priorities in social categories. *European Journal of Social Psychology 40* (4), 581–592.

Kitcher, P. (1990). The division of cognitive labor. *The Journal of Philosophy 87* (1), 5–22.

Konrad, K. A. and K. E. Lommerud (2000). The bargaining family revisited. *Canadian Journal of Economics/Revue canadienne d'économique 33* (2), 471–487.

LaCroix, T. and C. O'Connor (2017). Power by association. Unpublished.

Lancy, D. F. (1996). *Playing on the mother-ground: Cultural routines for children's development.* New York, NY: Guilford Press.

Lee, C. J. (2016). Revisiting current causes of women's underrepresentation in science. In J. Saul and M. Brownstein (eds), *Implicit Bias and Philosophy Volume 1: Metaphysics and Epistemology,* pp. 265–283. Oxford: Oxford University Press.

Levine, S. S., E. P. Apfelbaum, M. Bernard, V. L. Bartelt, E. J. Zajac, and D. Stark (2014). Ethnic diversity deflates price bubbles. *Proceedings of the National Academy of Sciences 111* (52), 18524–18529.

Levins, R. (1966). The strategy of model building in population biology. *American Scientist 54* (4), 421–431.

Lewis, D. (1969). *Convention: A philosophical study.* Cambridge, MA: Harvard University Press.

Lichbach, M. I. (1998). *The rebel's dilemma.* Ann Arbor, MI: University of Michigan Press.

Lim, W. and P. R. Neary (2016). An experimental investigation of stochastic adjustment dynamics. *Games and Economic Behavior 100*, 208–219.

Lippa, R. A. (2005). *Gender, nature, and nurture.* New York, NY: Routledge.

Longino, H. E. (1990). *Science as social knowledge: Values and objectivity in scientific inquiry.* Princeton, NJ: Princeton University Press.

López-Paredes, A., C. Hernández, and J. Pajares (2004). Social intelligence or tag reasoning. In 2nd ESSA Conference. http://www.unikoblenz.de/essa/ ESSA2004/files/papers/ LopezHernandezPajaresESSA04.pdf .

Lorber, J. (1994). *Paradoxes of gender*. New Haven, CT: Yale University Press.

Losin, E. A. R., M. Iacoboni, A. Martin, and M. Dapretto (2012). Own-gender imitation activates the brain's reward circuitry. *Social Cognitive and Affective Neuroscience 7* (7), 804–810.

Loury, G. C. (1995). *One by one from the inside out: Essays and reviews on race and responsibility in America.* New York, NY: Free Press.

Lundberg, S. (2008). Gender and household decision-making. In Francesca Bettio and Alina Verashchagina (eds), *Frontiers in the Economics of Gender,* pp. 116– 134. New York, NY: Routledge.

Lundberg, S. and R. A. Pollak (1993). Separate spheres bargaining and the marriage market. *Journal of Political Economy 101* (6), 988–1010.

Lundberg, S. J., R. A. Pollak, and T. J. Wales (1997). Do husbands and wives pool their resources? Evidence from the United Kingdom Child Benefit. *Journal of Human Resources,* 463–480.

Lynn, F. B., J. M. Podolny, and L. Tao (2009). A sociological (de) construction of the relationship between status and quality. *American Journal of Sociology 115* (3), 755–804.

Manser, M. and M. Brown (1980). Marriage and household decision-making: A bargaining analysis. *International Economic Review 21* (1), 31–44.

Marlowe, F. (2010). *The Hadza: Hunter-gatherers of Tanzania,* Volume 3. Oakland, CA:

University of California Press.
Martin, M. K. and B. Voorhies (1975). *Female of the Species*. New York, NY: Columbia University Press.
Marx, K. and F. Engels (1975). *The holy family.* Moscow: Foreign Languages Publishing House.
Mäs, M. and H. H. Nax (2016). A behavioral study of "noise" in coordination games. *Journal of Economic Theory 162*, 195–208.
Maynard-Smith, J. (1982). *Evolution and the Theory of Games*. Cambridge: Cambridge University Press.
Maynard-Smith, J. and G. A. Parker (1976). The logic of asymmetric contests. *Animal Behaviour 24* (1), 159–175.
Maynard-Smith, J. and G. Price (1973). The logic of animal conflict. *Nature 246,* 15–18.
McDowell, J. M. and J. K. Smith (1992). The effect of gender-sorting on propensity to coauthor: Implications for academic promotion. *Economic Inquiry 30* (1), 68–82.
McElroy, M. B. (1990). The empirical content of Nash-bargained household behavior. *Journal of Human Resources 25* (4), 559–583.
McElroy, M. B. and M. J. Horney (1981). Nash-bargained household decisions: Toward a generalization of the theory of demand. *International Economic Review, 22* (2), 333–349.
Mengel, F. (2012). Learning across games. *Games and Economic Behavior 74* (2), 601–619.
Merton, R. K. (1988). The Matthew effect in science, ii: Cumulative advantage and the symbolism of intellectual property. *Isis 79* (4), 606–623.
Merton, R. K. (1968). The Matthew effect in science. *Science 159* (3810), 56–63.
Mesoudi, A., A. Whiten, and K. N. Laland (2006). Towards a unified science of cultural evolution. *Behavioral and Brain Sciences 29* (4), 329–347.
Millikan, R. G. (2005). *Language: A biological model*. New York, NY: Oxford University Press on Demand.
Mohseni, A. (2019). Stochastic stability and disagreements between dynamics. *Philosophy of Science*. Forthcoming.
Mohseni, A., C. O'Connor, and H. Rubin (2018). On the emergence of minority disadvantage: Testing the cultural Red King. Unpublished.
Money, J. and A. A. Ehrhardt (1972). Man and woman, boy and girl: Differentiation and dimorphism of gender identity from conception to maturity. Oxford: Johns Hopkins University Press.
Money, J., J. G. Hampson, and J. L. Hampson (1955). An examination of some basic sexual concepts: The evidence of human hermaphroditism. *Bulletin of the Johns Hopkins Hospital 97* (4), 301.
Morgan, M. D. (1980). Life history characteristics of two introduced populations of mysis relicta. *Ecology 61* (3), 551–561.
Morton, T. A., T. Postmes, S. A. Haslam, and M. J. Hornsey (2009). Theorizing gender in the face of social change: Is there anything essential about essentialism? *Journal of*

Personality and Social Psychology 96 (3), 653.
Moss-Racusin, C. A., J. F. Dovidio, V. L. Brescoll, M. J. Graham, and J. Handelsman (2012). Science faculty's subtle gender biases favor male students. *Proceedings of the National Academy of Sciences 109* (41), 16474–16479.
Murdock, G. P. and C. Provost (1973). Factors in the division of labor by sex: A cross-cultural analysis. *Ethnology 12* (2), 203–225.
Nakahashi, W. and M. W. Feldman (2014). Evolution of division of labor: Emergence of different activities among group members. *Journal of Theoretical Biology 348,* 65–79.
Nash, J. (1950). The bargaining problem. *Econometrica: Journal of the Econometric Society 18* (2), 155–162.
Nash, J. (1951). Non-cooperative games. *Annals of Mathematics 54* (2), 286–295.
Nash, J. (1953). Two-person cooperative games. *Econometrica: Journal of the Econometric Society 21* (1), 128–140.
Neary, P. R. (2012). Competing conventions. *Games and Economic Behavior 76* (1), 301–328.
Nersessian, N. J. (1999). Model-based reasoning in conceptual change. In Lorenzo Magnani, Nancy Nersessian, and Paul Thagard (eds), *Model-based reasoning in scientific discovery,* pp. 5–22. New York, NY: Kluwer Academic / Plenum.
Nosaka, H. (2007). Specialization and competition in marriage models. *Journal of Economic Behavior & Organization 63* (1), 104–119.
Nowak, M. A. (2006). Five rules for the evolution of cooperation. *Science 314* (5805), 1560–1563.
Nydegger, R. V. and G. Owen (1974). Two-person bargaining: An experimental test of the Nash axioms. *International Journal of Game Theory 3* (4), 239–249.
Oakley, A. (2015). *Sex, gender and society.* Farnham: Ashgate Publishing, Ltd.
O'Connor, C. (2016). The evolution of guilt: A model-based approach. *Philosophy of Science 83* (4), 897–908.
O'Connor, C. (2017a). The cultural Red King effect. *The Journal of Mathematical Sociology 41* (3): 155–171. doi: 10.1080/0022250X.2017.1335723.
O'Connor, C. (2017b). Modeling minimal conditions for inequity. Unpublished.
O'Connor, C. and J. P. Bruner (2017). Dynamics and diversity in epistemic communities. *Erkenntnis 84* (1), 101–19 doi: 10.1007/s10670-017-9950-y.
O'Connor, C. and J. O. Weatherall (2016). Black holes, black-scholes, and prairie voles: An essay review of simulation and similarity, by Michael Weisberg. *Philosophy of Science 83* (4), 613–626.
O'Connor, C., L. K. Bright, and J. P. Bruner (2019). The emergence of intersectional disadvantage. Forthcoming in *Social Epistemology.*
Odenbaugh, J. and A. Alexandrova (2011). Buyer beware: Robustness analyses in economics and biology. *Biology & Philosophy 26* (5), 757–771.
Ogbu, J. U. (1978). Minority education and caste: The American system in cross-cultural perspective.
Okin, S. M. (1989). *Justice, gender, and the family* New York, NY: Basic Books.

Okruhlik, K. (1994). Gender and the biological sciences. *Canadian Journal of Philosophy 24* (sup1), 21–42.

Olson, M. (2009). *The logic of collective action* Cambridge, MA: Harvard University Press.

Omi, M. and H. Winant (2014). *Racial formation in the United States*. London: Routledge.

Opp, K.-D. (2009). *Theories of political protest and social movements: A multidisciplinary introduction, critique, and synthesis.* London: Routledge.

Orzack, S. H. and E. Sober (1993). A critical assessment of Levins's the strategy of model building in population biology (1966). *Quarterly Review of Biology,* 533–546.

Osborne, M. J. and A. Rubinstein (1994). *A course in game theory.* Cambridge, MA: MIT Press.

Ott, N. (2012). *Intrafamily bargaining and household decisions.* Berlin / Heidelberg: Springer.

Page, K. M., M. A. Nowak, and K. Sigmund (2000). The spatial ultimatum game. *Proceedings of the Royal Society of London B: Biological Sciences 267* (1458), 2177–2182.

Peters, M. and A. Siow (2002). Competing premarital investments. *Journal of Political Economy 110* (3), 592–608.

Phan, D., S. Galam, and J.-L. Dessalles (2005). Emergence in multi-agent systems: cognitive hierarchy, detection, and complexity reduction Part ii: Axtell, Epstein and Young's model of emergence revisited. *CEF 2004, 11th International Conference on Computing in Economics and Finance.*

Phillips, K. W., G. B. Northcraft, and M. A. Neale (2006). Surface-level diversity and decision-making in groups: When does deep-level similarity help? *Group Processes & Intergroup Relations 9* (4), 467–482.

Pinch, S. and A. Storey (1992). Who does what, where?: A household survey of the division of domestic labour in Southampton. *Area 24* (1), 5–12.

Potochnik, A. (2007). Optimality modeling and explanatory generality. *Philosophy of Science 74* (5), 680–691.

Poza, D. J., F. A. Villafáñez, J. Pajares, A. López-Paredes, and C. Hernández (2011). New insights on the emergence of classes model. *Discrete Dynamics in Nature and Society 2011* Article ID 915279, 17 pp. https://doi.org/10.1155/2011/915279.

Quattrone, G. A. and E. E. Jones (1980). The perception of variability within in-groups and out-groups: Implications for the law of small numbers. *Journal of Personality and Social Psychology 38* (1), 141.

Rao, V. (1998). Domestic violence and intra-household resource allocation in rural India: an exercise in participatory econometrics. In M. Krishnaraj, R. Sudarshan, and A. Sharif (eds), *Gender, population, and development*, ch. 5. Oxford / Delhi: Oxford University Press.

Richerson, P. *et al.* (2003). Shared norms and the evolution of ethnic markers. *Current Anthropology 84* (2),(1), 122–130.

Richerson, P. J. and R. Boyd (2008). *Not by genes alone: How culture transformed human evolution*. Chicago, IL: University of Chicago Press.

Ridgeway, C. L. (2011). *Framed by gender: How gender inequality persists in the modern world*. New York, NY: Oxford University Press.

Ridgeway, C. L. and L. Smith-Lovin (1999). The gender system and interaction. *Annual Review of Sociology 25,* 191–216.

Robinson, J. (1951). An iterative method of solving a game. *Annals of Mathematics 54* (2), 296–301.

Roemer, J. (1985). A general theory of exploitation and class. *Critica 17* (49), 71–76.

Rosenstock, S., J. P. Bruner, and C. O'Connor (2017). In epistemic networks, is less really more? *Philosophy of Science 84* (2), 234–252.

Roth, A. E. and I. Erev (1995). Learning in extensive-form games: Experimental data and simple dynamic models in the intermediate term. *Games and Economic Behavior 8* (1), 164–212.

Roth, A. E. and M. W. Malouf (1979). Game-theoretic models and the role of information in bargaining. *Psychological Review 86* (6), 574.

Rousseau, J.-J. (1984, orig. 1754). *A discourse on inequality*. London: Penguin.

Rubin, H. and C. O'Connor (2018). Discrimination and collaboration in science. *Philosophy of Science 85* (3), 380–402.

Rubinstein, A. (1982). Perfect equilibrium in a bargaining model. *Econometrica: Journal of the Econometric Society 50* (1), 97–109.

Sandholm, W. H. (2010). *Population games and evolutionary dynamics*. Cambridge, MA: MIT Press.

Sandholm, W. H., E. Dokumaci, and F. Franchetti (2012). Dynamo: Diagrams for evolutionary game theory. http://www.ssc.wisc.edu/whs/dynamo.

Sarsons, H. (2017). Recognition for group work: Gender differences in academia. *American Economic Review 107* (5), 141–45.

Schelling, T. C. (1960). *The strategy of conflict.* Cambridge, MA: Harvard University Press.

Schelling, T. C. (1971). Dynamic models of segregation. *Journal of Mathematical Sociology 1* (2), 143–186.

Schneider, M., H. Rubin, and C. O'Connor (2019). Promoting diverse collaborations. In G. Ramsey and A. D. Block (eds), *The Dynamics of Science: Computational Frontiers in History and Philosophy of Science,* under contract. Pittsburgh, PA: Pittsburgh University Press.

Schulman, K. A., J. A. Berlin, W. Harless, J. F. Kerner, S. Sistrunk, B. J. Gersh, R. Dube, C. K. Taleghani, J. E. Burke, S. Williams, *et al*. (1999). The effect of race and sex on physicians' recommendations for cardiac catheterization. *New England Journal of Medicine 340* (8), 618–626.

Sen, A. (1987). *Gender and cooperative conflicts*. Helsinki: World Institute for Development Economics Research.

Shannon, C. E. (2001). A mathematical theory of communication. *ACM SIGMOBILE Mobile Computing and Communications Review 5* (1), 3–55.

Sigmund, K., C. Hauert, and M. A. Nowak (2001). Reward and punishment. *Proceedings of the National Academy of Sciences 98* (19), 10757–10762.

Simons, M. and K. Zollman (2018). Natural conventions and the conventional / inferential

divide. Unpublished manuscript.

Sinervo, B., C. M. Lively, *et al.* (1996). The rock-paper-scissors game and the evolution of alternative male strategies. *Nature 380* (6571), 240–243.

Skyrms, B. (1994). Sex and justice. *The Journal of Philosophy 91* (6), 305–320.

Skyrms, B. (1996). *Evolution of the Social Contract.* Cambridge: Cambridge University Press.

Skyrms, B. (2004). *The stag hunt and the evolution of social structure*. Cambridge: Cambridge University Press.

Skyrms, B. (2010). *Signals: Evolution, learning, and information.* New York, NY: Oxford University Press.

Skyrms, B. (2014). *Evolution of the social contract.* Cambridge: Cambridge University Press.

Skyrms, B. and K. J. Zollman (2010). Evolutionary considerations in the framing of social norms. *Politics, Philosophy & Economics 9* (3), 265–273.

Smith, E. A. and J.-K. Choi (2007). The emergence of inequality in small-scale societies: simple scenarios and agent-based simulations. In Timothy A. Kohler and Sander E. van der Leeuw (eds), *The model-based archaeology of socionatural systems*, 105–20. Santa Fe, NM: SAR Press.

Smith, V. L. (1994). Economics in the laboratory. *The Journal of Economic Perspectives 8* (1), 113–131.

Solnick, S. J. (2001). Gender differences in the ultimatum game. *Economic Inquiry 39* (2), 189.

Solomon, M. (2001). *Social empiricism.* Cambridge: Cambridge University Press.

Sommers, S. R. (2006). On racial diversity and group decision making: Identifying multiple effects of racial composition on jury deliberations. *Journal of Personality and Social Psychology 90* (4), 597.

Sperber, D. and D. Sperber (1996). *Explaining culture*. Oxford: Blackwell Publishers.

Steckel, R. H. and J. C. Rose (2002). *The backbone of history: Health and nutrition in the Western hemisphere,* Volume 2. Cambridge: Cambridge University Press.

Steinpreis, R. E., K. A. Anders, and D. Ritzke (1999). The impact of gender on the review of the curricula vitae of job applicants and tenure candidates: A national empirical study. *Sex roles 41* (7-8), 509–528.

Stevenson, B. and J. Wolfers (2006). Bargaining in the shadow of the law: Divorce laws and family distress. *The Quarterly Journal of Economics 121* (1), 267–288.

Stewart, Q. T. (2010). Big bad racists, subtle prejudice and minority victims: An agent-based analysis of the dynamics of racial inequality. In *Annual Meeting of the Population Association of America*.

Strevens, M. (2003). The role of the priority rule in science. *The Journal of Philosophy 100* (2), 55–79.

Sugden, R. (1986). *The economics of cooperation, rights and welfare.* New York, NY: Blackwell.

Sugden, R. (2000). The motivating power of expectations. In Julian Nida-Rümelin and Wolfgang Spohn (eds), *Rationality, rules, and structure*, pp. 103–129. Berlin / Heidelberg:

Springer.
Sugimoto, C. R. (2013). Global gender disparities in science. published *by Nature News*, https://www.nature.com/news/bibliometrics-global-gender-disparities-in-science-1.14321
Sullivan, O. (2011). An end to gender display through the performance of housework? A review and reassessment of the quantitative literature using insights from the qualitative literature. *Journal of Family Theory & Review3* (1), 1–13.
Tajfel, H. (1970). Experiments in intergroup discrimination. *Scientific American 223* (5), 96–102.
Tajfel, H. (1978). Interindividual behaviour and intergroup behaviour. In H. Tajfel (ed.), *Differentiation between social groups: Studies in the social psychology of intergroup relations*, 27–60. Cambridge, MA: Academic Press.
Thoma, J. M. (2015). The epistemic division of labor revisited. *Philosophy of Science 82* (3), 454–472.
Thomas, D. (1990). Intra-household resource allocation: An inferential approach. *Journal of Human Resources,* 635–664.
Thomas, D. (1993). The distribution of income and expenditure within the household. *Annales d'Economie et de Statistique 25* (1), 109–135.
Thomas, D. (1994). Like father, like son; like mother, like daughter: Parental resources and child height. *Journal of Human Resources 25* (4), 950–988.
Thomas, W. *et al.* (1997). Navajo cultural constructions of gender and sexuality. In Sue-Ellen Jacobs, Wesley Thomas, and Sabine Lang (eds), *Two-spirit people: Native American gender identity, sexuality, and spirituality*, 156–73. Urbana, IL and Chicago, IL: University of Illinois Press.
Thorndike, E. L. (1898). Animal intelligence: An experimental study of the associative processes in animals. *The Psychological Review: Monograph Supplements 2* (4), i.
Thrall, C. A. (1978). Who does what: Role stereotypy, children's work, and continuity between generations in the household division of labor. *Human Relations 31* (3), 249–265.
Tilcsik, A. (2011). Pride and prejudice: Employment discrimination against openly gay men in the United States. *American Journal of Sociology 117* (2), 586–626.
Tilly, C. (1998). *Durable inequality.* Berkeley, CA: University of California Press.
Tinsley, C. H., S. I. Cheldelin, A. K. Schneider, and E. T. Amanatullah (2009). Women at the bargaining table: Pitfalls and prospects. *Negotiation Journal 25* (2), 233–248.
Treas, J. and S. Drobnic (2010). *Dividing the domestic: Men, women, and household work in cross-national perspective.* Stanford, CA: Stanford University Press.
Turnbull, C. (1987). *Mountain People.* New York, NY: Simon and Schuster.
Udry, C. (1996). Gender, agricultural production, and the theory of the household. *Journal of Political Economy 104* (5), 1010–1046.
Van Huyck, J. B., R. C. Battalio, and F. W. Rankin (1997). On the origin of convention: Evidence from coordination games*. *The Economic Journal 107* (442), 576–596.
Van Valen, L. (1973). A new evolutionary law. *Evolutionary Theory 1*, 1–30.

Vanderschraaf, P. (1995). Endogenous correlated equilibria in noncooperative games. *Theory and Decision 38* (1), 61–84.
Wagner, E. O. (2012). Evolving to divide the fruits of cooperation*. *Philosophy of Science 79* (1), 81–94.
Watts, A. (2001). A dynamic model of network formation. *Games and Economic Behavior 34* (2), 331–341.
Weber, M. (2009). *The theory of social and economic organization.* New York, NY: Simon and Schuster.
Weibull, J. W. (1997). *Evolutionary game theory.* Cambridge, MA: MIT Press.
Weisberg, M. (2006). Robustness analysis. *Philosophy of Science 73* (5), 730–742.
Weisberg, M. (2007). Three kinds of idealization. *The Journal of Philosophy 104* (12), 639–659.
Weisberg, M. (2012). *Simulation and similarity: Using models to understand the world.* New York, NY: Oxford University Press.
Weisberg, M. and R. Muldoon (2009). Epistemic landscapes and the division of cognitive labor. *Philosophy of Science 76* (2), 225–252.
West, C. and D. H. Zimmerman (1987). Doing gender. *Gender & Society 1* (2), 125–151.
West, J. D., J. Jacquet, M. King, S. Correll, and C. Bergstrom (2013). The role of gender in scholarly authorship. *PLoS ONE 8* (7).
Williams, W. L. (1992). *The spirit and the flesh: Sexual diversity in American Indian culture*. Boston, MA: Beacon Press.
Wimsatt, W. C. (2012). Robustness, reliability, and overdetermination (1981). In Lena Soler, Emiliano Trizio, Thomas Nickles, and William Wimsatt (eds), *Characterizing the Robustness of Science*, pp. 61–87. Berlin / Heidelberg: Springer.
Wood, W. and A. H. Eagly (2002). A cross-cultural analysis of the behavior of women and men: Implications for the origins of sex differences. *Psychological Bulletin 128* (5), 699.
Wood, W. and A. H. Eagly (2012). Biosocial construction of sex differences and similarities in behavior. *Advances in Experimental Social Psychology 46* (1), 55– 123.
Yaari, M. E. and M. Bar-Hillel (1984). On dividing justly. *Social Choice and Welfare 1* (1), 1–24.
Yinger, J. (1986). Measuring racial discrimination with fair housing audits: Caught in the act. *The American Economic Review 76* (5), 881–893.
Young, H. P. (1993a). The evolution of conventions. *Econometrica: Journal of the Econometric Society 61* (1), 57–84.
Young, H. P. (1993b). An evolutionary model of bargaining. *Journal of Economic Theory 59* (1), 145–168.
Young, H. P. (2001). *Individual strategy and social structure: An evolutionary theory of institutions*. Princeton, NJ: Princeton University Press.
Young, H. P. (2015). The evolution of social norms. *Annual Review of Economics 7,* 359–387.
Zollman, K. J. (2007). The communication structure of epistemic communities. *Philosophy of Science 74* (5), 574–587.